Eisenbahn in Bremen

Eisenbahn in Bremen

100 Jahre Hauptbahnhof - 75 Jahre Ausbesserungswerk

Verlag Uhle & Kleimann

Herausgeber:
Deutsche Bundesbahn
Geschäftsführung Eisenbahnjubiläum Bremen 1989

Redaktionelle Bearbeitung:
Werner Busch, Rainer Habel, Eckhard Möller

Bildredaktion, Layout, Satz:
Werner Busch, Eckhard Möller

Umschlagfotos: Staatsarchiv Bremen, Archiv Werner Busch

Anzeigen: Klaus Kopka, Bundesbahn-Generalvertretung Bremen

Druck: Uhle & Kleimann

Für die einzelnen Textbeiträge zeichnen die Autoren selbst verantwortlich.

Printed in Germany 1989

ISBN 3-922657-78-8

Inhaltsverzeichnis

Grußworte

Die zahlreichen Veranstaltungen aus Anlaß des Jubiläums „150 Jahre Eisenbahnen in Deutschland“ sind vielen Menschen - und nicht nur den Eisenbahnfreunden - noch in guter Erinnerung, und schon kann die Bundesbahn in Bremen mit gleich zwei Jubiläen aufwarten:
unser Hauptbahnhof ist 100 Jahre alt, und das Ausbesserungswerk besteht seit 75 Jahren.

Die rege Anteilnahme, die jede Veranstaltung der Bahn auslöst, zeigt, wie sehr die Menschen auch emotional mit der „Eisenbahn“ verbunden sind, auch wenn nicht alle gleichermaßen oft dieses wichtige und vor allem umweltschonende Verkehrsmittel benutzen.

Unser Hauptbahnhof wurde ein Jahr nach der Einweihung des ersten künstlichen Hafens in Bremen-Stadt, des heutigen Europahafens, seiner Bestimmung übergeben. Beides, die Öffnung der Weser für die Seeschiffahrt und das ideale Fernverkehrsmittel Eisenbahn, gab damals der Entwicklung der bremischen Wirtschaft einen kräftigen Schub.

Das Gebäude selbst wurde zu einem markanten Punkt im Stadtbild, das damals noch nicht von Bürohochhäusern geprägt war. Im Zuge der weiteren Besiedlung des einstmals bremischen Umlandes rückte der Hauptbahnhof schließlich auch in den Mittelpunkt der Stadt - seine Bedeutung nahm jedoch mit dem Beginn des Zeitalters individueller Mobilität ab.

Ich denke, daß sich dieses Zeitalter weitgehend dem Ende nähert. Verstopfte Straßen einerseits und andererseits eine moderne, schnelle, zuverläsige und attraktive Bahn, die sich vom „Verwaltungsapparat“ zum echten leistungs- und kundenorientierten Unternehmen entwickelt hat, lassen die Bedeutung und Beliebtheit der Bahn stetig ansteigen. Gut belegte Züge auf attraktiven Verbindungen legen dafür ein beredtes Zeugnis ab.

Das Doppeljubiläum gibt mir daher Anlaß, den Bundesbahnern aller Funktionsgruppen Dank und Anerkennung auszusprechen für den gemeinsam vollzogenen Wandel im Leistungsangebot wie am Gesamtbild der Bahn.

Mit seinen schnellen Häfen in Bremen und Bremerhaven ist die Wirtschaft dieses Bundeslandes in sehr hohem Maße an solchen Angeboten interessiert, die den Fahrgast streßfrei in das Zentrum der Städte und Urlaubsorte führt. Die Deutsche Bundesbahn hat für Bremen neue Angebote eingerichtet bzw. in Aussicht gestellt. „Nur Angebot schafft Nachfrage“ - dies ist der nach meiner Auffassung richtige Weg für die Deutsche Bundesbahn - und für Bremen.

Unser Hauptbahnhof ist für die Besucher Bremens der Platz erster Eindrücke von dieser Stadt. Durch seine zahlreichen Neuerungen, nicht zuletzt auch durch den neuen Nordausgang, hat er wesentlich „an Gesicht“ gewonnen. Die Fassade liebenswert historisch - der Kern modern funktionsgerecht und doch nicht kalt.

Ich wünsche beiden, dem Hauptbahnhof und dem unerläßlichen, leistungsfähigen Ausbesserungswerk eine sich positiv zukunftsträchtig weiterentwickelnde Zukunft.

Konrad K u n i c k
Senator für Häfen, Schiffahrt und Verkehr der Freien Hansestadt Bremen

Das doppelte Eisenbahnjubiläum 1989 in Bremen erinnert uns an zwei richtungweisende Entscheidungen, die bis heute nicht nur die Struktur und das Angebot der Bahn bestimmen, sondern auch das Stadtbild Bremens und seiner Wirtschaftsstruktur prägen.

Fast 42 Jahre nach Inbetriebnahme der Eisenbahn in Bremen wurde der neue Central-Bahnhof, der heutige Hauptbahnhof, am 15. Oktober 1889 eröffnet. Der Hannoversche und der Hamburg-Venloer Bahnhof hatten ausgedient. Alle Strecken wurden durch den Neubau miteinander verbunden. Der Bremer Hauptbahnhof entwickelte sich seitdem zu einem bedeutenden Eisenbahnverkehrsknotenpunkt und hat diese Stellung bis in die Gegenwart behauptet. Das architektonisch bedeutende Empfangsgebäude zählt auch heute noch zu den schönsten Bahnhofsbauten in Deutschland.

Die mit steigendem Verkehr zu Beginn dieses Jahrhunderts wachsende Zahl der Eisenbahnfahrzeuge führte zur Gründung des Ausbesserungswerks Bremen, da die am Hauptbahnhof gelegene Hauptwerkstätte den Anforderungen nicht mehr gewachsen war. So wurde am 1. April 1914 die neue Hauptwerkstätte Sebaldsbrück ihrer Bestimmung übergeben. Dieses Werk, das in seiner Geschichte vielfältige Aufgaben wahrnahm, war zahlreichen Bürgern Bremens und des Umlandes Ausbildungs- und Arbeitsplatz.

100 Jahre Hauptbahnhof und 75 Jahre Bundesbahn-Ausbesserungswerk sind nicht nur für die Bahn, sondern auch für Bremen Anlaß, dieses Ereignis festlich zu begehen. Da lag es nahe, beide Jubiläen in einer Veranstaltung zusammen mit den Bürgern Bremens zu feiern.

In der vorliegende Schrift wird die Entwicklung der Eisenbahn im Raum Bremen aus verschiedenen Blickwinkeln dargestellt. Den Autoren, Eisenbahnern wie Nichteisenbahnern, sowie allen anderen, die an der Entstehung diese Buches beteiligt waren, sei herzlich gedankt.

Werner Remmert
Präsident der Bundesbahndirektion Hannover

Rolf Schökel
Vorsitzender des Bezirkspersonalrates der Bundesbahndirektion Hannover

Hannoversche Maschinenbau-Actien-Gesellschaft,
vormals Georg Egestorff, Hannover-Linden.

1. Lokomotive, gebaut 1846
von Georg Egestorff, Linden vor Hannover,
für die Hannoversche Staatsbahn.

Zylinderdurchmesser	356 mm	Rostfläche	0,8 qm	Leergewicht	19300 kg
Kolbenhub	559 "	Heizfläche	72,0 "	Reibungsgewicht	8800 "
Treibraddurchmesser	1524 "	Kesseldruck	4 ⅔ at.	Dienstgewicht	21850 "

Rainer Habel

Kleine historische Einführung für zügige Leser

Das Eisenbahnzeitalter

Cöln am Rhein, am 7. Oktober 1835: Aus einem Schiff, von Rotterdam kommend, werden 19 Kisten mit einem Gesamtgewicht von 170 Zentnern entladen. Absender: „ROBT. STEPHENSON AND COMPY., ENGINEERS, NEWCASTLE UPON TYNE". Inhalt: Lokomotivteile. Empfänger: die königlich privilegierte Ludwigsbahn-Gesellschaft in Nürnberg. Zweckbestimmung: In Deutschland soll erstmals eine Eisen-Bahn unter Dampf gesetzt werden - made in Great-Britain! Das war der Beginn der deutschen Eisenbahngeschichte.

Am 27. August war die Lokomotive in Kisten verpackt in London verschifft worden - nach erfolgreicher Probefahrt als Fabrik-Nr. 118 in der 1824 gegründeten Stephensonschen Lokomotivfabrik. In Köln verlud man die Kisten auf acht Pferdefuhrwerke. Nach insgesamt gut drei Monaten kamen sie tatsächlich in Nürnberg an.

1824 hatte sich in Köln zwar bereits der erste Rheindampfer vorgestellt, aber hier plante man - gegen das holländische Transportmonopol - Größeres, den „eisernen Rhein": Mit dem 1830 neu gegründeten belgischen Königreich war man sich gegen Holland einig und plante eine Eisenbahnverbindung zwischen Antwerpen und Köln. Der erste Zug dieser Linie dampfte bereits seit genau fünf Monaten, seit dem 5. Mai 1835, zwischen Mechelen und Brüssel auf einer Teststrecke. Der junge Staat setzte nämlich voll auf die neue technische Kraft und konzipierte mit britischer Hilfe ein flächendeckendes Eisenbahnnetz, damals eine politökonomische Sensation. So gab es 1832 bereits die ersten Pläne für die Linie Antwerpen-Köln, zwischen der Scheldemündung und dem Rhein.

Der damalige Kölner Oberbürgermeister Steinberger informierte im Mai 1833 die preußische Regierung über die Konstituierung eines Komitees „für die deutsche Hälfte der Bahn". Am 15. Dezember 1833 erteilte der preußische König die vorläufige Konzession.

Im August 1838 nahm die englische Lokomotive „Atlas" den gleichen Weg wie die 1835 für Nürnberg bestimmte „Adler". Sie wurde im Kölner Sicherheitshafen durch englische Mechaniker zusammengebaut. 1839 dampfte man dann endlich ab Köln westwärts - zunächst bis nach Müngersdorf, am 15. Oktober 1843 dann, endlich erstmals international, über die Landesgrenze. Diese Grenzüberschreitung hatte schon vorher zum Bezug von Schienen der Firma Cockerill aus Belgien geführt. Außerdem erkannten auch andere Firmen den neuen Massenbedarf als Grundlage rationeller Fertigung nach englischem Vorbild und die Konzentrierung des mobiler gewordenen Kapitals: der Brüsseler Unternehmer Pauwels sicherte sich durch den Aachener Stadtrat Hubert Jacob Talbot dessen Einfluß, Geld und Bürgschaft. Erst auf der Grundlage eines Vertrages über die Lieferung von 200 Waggons für diese - und vielleicht auch andere - Linien wurde ein entsprechender Betrieb in Aachen 1838 gegründet. Pünktlich zur ersten Fahrt nach Müngersdorf wurden bereits ein Jahr später die ersten Waggons - per Pferdefuhrwerk - nach Köln ausgeliefert.

Was hätte Johann Wolfgang von Goethe von der ersten Lieferung einer für Deutschland bestimmten Lokomotive wohl gedacht? „Mir ist nicht bange, daß Deutschland nicht eins werde; unsere guten Chausseen und künftige Eisenbahnen werden schon das übrige dazu tun“, äußerte sich der auch industriell interessierte Goethe bereits im Jahre 1828. Schon ein Jahr darauf, nämlich 1829, erhielt er von seinen englischen Freunden eine sehr gute Nachbildung der Lokomotive „The Rocket“. Erst im September 1829 hatte dieser schienengebundene Dampfwagen aus der Stephensonschen Fabrik in mehreren Vergleichsfahrten zwischen Liverpool und Manchester sich als Sieger qualifiziert. Das Tempo von 43,5 km pro Stunde und die Überwindung von Steigungen bis zu zehn Prozent nahm auch den größten Gegnern einer Eisenbahnverbindung zwischen Liverpool und Manchester „den Dampf aus den Segeln“. Noch 1832 studierte Goethe - so seine Tagebuchaufzeichnungen - eine größere Abhandlung über die Eisenbahn zwischen Liverpool und Manchester mit Genugtuung, wie er vermerkte. Und, wie anzumerken ist, mit großem Sachverstand: denn diese am 15. September 1830 feierlich eröffnete, 50 km lange Verbindung, gegen das langsamere Kanalmonopol und deren Kapitalinteressen gerichtet, war die erste richtige öffentliche Eisenbahn: Hier wurde eine ganze Landschaft umgebaut mit Tunnels, mit großen Viadukten mit Einschnitten, mit Überquerung schwierigen Geländes, und dies alles, um zwei große Handelsstädte kreuzungsfrei, bei möglichst ebener Trassierung zur „undenkbaren“ Überwindung des Rollwiderstandes von glattem Eisen auf glattem Eisen - zu verbinden. Die Strecke war von Anfang an zweigleisig, von Anfang an wurden nur und erstmals nur Dampflokomotiven, also nicht alternativ auch Pferde, eingesetzt. Zur Eröffnung standen daher bereits acht Dampflokomotiven bereit, weiterentwickelte „Rockets“.

Goethe vermerkte 1830 ausdrücklich in seinem Tagebuch, daß er das Eisenbahnwesen begrüße. Recht hatte er, denn die Firma Stephenson hatte als eine der ersten die Eisenbahn als „System“ erkannt: Der Fahrweg und die Fahrzeuge mußten sozusagen eins sein, um wirklich zu funktionieren. Auf 4 Fuß und 8 1/2 Zoll, gleich 1435 mm, der Spurweite der L & M Company, wurde England zur „Werkstatt der Welt“. Dieses dampfbetriebene Eisenbahnsystem, eine hundertjährige Subsummierung wohl hundertfacher Erfindungen, Ideen, Patente, persönlicher und ökonomischer Schicksale und Rückschläge, das war in England die Vollendung der Industrialisierung. In anderen Ländern, so auch in Deutschland, bedeutete sie dagegen erst den Beginn einer neuen Entwicklung in ein Zeitalter, dem die Eisenbahn den Namen gab.

Erfindungen werden selten gemacht, sondern meistens bestellt - mit kapitalkräftiger Hilfe. Die Erschöpfung der Holzvorräte in England zur Verhüttung des Eisens durch knappere und teurere Holzkohle wies den Weg direkt zur Kohle. Auch der nur begrenzt mögliche Einsatz von Wind, Wasser, Mensch und Tier als Energie plus steigender Futterpreise für die Pferde führte zur künstlichen Energie.

Der zunächst nur stationär mögliche Einsatz von einfachen Dampfmaschinen für Wasserpumpen zur Kohleförderung aus größerer Tiefe führte gleichzeitig zu größerem Bedarf an Transportkapazitäten. Einfache abschüssige Rollbahnen zu einem eindrucksvollen Kanalsystem vereint, waren lange Zeit Grundlage eines Transportsystems, um Eisen und Kohle zusammenzuführen. Zur Deckung des dringenden Bedarfs an metallenen Gebrauchsgütern für Landwirtschaft und Haushalt, angesichts der Bevölkerungsexplosion und Verstädterung mußten neue Wege gefunden werden. Die Umsetzung der Dampfkraft in eine rotierende Bewegung schaffte energieunabhängige Standorte als schon wesentlichen Fortschritt für vielfältige Industrie. Sie mußten jedoch mit Kohle versorgt werden können. Es bedurfte der weiteren Mechanisierung des Landverkehrs - mit zusätzlichem eigenen Bedarf an Eisen und Kohle. Die Dampflokomotive mit ihrem doppelten Maschinencharakter, der räumlich umgesetzten Bewegung, machte Energie doppelt transportabel, sicher, rentabel und profitabel.

Goethes erstes Eisenbahnmodell: „The Rocket"

Die Eisenbahn als System war ein neues, schnelles und leistungsfähiges und billiges Massentransportmittel. Auf der Grundlage ungeahnter Produktivität schaffte sie auch ungeahnte Ausbeutung, soziales Elend, Proletarisierung. Daß es gleichzeitig auch ein allgemeines Verkehrsmittel für das sogenannte einfache Volk darstellte, das hat man mit diesem „Unfug, der der Profitgier reicher Leute entsprang", nicht ahnen wollen.

Daß das Eisenbahnsystem vom Wesen her auch ein emanzipatorisches Verkehrsmittel ist (alle fahren im gleichen Zug), das war wohl auch schwer nachvollziehbar für einen Passagier der 4. Klasse, der im offenen Waggon stand, Ruß, Fahrtwind und Witterung ausgesetzt. Das gegenüber der Postkutsche schnelle und relativ billige, allgemeinere Reisen als neue Kommunikationform war aber nicht nur Nebenprodukt. Die Bahn überrollte die Kleinstaaterei, es fielen die Schlagbäume, sie sprengte die Stadttore. Deutschland als eine Einheit kam zügig ins Rollen, eine nationale Identität schuf und vermittelte die Eisenbahn durch ein größeres Marktgeschehen, auch durch militärstrategische Siege per Eisenbahn. Ihre vielfache politische Förderung war gekoppelt mit der Industrialisierung: sie verbrauchte Eisen und Kohle, sie brachte Eisen und Kohle. Deutschland wurde einerseits „kleiner", zugleich wurde seine Größe auf der Schiene als neues Panorama vorführbar. Die Eisenbahn schuf die Gleich-Zeitigkeit durch die Fahrplan-Zeit, sie schuf einen einheitlichen Wirtschaftsraum, größere zentralere Verwaltungseinheiten, einheitliche Maße und Gewichte und Zahlungsmittel. Sie schuf gegen provinzielle Beschränktheit den ökonomischen Nationalstaat. Der über die Eisenbahn geschaffene Massenbedarf schuf erstmals eine Massenproduktion und wiederum den Massentransport von Gütern und Menschen. Die Eisenbahn war Produkt und Triebkraft der industriellen Revolution zugleich. Geldvermögen verwandelte sich zu Kapital. Aus einem Agrarland wurde eine national übersteigerte, industrielle Großmacht. Neue Bedürfnisse schufen bis dahin ungeahnte

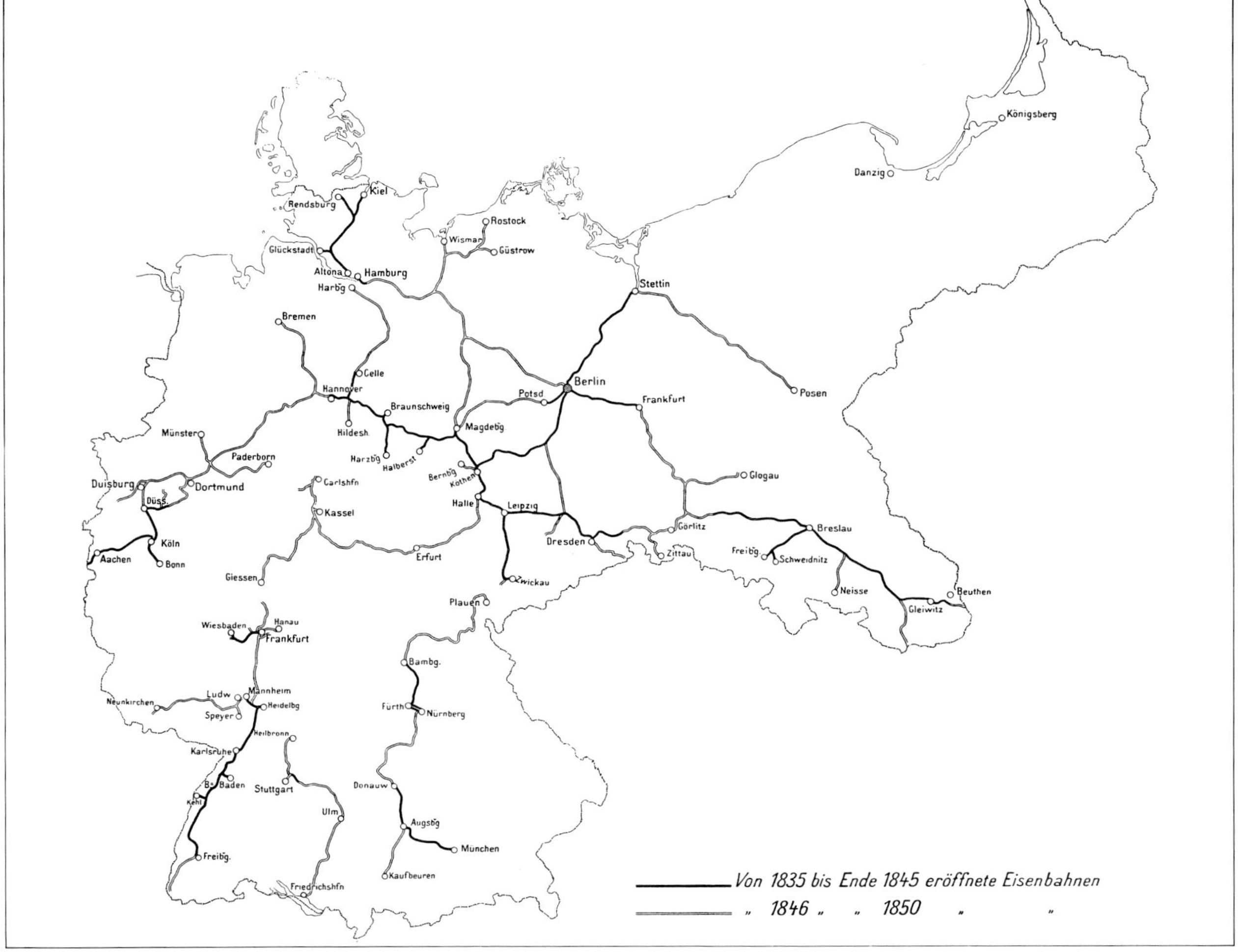

Die deutschen Eisenbahnen 1835 - 1850

naturwissenschaftliche Kapazitäten. Ordnung und Disziplin als notwendige Voraussetzungen des industriellen Transports wurden allgemein scharf kontrollierte Tugenden. Reisen wurde zur Ware mit völlig neuen Märkten auf dem Dienstleistungssektor. Frühere Standortbedingungen und Lagerhaltungen spielten keine Rolle mehr.

Die Grundstückspreise entlang der Bahn stiegen in die Höhe. Städte veränderten radikal und brutal ihr Gesicht. Bisher voneinander getrennte Orte rückten Richtung Eisenbahn zusammen. Wohnen und Arbeiten als traditionelle Einheit wurden aufgehoben. Es begann die Epoche der Vorstädte. Falls man die Auswanderung nicht vorgezogen hatte, endete hier sowohl die Landflucht als auch die Vertreibung aus den teuren städtischen Zentren. Die Bahnhöfe waren die neuen Stadttore, waren Kathedralen der neuen Zeit, waren Vestibül der Großstädte. Ihre Architektur war eine Mixtur, halb Palast und halb Fabrik, „verkleidete" Transportindustrie. Der Personen-Bahnhof war steinerner Stolz, war öffentlicher Bau als Gesamtkunstwerk, er signalisierte "freie Bahn" für eine neue gemeinsame Kultur! Die Bahn schuf - oft unter unbeschreiblichen Zuständen - Arbeit zum Bau der Bahn, sie wurde im gleichen Zuge Arbeitsmittel: Arbeit bei der und für die Bahn.

Harkort und Hoesch als Spione entlarvt

Es gab zu Beginn des 19. Jahrhunderts schon Leute, Eisenbahnpioniere, die ahnten, projektierten und strebten auch politökonomisch an, was da auf Deutschland an neuen technischen Möglichkeiten zurollte. So in München der Bergingenieur Joseph Ritter von Baader. Schon 1807 kritisierte er den Kanalbau zwischen Main und Donau und plädierte für eine Verbindung per Bahn - nach mehrjährigen Studien in England. Er sah in Bayern die verkehrsreichste Relation zwischen den nahen Städten Nürnberg und Fürth und setzte sich 1814 für eine Teststrecke mit seinen eigenen technischen Experimenten ein. 1825 wiederholte der Bayerische Landtag diese Empfehlung. Eine erste größere Landverbindung per Pferde-Bahn auf dem Kontinent gab es dann aber zwischen Budweis und Linz, die mit 130 Kilometer Strecke eine völlig neue Qualität des Landverkehrs darstellte.

Reine Grubenbahnen mit Pferden als Zugtiere gab es ab 1828 zwischen Wupper und Ruhr. Friedrich Harkort, Unternehmer in Wetter an der Ruhr, hatte sich - ebenso wie fast gleichzeitig Eberhard Hoesch - persönlich in England als Industriespion umgetan: „Die sämtlichen Ruhrzechen erhielten durch eine Eisenbahn den unschätzbaren Vorteil eines raschen regelmäßigen Absatzes unter großen Frachtersparnissen ...“ Historisch pikant dabei: Der seit 1830 betriebenen Grubenbahn entlang des Deilbaches, einem Nebenfluß der Ruhr, versagte der preußische König den beantragten Dampfbetrieb! Nach Besuch des Provinzgouverneurs erhielt diese Bahn trotzdem „hoheitliche Weihen“ und wurde, trotz Kohlebahn, „Prinz-Wilhelm-Bahn“ genannt. Bauherr dieser 7,6 Kilometer langen Strecke war übrigens die „1. Deutsche Eisenbahn-Aktiengesellschaft“ unter Harkort.

Harkorts Horizont war jedoch weniger geprägt von der Enge der Täler, sondern mehr von den profitablen Tiefen der Ruhrberge. 1825 trat er erstemals für ein Rhein-Weser-Projekt ein und lobte die Vorzüge einer Verbindung zur deutschen Nordseeküste „gegen holländische Zölle und für eine bessere Verteilung der Kohlen“. Und: „Unzweifelhaft, daß Bahnen nicht in Lippstadt enden, sondern bis Minden und dann über die Weser nach Bremen“ führen sollten. Ebenso sah er den Verkehr Berlins als Zentrale Preußen-Deutschlands mit der Rheinprovinz. Unter anderem mit seiner Unterstützung konnte das in den frühen dreißiger Jahren gegründete Komitee einer Cöln-Mindener Eisenbahn eine durchgehende Verbindung von Deutz aus gen Berlin am 15. Oktober 1847 vollständig in Betrieb nehmen.

1833 erregte in Leipzig eine in 500 Exemplaren verteilte Schrift beträchtliches Aufsehen. Ihr Titel: „Über ein sächsisches Eisenbahnsystem als Grundlage eines allgemeinen deutschen Eisenbahnsystems, und insbesondere über die Anlegung einer Eisenbahn von Leipzig nach Dresden. Von Friedrich List, Konsul der Vereinigten Staaten für das Großherzogtum Baden.“ List stand in reger Korrespondenz mit dem anfangs erwähnten Münchner Bergingenieur von Baader. In den von diesem in München publizierten „Briefen aus Amerika“ konzipierte List 1828 ein „Kommunikationssystem per Dampfeisenbahn für den inneren und äußeren Verkehr Bayerns“ mit direkten Verbindungen nach Hamburg und Bremen. 1821 entwarf er ein allgemeines Eisenbahnsystem für Frankreich nach dem Vorbild der Liverpool-Manchester-Bahn mit Paris als Zentrum. List wußte, wovon er sprach, denn er studierte vor Ort in den Vereinigten Staaten das bereits umfangreiche Eisenbahnnetz und betrieb als Grubenbesitzer selbst eine profitable Dampfeisenbahn. 1789 in Reutlingen geboren, kämpfte der spätere Professor für Staatskunde im Ständerat gegen die württembergische Reaktion. 1825 wanderte er aus und war auch in den Vereinigten Staaten einer der ersten Verfechter einer heute klassischen politischen Ökonomie. „Alle (bisherigen Linien) beziehen sich auf Lokalbahnen und die Anlage einzelner Linien. Was sind jene kümmerlichen Bemühungen im Vergleich zu dem Plane, den Friedrich List verfocht! Einzelne kleine Strecken konnten höchstens für List als Versuchsobjekte Interesse haben und daher ging er nach Leipzig, ‘um’, wie er sich ausdrückte, 'in der Herzkammer des deutschen Binnenverkehrs, des Buchhandels und der Fabrikindustrie' für das deutsche Eisenbahnwesen zu wirken". So heißt es im Vorwort der 1897 bei Reclam erschienenen Ausgabe der Streitschrift von 1833. Erstmals wird hier ein eisenbahn-vernetztes(!) Deutschland vorgestellt. Zwar trafen sich die Linien in Berlin, sie waren jedoch im weitesten Sinn polyzentrisch flächendeckend: Zwischen Danzig im Osten, Lübeck, Hamburg und Bremen im Norden, Köln im Westen, Basel, Lindau und München im Süden sowie bis nach Prag und Breslau.

Der 1834 gegründete Zollverein war bereits in Sicht. Am 24. April 1837 wurde die erste Teilstrecke zwischen Leipzig und Dresden mit der - englischen - Lokomotive „Comet" eröffnet, am 7. April 1839 die gesamte 115 Kilometer lange Strecke. Das war auf deutschem Boden die erste „richtige" Eisenbahn, als Fernstrecke nach dem Muster Liverpool - Manchester, zweigleisig, mit erheblichen Landschaftsveränderungen und dem ersten deutschen Eisenbahntunnel, ausschließlich per Dampf betrieben! Der noch heute vielfach verkannte Friedrich List bekam recht: bereits 1842 gab es eine zusammenhängende Strecke von Dresden über Berlin nach Frankfurt an der Oder!

Verbogene Schienen zur Premiere in Nürnberg

Die Jungfernfahrt des „Adler", der am 7. Dezember 1835 in neun Minuten die Strecke zwischen Nürnberg und Fürth bewältigte, war zwar eine Premiere, doch nicht die Geburtsstunde des Eisenbahnzeitalters in Deutschland. Da hier nur ein Pendelverkehr zwischen zwei Städten seinen Auftakt genommen habe, könne man diesem Ereignis allenfalls zubilligen, die Geburtsstunde des öffentlichen Personennahverkehrs gewesen zu sein. Was tat sich also vor 150 Jahren tatsächlich an der Pegnitz zwischen Nürnberg und Fürth?

Dem Aufruf eines Nürnberger Zeitungsverlegers vom 2. Januar 1833 folgte im März desselben Jahres die Gründung einer Aktiengesellschaft. Ein Vielfaches üblicher Zinssätze versprach die zwölfprozentige Dividende, die später dann auch noch weit übertroffen wurde. Mit dabei war Nürnbergs zweiter Bürgermeister Scharrer. Im Februar 1834 gab es die königliche Konzession, ein Jahr später den Beginn der Bauarbeiten unter Leitung des Bezirksingenieurs von Denis. Dieser war ein Mann mit exzellenter französischer polytechnischer Ausbildung.

Hatte man schon 1833 Kontakt zu der Lokomotivfabrik Stephenson aufgenommen und aus der Serienproduktion der „Patentee"-Reihe, einer weiterentwickelten „Rocket", eine Lokomotive bestellt, so sollte auch insgesamt die neue Nachfrage in England gedeckt werden, so auch der Bedarf an 3000 Zentnern gewälzter Eisenbahnschienen. Dieser Import jedoch scheiterte an allerhöchster Stelle: die zollfreie Einfuhr wurde abgelehnt. Wer lieferte nun in Deutschland solch ungewohnte Produkte zu guter Qualität? An sich keiner. Am Ende ging der Auftrag an die Firma Remy & Co. in Rasselstein bei Neuwied. Es war jedoch nicht nur der Liefertermin 30. Juni von der Firma nicht einzuhalten, sondern es mangelte auch an der Qualität: die rund 300 Schienen mußten erst einmal geradegebogen werden - mit erheblichen Zeitverzögerungen und zusätzlichen Ausgaben. Mit vorab aus England bezogenen zwei Wagengestellen plus Achsen und Rädern wurden die insgesamt neun postkutschenartigen Waggons montiert, komplettiert beziehungsweise nachgebaut.

Eine frühere Schafwollspinnerei wurde zur Werkstatt für die „Ludwigsbahn". Dessen Besitzer, in Personalunion Direktor der Bahngesellschaft und mit einem englischen Techniker als Teilhaber, begründete damit die spätere Firma MAN, die Maschinenfabrik Augsburg-Nürnberg. Die sechs Tonnen schwere Lokomotive (plus Kohlentender mit einem Dienstgewicht von 14,22 Tonnen), 7,2 Meter lang, war am 16. November 1835 unter Anleitung des englischen „Leiharbeiters" William Wilson, Techniker und Lokomotivführer der Firma Stephenson, zusammengesetzt. Laut Chronik startete man am 3. Dezember zur erfolgreichen Testfahrt. Bahnhof und Remisen waren inzwischen auch in solider Bauweise fertiggestellt, und so konnte es endlich losgehen: Am 7. Dezember, so gegen acht oder neun Uhr morgens (selbst zwischen Nürnberg und Fürth gab es unterschiedliche Zeiten), traten Wilson und der Heizer Georg Hyronimus in Aktion. Der Zug setzte sich in Bewegung. Nach neun Minuten soll schon alles vorbei gewesen sein, Fürth war erreicht. Die Strecke war ja nur 5837 Meter lang, einige wollen auch 6219 Meter gemessen haben. Es war eine Premiere - aber jedenfalls nicht die, die den Beginn des „Eisenbahnzeitalters“ in Deutschland einläutete. Eisenbahn als System, das war schließlich mehr als diese kurze Strecke.

„Nach der Eröffnung der Ludwigsbahn ist der Bann gebrochen: Alle Welt beschäftigte sich mit der Innovation 'Eisenbahn' “. So steht es auf einer Schrifttafel im zum Jubiläumsjahr 1985 neu gestalteten Epochensaal des Nürnberger Verkehrsmuseums. Das kann so nicht richtig sein: Was sind schon sechs Kilometer Eisenbahn gegen 646 Kilometer Ende 1835 in ganz Europa? Was sind besagte sechs Kilometer Eisenbahn gegenüber 2419 Kilometer Ende 1835 in Europa und Nord-Amerika? Außerdem: Trotz Lieferung einer zweiten Lokomotive „Pfeil“ wurde die Bahn bei geringerem Verkehr noch lange mit Pferden betrieben. Wo ist die revolutionäre Vernetzung dieser Strecke und ihre Bedeutung für ein deutsches Eisenbahnsystem? Wer heute mit dem Zug die Strekke zwischen Nürnberg und Fürth fährt, er fährt sie nicht auf dieser historischen Trasse von 1835. Nürnberg wurde erst 1844 Teil des deutschen Eisenbahnnetzes, also neun Jahre später, mit der 59 Kilometer langen Strecke nach Bamberg als Teil der staatlichen Ludwigsbahn zwischen Lindau und Hof! Was wurde also am 7. Dezember 1985 gefeiert? Eine königlich privilegierte private profitable Lokalbahn - sozusagen Öffentlicher Personennahverkehr per Dampf und Pferd -, auf der später auch Güter transportiert wurden. Sie befriedigte

30 Jahre war sie Gast im Bremer Bahnhof: Baunummer 1 der Lokomotiven-Fabrik Krauss in München. 1867 geliefert an die Großherzoglich Oldenburgische Eisenbahn, im gleichen Jahr prämiert auf der Weltausstellung in Paris.

Königlich-Hannoversche Eisenbahn-Verwaltung

Fahr-Plan.

Vom **10. November 1849** bis auf weitere Bekanntmachung werden täglich nebenstehende **Dampfwagen-Züge** befördert.

Stationen. Haltst.	Meilen	1. Morgens.	2. Morgens.	3. Nachmitt.
Abfahrt von **Bremen**	—	5.25	9.40	3.55
„ „ Sebaldsbrück	1	5.35	9.50	4.—
„ „ **Achim**	2	5.50	10.15	4.20
„ „ Langwedel	3	6.10	10.40	4.35
„ „ **Verden**	4	6.35	11. 5	4.55
„ „ Dörverden	5	6.50	11.25	5.10
„ „ **Eistrup**	6	7.10	11.45	5.25
„ „ **Nienburg**	9	7.40	12.20	5.50
„ „ Linsburg	10	7.55	12.40	6. 5
„ „ Hagen	11	8.10	12.55	6.15
„ „ **Neustadt**	12	8.30	1.25	6.30
„ „ **Wunstorf**	13	8.55	1.50	6.50
„ „ Seelze	14	9.10	2.15	7.10
Ankunft in **Hannover**	16	9.30	2.40	7.30
„ „ **Minden**	19	11.15	4.20	8.40
„ „ **Hildesheim**	22	11. 5	7. 5	—
„ „ **Braunschweig**	24	11.45	7.35	—
„ „ **Harburg**	39	3.40	8.30	—

№ 2. Güterzug

Anschlüsse:

№ 1. mit **Hannover** westlich № 2. und **Hannover** östlich № 4.
№ 2. Ankunft in **Harzburg** 8¾ Uhr Abends.

Von Hannover in westlicher Richtung.

Stationen. Haltst.	Meilen	1. Morgens.	2. Morgens.	3. Mittags	4. Abends.
Abfahrt von **Hannover**	—	5.10	9.15	1.—	5.55
„ „ Seelze	1	—.—	9.30	—.—	6.20
„ „ **Wunstorf**	2	5.45	9.50	2.15	6.50
„ „ **Haste**	3	5.55	10. 5	2.35	7.10
„ „ Lindhorst	4	6. 5	10.20	—	7.25
„ „ **Stadthagen**	5	6.20	10.30	3.10	7.45
„ „ Kirchhorsten	6	6.30	—.—	3.25	—.—
„ „ **Bückeburg**	7	6.45	10.55	3.50	8.20
Ankunft in **Minden**	8	7.—	11.15	4.10	8.40
Abfahrt von **Wunstorf**	2	5.45	9.50	—	6.50
„ „ **Neustadt**	4	6.—	10.15	—	7.—
„ „ Hagen	5	6.15	10.35	—	7.20
„ „ Linsburg	6	6.25	10.50	—	7.30
„ „ **Nienburg**	7	6.40	11.10	—	7.50
„ „ **Eistrup**	9	7.10	11.50	—	8.15
„ „ Dörverden	10	7.20	12. 5	—	8.30
„ „ **Verden**	11	7.40	12.30	—	8.45
„ „ Langwedel	12	7.50	12.45	—	9.—
„ „ **Achim**	14	8.10	1.10	—	9.20
„ „ Sebaldsbrück	15	8.30	1.35	—	9.40
Ankunft in **Bremen**	16	8.40	1.50	—	9.50

№ 2. Güterzug von **Wunstorf** nach **Bremen**.
№ 3. und 4. Güterzüge von **Hannover** nach **Minden**.

Anschlüsse:

№ 1. Ank. in **Münster** 3¼ U. Nachm.
„ „ **Elberfeld** 2½ „ „
„ „ **Köln** 4¼ „ „
„ „ **Bonn** 7½ „ Abends
„ „ **Aachen** 8¾ „ „

№ 2. Ank. in **Münster** 5 U. Abends
„ „ **Elberfeld** 7¼ „ „
„ „ **Köln** 8¼ „ „
„ „ **Aachen** 11¼ „ „

Von Minden.

Stationen. Haltst.	Meilen	1. Morgens	2. Morgens.	3. Mittags.	4. Abends.
Abfahrt von **Minden**	—	7.30	7.55	11.50	5.25
„ „ **Bückeburg**	1	7.45	8.20	12.10	5.40
„ „ Kirchhorsten	2	7.55	—.—	12.30	5.50
„ „ **Stadthagen**	2	8.10	8.50	12.45	6.—
„ „ Lindhorst	3	8.20	—.—	1.—	6.15
„ „ **Haste**	4	8.35	9.20	1.20	6.30
„ „ **Wunstorf**	5	8.55	11.—	1.50	6.50
„ „ Seelze	7	9.10	—.—	2.15	7.10
Ankunft in **Hannover**	8	9.30	12.—	2.40	7.30
„ „ **Hildesheim**	11	11. 5	—	7. 5	—
„ „ **Braunschweig**	16	11.45	—	7.35	—
„ „ **Celle**	14	11.10	—	4.45	—
„ „ **Uelzen**	21	1.—	—	6.15	—
„ „ **Lüneburg**	26	2.10	—	7.20	—
„ „ **Harburg**	31	3.40	—	8.30	—
„ „ **Nienburg**	10	11. 5	—	—	7.45
„ „ **Verden**	14	12.25	—	—	8.40
„ „ **Bremen**	19	1.50	—	—	9.50

№ 2. und 3. Güterzüge von **Minden** nach **Hannover**.

Anschlüsse:

№ 1. mit **Hannover** östlich № 4.
№ 3. Ankunft in **Harzburg** 8¾ Uhr Abends.

Abgang der täglichen Fahrposten.

Von Wunstorf.
Nach Hagenburg, Rehburger Br., Loccum, Leese … 10 U. M.

Von Bückeburg.
Nach Pyrmont, Carlshafen 5 U. A.
„ Hameln … 5½—6 U. A.
„ Lemgo, Detmold 8½ U. A.
„ Rinteln … 8½ U. M., 5 U. A. und 8½ U. A.

Von Minden.
Nach Osnabrück 1 U. N. u. 10 U. A.

Von Nienburg.
Nach Stolzenau, Uchte, Diepenau 11 U. A.
„ Sulingen, Diepholz, Osnabrück … 9 U. A.
„ Leese, Loccum, Rehburger Br., Hagenburg 1½—2 U. Früh. Asendorf, Syke, Oldenburg 10½ U. M.

Von Eistrup.
Nach Rethem, Hoya, Bücken 9½ U. A.

Von Verden.
Nach Rotenburg, Harburg 5½ U. A.
„ Walsrode, Fallingbostel, Bergen … 9¼ U. A.

Von Achim.
Nach Ottersberg, Zeven 9½ U. M.

Von Bremen.
Nach Bremerhaven … 11 U. A.
„ Oldenburg 6½ U. A. u. 8 U. M.
„ Bremervörde, Stade 6 U. A.
„ Syke … 4 U. Nachm.
„ Bassum, Barnstorf, Diepholz 6 U. A.

Die Beförderung erfolgt nach Maaßgabe der in der Betriebs-Ordnung bekannt gemachten Bedingungen und Vorschriften. In den Büreau-Localen eines jeden Bahnhofes ist ein Exemplar der Betriebs-Ordnung zu Jedermanns Einsicht ausgelegt, sowie daselbst auch Exemplare derselben zu 3 Ggr. käuflich zu haben sind. In Beziehung auf die **Zoll-** und **Steuer-Controle** werden die Reisenden auf die Vorschriften aufmerksam gemacht, welche auf den Bahnhöfen, sowie in den Personen-Wagen über die zollamtliche Behandlung des Reisegepäcks angeschlagen sind.

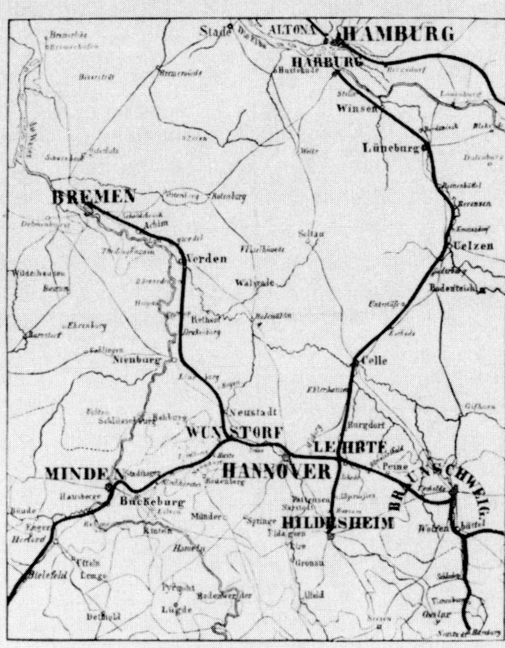

Von Hildesheim.

Stationen. Haltst.	Meilen	1. Morgens.	2. Nachmitt.	3. Abends.
Abfahrt von **Hildesheim**	—	7.20	3.10	5. 5
„ „ Harsum	0	7.30	—.—	5.15
„ „ Algermissen	1	7.40	3.25	5.25
„ „ Sehnde	2	7.55	—.—	5.40
„ „ **Lehrte**	3	8.20	4.—	6.—
„ „ Misburg	4	8.35	4.10	—.—
Ankunft in **Hannover**	5	8.50	4.35	6.30
„ „ **Celle**	7	9. 5	4.45	7.20
„ „ **Uelzen**	14	10.35	6.15	9.30
„ „ **Lüneburg**	18	11.45	7.20	—
„ „ **Harburg**	24	12.55	8.30	—
„ „ **Braunschweig**	9	10.15	6. 5	7.35
„ „ **Minden**	14	11.15	8.40	—
„ „ **Nienburg**	13	11. 5	7.45	—
„ „ **Verden**	17	12.25	8.40	—
„ „ **Bremen**	22	1.50	9.50	—

№ 1. und 3. Güterzüge.

Anschlüsse:

№ 1. mit **Hannover** westlich № 2. und **Hannover** östlich № 4.
№ 2. Ankunft in **Harzburg** 8¾ Uhr Abends.

Abgang der täglichen Fahrposte[n.]

Von Hannover.
Nach Alfeld, Einbeck, Götting[en], Cassel … 12 U. M., 10 [...]
„ Hameln 11½ U. M., 5½ [...]

Von Celle.
Nach Bergen, Soltau, Welle, [Fal]lingbostel, Walsrode … 8 [...]
„ Meinersen, Gifhorn … 1 [...]

Von Uelzen.
Nach Dannenberg, Lüchow 1½—2 [...]
„ Ebstorf … 2½ [...]
„ Bergen a. d. D., Salzw[edel] 7½ [...]
„ Bodenteich, Wittingen 3 [...]

Von Lüneburg.
Nach Artlenburg, Lauenburg, [Boi]zenburg … 1 [...]
„ Dahlenburg, Göhrde, [Dan]nenberg … 8 [...]

Von Harburg.
Nach Buxtehude, Stade … 2½ [...]
„ Soltau, Bergen … 5 [...]
„ Rotenburg … 8 [...]

Von Braunschweig.
Nach Helmstedt … 7½ U. M. 6 U. A. (im Winter 5.)

Von Hildesheim.
Nach Alfeld, Göttingen, G[…] Holzminden … 1½ U. N. 11½ U. A.
„ Goslar, Clausthal … 9 [...]
„ Bockenem, Seesen, O[…] 12 [...]
„ Elze, Hameln … 3 [...]

Da auf die durchgehenden Personenzüge zwischen Berlin und Köl[n in] etwaigen Verspätungsfällen vertragsmäßi[g in] Braunschweig resp. Minden bis zu einer S[tunde] gewartet werden muß, so ist eine schon [in] Wunstorf und resp. Lehrte eingetretene [Ver]spätung für die Ankunft der mit jenen [Zügen] in Verbindung stehenden Züge, welche plan[mäßig] 1 Uhr 50 Min. in Bremen, 12 Uhr 55 [Min.] und 3 Uhr 40 Min. in Harburg eintreffen in Anschlag zu bringen.

Hannover. Druck der Hofbuchdruckerei Gebr. Jänecke.

Stationen. Haltst.	Meilen	Morgens	Morgens	Morgens	Nachmitt.	Abends
Abf. v. Harburg	—	—	5.30	10.20	1.10	6.—
„ „ Stelle	1	—	—.—	10.40	—.—	6.25
„ „ Winsen	2	—	6.—	11.—	1.40	6.45
„ „ Bardowieck	4	—	—.—	11.30	—.—	7.15
„ „ Lüneburg ...	5	—	6.30	11.50	2.15	7.40
„ „ Bienenbüttel	6	—	6.55	12.15	2.35	8.5
„ „ Bevensen ...	8	—	7.10	12.35	2.50	8.30
„ „ Emmendorf	9	—	7.20	12.50	3.5	—.—
Anf. in Uelzen	9	—	7.30	1.—	3.15	9.—
Abf. v. Uelzen	—	4.45	7.40	1.10	3.20	—
„ „ Suderburg	11	5.10	8.—	1.30	3.40	—
„ „ Unterlüss	13	5.40	—	1.55	4.—	—
„ „ Eschede	14	6.5	8.40	2.20	4.20	—
„ „ Celle	17	6.50	9.25	2.55	5.—	—
„ „ Ehlershausen	18	—.—	9.40	3.15	5.20	—
„ „ Burgdorf	19	7.40	10.—	3.35	5.35	—
„ „ Lehrte	20	8.20	10.25	4.—	6.—	—
„ „ Misburg	21	8.35	—.—	4.10	—.—	—
Anf. in Hannover ...	22	8.50	11.—	4.35	6.30	—
„ „ Hildesheim ..	24	9.20	11.5	—	7.5	—
„ „ Braunschweig	26	10.15	11.45	6.5	7.35	—
„ „ Minden.....	31	11.15	4.20	8.40	—	—
„ „ Bremen.....	39	1.50	—.—	9.50	—	—

№ 1. 3. und 5. Güterzüge.

Anschlüsse:

№ 1. wie Hannover westlich № 2. „ 2. „ „ östlich „ 4. | № 3. Anf. in Harzburg $8^{3}/_{4}$ U. Abends.

Von Hannover in östlicher Richtung.

Stationen. Haltst.	Meilen	1. Morg.	2. Morg.	3. Morg.	4. Morg.	5. Nachmitt.	6. Abends
Abf. v. Hannover ...	—	—	5.—	7.40	9.55	3.20	5.30
„ „ Misburg	1	—	—.—	8.—	—.—	3.35	—.—
Anf. in Lehrte	2	—	5.20	8.15	10.15	3.50	6.5
Abf. v. Lehrte......	—	—	5.30	8.25	10.25	4.5	6.10
„ „ Hämeler Wald	3	—	—.—	8.50	—.—	—.—	6.25
„ „ Peine.......	4	—	6.—	9.15	10.55	5.—	6.45
„ „ Vechelde	6	—	6.20	9.45	11.20	5.30	7.10
Anf. in Braunschweig	8	—	6.45	10.15	11.45	6.5	7.35
Abf. v. Lehrte......	2	—	—	8.20	10.25	4.5	6.15
„ „ Burgdorf....	3	—	—	8.35	10.40	4.15	6.35
„ „ Ehlershausen	4	—	—	8.45	—.—	4.30	—.—
„ „ Celle.......	5	—	—	9.10	11.15	4.50	7.30
„ „ Eschede	8	—	—	9.30	11.50	5.20	8.10
„ „ Unterlüss	9	—	—	10.—	—.—	—.—	8.35
„ „ Suderburg	12	—	—	10.20	12.40	6.—	9.5
Anf. in Uelzen	12	—	—	10.35	1.—	6.15	9.30
Abf. v. Uelzen	—	5.5	—	10.45	1.5	6.20	—
„ „ Emmendorf	13	—.—	—	10.55	1.15	—.—	—
„ „ Bevensen....	14	5.35	—	11.5	1.30	6.40	—
„ „ Bienenbüttel	15	5.55	—	11.25	1.50	6.50	—
„ „ Lüneburg....	17	6.40	—	11.50	2.15	7.25	—
„ „ Bardowieck	18	6.55	—	—.—	2.25	—.—	—
„ „ Winsen	20	7.30	—	12.20	3.—	8.—	—
„ „ Stelle	21	7.45	—	—.—	3.15	—.—	—
Anf. in Harburg	22	8.15	—	12.55	3.40	8.30	—
Abf. v. Lehrte	2	—	—	8.25	10.30	—	6.15
„ „ Sehnde	3	—	—	8.40	—.—	—	6.30
„ „ Algermissen	4	—	—	8.55	10.50	—	6.45
„ „ Harsum	4	—	—	9.5	—.—	—	6.55
Anf. in Hildesheim ..	5	—	—	9.20	11.5	—	7.5

№ 1. 4. und 6. Güterzüge nach Harburg.
№ 3. und 5. Güterzüge nach Braunschweig.
№ 3. und 6. Güterzüge nach Hildesheim.

Anschlüsse:

№ 2 Anf. in Harzburg	9 U. Morg.		№ 2. Anf. in Cassel	$10^{1}/_{2}$ U. Abends.	
„ „ Halberstadt	$9^{3}/_{4}$ „ „		„ 4. „ „ Harzburg	$3^{1}/_{4}$ „ Nachm.	
„ „ Magdeburg	$10^{1}/_{4}$ „ „		„ „ Magdeburg	$4^{1}/_{2}$ „ „	
„ „ Berlin	$2^{1}/_{4}$ „ Nachm.		„ „ Halberstadt	$6^{1}/_{2}$ „ Abends	
„ „ Leipzig	$2^{1}/_{2}$ „ „		„ „ Leipzig	$8^{1}/_{2}$ „ „	
„ „ Dresden	8 „ Abends.		„ „ Berlin	$9^{1}/_{2}$ „ „	
„ „ Reichenbach	$8^{1}/_{2}$ „ „		№ 5. „ „ Harzburg	$8^{3}/_{4}$ „ „	
„ „ Stettin	$9^{1}/_{4}$ „ „				

Von Braunschweig.

Stationen. Haltst.	Meilen	1. Morgens	2. Morgens	3. Nachmitt.	4. Nachmitt.	5. Abends
Abf. v. Braunschweig	—	7.—	7.55	2.30	4.—	8.—
„ „ Vechelde	1	7.20	8.35	2.55	4.35	8.15
„ „ Peine	3	7.40	9.15	3.15	5.10	8.35
„ „ Hämeler Wald	4	7.55	—.—	—.—	5.30	—.—
„ „ Lehrte......	6	8.20	10.25	4.—	6.—	9.—
„ „ Misburg	7	8.35	—.—	4.10	—.—	—.—
Anf. in Hannover ...	8	8.50	11.—	4.35	6.30	9.30
„ „ Hildesheim ..	9	9.20	11.5	—	7.5	—
„ „ Celle.......	9	9.5	11.10	4.45	7.20	—
„ „ Uelzen......	16	10.35	1.—	6.15	9.30	—
„ „ Lüneburg ...	21	11.45	2.10	7.20	—	—
„ „ Harburg....	26	12.55	3.40	8.30	—	—
„ „ Minden	16	11.15	4.20	8.40	—	—
„ „ Nienburg ...	15	11.5	—	7.45	—	—
„ „ Verden	19	12.25	—	8.40	—	—
„ „ Bremen	24	1.50	—	9.50	—	—

№ 2. und № 4. Güterzüge nach Hannover.

Anschlüsse:

№ 1. wie Hannover westlich № 2.

zwar wichtige lokale Bedürfnisse, aber nicht mehr. Sie fuhr mit der Lokomotive „Adler", die 1857 bereits verschrottet wurde, von Kopfbahnhof zu Kopfbahnhof, als „Inselbahn" bis 1922. Sie wurde nie ans Netz angeschlossen! Die Ludwigsbahngesellschaft, inzwischen kommunalisiert, profitierte weiter von ihren Grundstücken und den Pachteinnahmen aus dem Straßenbahnbetrieb auf gleicher Trasse. Erst 1969, vor 20 Jahren also, wurde die Gesellschaft liquidiert - nach 133jährigem Bestehen.

Trotzdem: Wir kam Deutschland damals weiter zum Zuge? Bis Ende 1840 dampfte es auf 468 Kilometern aus den Schloten von 75 Lokomotiven, davon 42 aus der Fabrik von Stephenson. Drittgrößter Lieferant war die Firma Norris in Philadelphia/USA!

Mit der 1844 verfügten Zollerhöhung für Stabeisen schützte man den Aufbau einer deutschen Stahlindustrie. Zur Erinnerung: Allein der Roheisenbedarf für die Strecke Leipzig - Dresden hätte 50 Prozent der gesamten Produktion des deutschen Zollvereins ausgemacht! Bis Ende 1850 war das Netz bereits auf 5856 Kilometer Länge ausgedehnt. Die Grundstruktur eines flächendeckenden neuen deutschen Schienentransportsystems war geschaffen - mit weitreichender britischer Hilfe.

Es gilt, die „herausgestellten Vorteile dieses Verkehrsmittels künftig nutzen zu können, insbesondere den vergleichweise geringen Raum- und Flächenbedarf, die hohe Umweltfreundlichkeit, den vergleichsweise geringen Energieverbrauch, die hohe Verkehrssicherheit, die hohe Zuverlässigkeit und Pünktlichkeit, die hohe Transportkapazität". Das ist nicht der Wortlaut eines historischen Eisenbahnkomitees, sondern die Formulierung einer Entschließung der Ministerkonferenz für Raumordnung vom 21. März 1985.

Bildnachweis:
Histor. Museum Hannover (1)
Archiv R. Habel (2)
Deutsche Bundesbahn (3)
Foto Deutsches Museum München (3)
Focke-Museum (4)

„Hannoverscher Bahnhof" um 1869

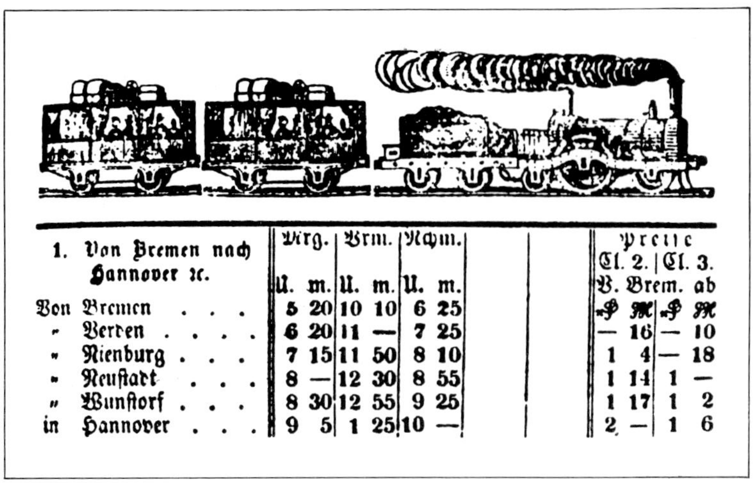

1. Von Bremen nach Hannover rc.	Vrg.		Brm.		Nchm.		Preise Cl. 2. B. Brem.		Cl. 3. ab	
	U.	m.	U.	m.	U.	m.				
Von Bremen . . .	5	20	10	10	6	25	₰	ℳ	₰	ℳ
„ Verden	6	20	11	—	7	25	—	16	—	10
„ Nienburg . . .	7	15	11	50	8	10	1	4	—	18
„ Neustadt . . .	8	—	12	30	8	55	1	14	1	—
„ Wunstorf . . .	8	30	12	55	9	25	1	17	1	2
in Hannover . . .	9	5	1	25	10	—	2	—	1	6

Fahrplan von 1854

Rainer Pöttker

3 1/2 Stunden bis Hannover
Eisenbahnbetrieb um 1850

Nach dem erfolgreichen Vertragsabschluß am 14. April 1845 zwischen dem Königreich Hannover und der Freien Hansestadt Bremen „die Anlegung einer Eisenbahn von Hannover nach Bremen betreffend“, begann der Bau. Die Bahn wurde auf gemeinsame Rechnung der beiden Vertragspartner gebaut, wobei dann die Betriebsführung, d. h. die Abwicklung des Verkehrs auf der Schiene und den Bahnhöfen außerhalb des bremischen Hoheitsgebietes bei der Königlich Hannoverschen Eisenbahndirektion lag.

Zum 1. Oktober 1847 sollte die sehnlichst erwartete Eröffnung der Eisenbahnstrecke Bremen - Hannover stattfinden. Die Strecke war schon besetzt, wie der Gehaltsetat vom 8. Oktober 1847 für den Bahnhof Achim zeigt. Die „Anhaltestation Achim“ war mit drei Eisenbahnbeamten besetzt:

- ein Einnehmer, zugleich Gepäck-Expedient und Bahnhofsvorstand mit 240 Gulden jährlicher Besoldung
- ein Wäger, Gehülfe desselben mit 12 Gulden monatlicher Besoldung
- ein Nachtwächter mit 10 Gulden monatlicher Besoldung.

Am Sonntag, dem 12. Dezember, war es dann endlich soweit. Der geschäftstüchtige Achimer Gastwirt Conrad Puvogel lud per Zeitungsannonce die Bremer Bürger bereits „zur Feier der Bahneröffnung“ nach Achim ein, Abfahrt von Bremen 3 1/4 Uhr, Rückfahrt 9 Uhr abends. Die an der Eröffnung teilnehmende Bevölkerung bejubelte den ersten planmäßigen Dampfwagen mit Passagieren stürmisch.

Die Achimer Bevölkerung muß sich bei dem Empfang des Eröffnungszuges besonders hervorgetan haben, wie man es einem zeitgenössischen Bericht der Hannoverschen Morgenzeitung vom 12. Dezember 1847 entnehmen kann: „Die förmliche Eröffnung der Hannover-Bremer Eisenbahn hat am Sonntag den 12. December stattgefunden. In Bremen, wo man die Bedeutung dieses neuen Verbindungsweges mit Recht hoch anschlägt, hatten sich zum ersten Morgenzuge soviel Fahrlustige eingefunden, welche die erste hannoversche Lokomotive in Achim empfangen und mit ihr zurückkehren wollten, daß nur ein sehr kleiner Theil derselben zu befördern gewesen war. Auf solch einen Andrang war die Verwaltung nicht vorbereitet. Er verspätete dann auch die Abfahrt in Achim so lange, daß der erste hannoversche Zug fast um eine Stunde zu spät in Bremen eintraf. Diese Verzögerung hat indeß nicht verhindert, daß eine unüberschaubare Menschenmenge in Bremen den ersten Bahnzug erwartete und mit freudigem Zuruf empfing.

Auch auf den Zwischenstationen war es überall lebhaft, besonders in Achim hatte man sich bemüht, dem noch unvollendeten Bahnhof durch zierliche Ausschmückung ein freundliches Aussehen zu geben, und in Ermangelung schweren Geschützes wollte man sich das Vergnügen nicht nehmen lassen, wenigstens mit einigen Kanonenschlägen die Ankunft der ersten Lokomotive zu feiern. In Bremen selbst donnerten die Begrüßungssalven schon imposanter... Die beiden Bremer Tageszeitungen haben, expeditiv wie sie sind, gleich am ersten

Bahnhof Achim um 1900

Tage sich den Bahnzügen angeschlossen, sie sind Mittagsblätter geworden, werden schon mit dem Nachmittags 3 1/4 Uhr von Bremen abgehenden Zuge expeditirt und treffen Abends in Hannover ein."

Die Achimer brauchten sich ihres halbfertigen Bahnhofsgebäudes nicht zu schämen, der Bremer Bahnhof befand sich ebenfalls noch im Bau. Man konnte nur das Erdgeschoß betreten, und die endgültige Fertigstellung der oberen Etagen sollte noch etwa anderthalb Jahre dauern!

Die umfangreichsten Bahnanlagen zwischen Bremen und Verden hatte man in Achim errichtet. In der näheren Umgebung des Bahnhofes befanden sich die Wärterbuden Nr. 90 und 91, am Bahnhof selbst war ein Flügeltelegraph postiert, welcher von dem Bahnwärter des Postens 90 bedient wurde. Die ersten Züge fuhren auf der eingleisigen Strecke noch auf Sicht. Solange sich kein anderer Zug auf der Strecke befand, benötigte man dazu keine besonderen Sicherheitseinrichtungen. Da die Bahn fast geradlinig verlief, wurden die Bahnwärter etwa alle 1 000 Meter, in den Kurven entsprechend enger, in Sichtverbindung postiert. Diese Kette von Bahnwärtern entlang der Strecke hatte für die Sicherheit des Zugverkehrs zu sorgen, Meldungen über den Zugverkehr weiterzugeben und dem Lokführer den Zustand der Strecke anzuzeigen. Nach jeder Zugfahrt mußten sie „ihren" Streckenabschnitt untersuchen und die „Barrieren" - die Vorgänger der Schrankenbäume - bedienen. Wenn die Männer in der Rotte die Schienen nachstopfen mußten, übernahmen die Frauen die Bedienung der Barrieren.

Um die Bahnwärter von der ständigen Beobachtung des benachbarten Flügeltelegraphen zu entbinden, ertönte mit einer Signaländerung gleichzeitig ein Glockenzeichen, welches von dem nächsten Streckenposten wahrgenommen wurde. Mit dem Flügeltelegraphen erfuhr der Lokführer den Zustand des folgenden Streckenabschnittes und die Stellung des Signalarmes teilte dem Bahnwärter die Fahrtrichtung des zu erwartenden Zuges mit. Einige Jahre später führte die Königlich Hannoversche

Eisenbahnverwaltung den elektrischen Telegraphen ein.

Was hatte der Bahnwärter in den oftmals langen Zugpausen zu tun? Auch darüber machte sich die Eisenbahnverwaltung Gedanken und es gab folgende „verdienstliche Weisung“ an die Dienststellen: „Es ist in unserer Zeit wiederum die Bepflanzung der Böschungsflächen der Eisenbahnen mit Obstbäumen und Fruchtsträuchern in Anregung gebracht worden, und zwar werden zu diesem Zwecke besonders Zwergobstbäume in Verbindung mit Johannisbeer-, Stachelbeer- und Himbeersträuchern sowie für die tiefliegenden Terrains Korbmacherweiden empfohlen. Es unterliegt keinem Zweifel, daß unter zweckdienlicher Berücksichtigung der jeweils localen Verhältnisse auf dem hier beschrittenen Wege sehr segensreich gewirkt werden kann. Einestheils werden sich bei der richtigen Handhabung der Sache nicht ganz unbedeutende Beiträge in Einnahme für die Verwaltungskassen erzielen lassen; andererseits wird in vielen Landestheilen dadurch auch die bis jetzt fehlende Anregung zu reichlicher Anpflanzung von Obstbäumen gegeben werden. Unter Umständen wird sich auch für die minderbesoldeten Bahnaufsichtsbeamten resp. deren Familien aus diesem Vorgange eine sehr erwünschte Nebeneinnahme beschaffen lassen.“

Ein solch typisches Bahnwärterhaus fand schon in dem Kostenanschlag 1845 Erwähnung. Es sollte auf dem „Uphuser Felde“ entstehen und befindet sich noch heute in abgeänderter Form am Bahnübergang Bruchweg, hatte die Nummer 69 und besaß den obligatorischen Eisenbahnergarten „zur Beschaffung einer sehr erwünschten Nebeneinnahme“.

Wie stand es nun mit der genauen Uhrzeit bei den ersten hannoverschen Bahnen? Täglich holte sich der Bahnmeister in Neustadt am Rübenberge die Uhrzeit von der dortigen Kirchturmuhr, ging die Strecke zum nächsten Bahnhof ab und verglich unterwegs die Chronometer des Streckenpersonals mit seiner Uhr. In der gleichen Art und Weise trug man die Uhrzeit weiter auch zu den anderen Stationen.

Bahnübergang „Bruchweg“ in Uphusen, im Bildhintergrund das Bahnwärterhaus

So richtete sich man wahrscheinlich auch in Achim während der Anfangsjahre nach der „Neustädter Normalzeit“.

Der Fahrplan vom 12. Dezember 1847 zeigte jeweils drei tägliche Verbindungen zwischen Bremen und Hannover auf, wobei eine Lokomotive auf der halben Strecke in Nienburg in der Nacht abgestellt wurde und am nächsten Morgen den Frühzug nach Hannover fuhr. Drei Stunden und fünfunddreißig Minuten benötigte der schnellste der drei Züge nach Hannover bei acht Zwischenaufenthalten. Der Zeitgewinn gegenüber der Postkutsche und dem Pferdefuhrwerk war sensationell, eine Postkutsche benötigte für die gleiche Strecke etwa das Vierfache! Unter dem Fahrplan stand der Personenbeförderungstarif für die drei Wagenklassen. Danach kostete eine einfache Fahrt von Achim nach Bremen in der dritten Wagenklasse 5 Gute Groschen. Die Eisenbahn konnte natürlich nicht sofort ein Massenverkehrsmittel sein. Ein Tagelöhner erhielt damals beim Bahnbau nur einen Stundenlohn von etwa einem Guten Groschen, ein Bahnwärter verdiente ebenfalls nicht mehr. Die Rückfahrkarte von Achim nach Bremen kostete also in der dritten Wagenklasse den Lohn eines ganzen Tages!

Die Bahnhofsordnung vom 8. November weist manche Kuriosität aus den Anfangstagen des Bahnbetriebes auf. Die Abfahrt des Zuges

Die Allerbrücke um 1860

wurde durch dreimaliges Läuten angekündigt. Der Schaffner wies den Fahrgästen feste Plätze zu, denn nur das Bahnpersonal war befugt, die Abteiltüren zu öffnen. Alle Passagiere, die z. B. in Achim aussteigen wollten, kamen deshalb zweckmäßig in einem „Coupé“ unter - Lokführer und Heizer fuhren unter freiem Himmel, jeder der Wagen wurde von einem auf dem Dach ohne jeden Schutz sitzenden Bremser abgebremst.

Zehn Jahre nach der Eröffnung veranlaßte die Eisenbahndirektion den Bau des zweiten Gleises und der von England übernommene Linksverkehr herrschte im Bereich des Königreiches Hannover bis 1869.

Bahnwärterhäuschen mit Signalflügel und Glocke. Das Signal zeigt an, daß ein Zug von Hannover in Richtung Bremen abgefahren ist.

Bildnachweis: Focke-Museum Bremen (1)
Privatarchiv Pöttker (2) (3) (4) (5)
Heimatmuseum Verden (6)

„Hannoverscher Bahnhof" um 1869

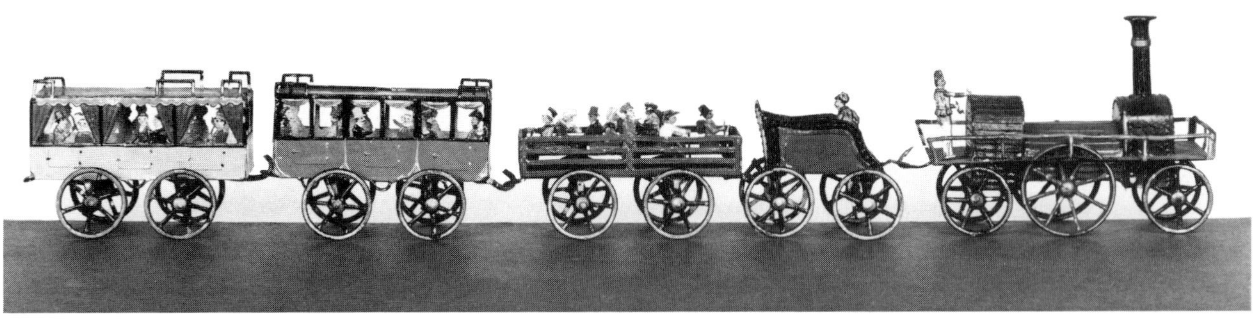

Donnerstag den 23. December 1847

Eine Fahrt nach Achim!
Auszug aus: „Der Bürgerfreund“ Nr. 102 Bremen

Am Sonntag den 12. December wurde endlich die Eisenbahn von hier nach Hannover eröffnet und auch mich zog es gegen 10 Uhr zum Bahnhof, um welche Zeit man den ersten Zug aus Hannover erwartete; der erste Zug nach Hannover war schon um 7 1/2 Uhr morgens abgegangen. Die Ankunft des Zuges erfolgte um 10 1/2 Uhr, und ist den Bremern wohl zum Vorwurf zu machen, denselben so kalt ohne ein freudiges Beifallszeichen empfangen zu haben, was hier wohl angebracht gewesen wäre. Die auf dem Bahnhof befindlichen Menschenmenge war auch geringer, als ich gewünscht und erwartet hätte; ich traf dort einige Bekannte und wir beschlossen, am Nachmittag mit nach Achim zu fahren. Um 3.00 Uhr versammelten wir uns auf dem Bahnhofe, wo sich diesmal eine sehr große Anzahl von Zuschauern eingefunden hatte, die begierig sein mochten, daß dem größten Teil von ihnen neue Schauspiel mit anzusehen. Um das Billetbureau war ein ungeheurer Andrang und nur mit Mühe gelang es einem meiner Freunde für uns Billets zu bekommen. Bald darauf saßen wir Alle zusammen in einem Wagen, und nun ging es fort.

Die Unterhaltung unterwegs war angenehm und sehr lebhaft und drehte sich größtenteils um Eisenbahnen. Auch machten uns die erstaunten Gesichter der Landleute, die den, an ihnen mit so unbegreiflicher Schnelle vorüberfliegenden Zug verwundert betrachteten, viel Vergnügen, und so fehlte hier nichts an heiteren Scherzen. Nach 20 Minuten kamen wir in Sebaldsbrück an, wo einige ausstiegen und nach weiteren 10 Minuten lag Achim, das Ziel unserer Reise, vor uns. Hier stiegen wir aus, und nachdem wir den Zug hatten abfahren sehen, begaben wir uns nach dem Lokal des Herrn Puvogel, wohin ein großer Theil unserer Reisegefährten uns schon vorangegangen war; die Einrichtung des Eisenbahner-Pavillons will ich nicht näher besprechen und nur bemerken, daß das Lokal geräumig, die Aufwartung gut und die Musiker für einen Nichtkenner genügend ist, wenigstens erfüllte diese letztere hier vollkommen ihren Zweck, nämlich den, zur allgemeinen Heiterkeit beizutragen.

Bei unserer Ankunft waren bereits alle Stühle besetzt und wir tranken daher unseren Kaffee im Garten, was wohl etwas abenteuerlich klingen mag aber nichtsdestoweniger war es so, und wir waren auch alle zu fröhlich gestimmt, um von der Kälte Notiz zu nehmen. Der Eisenbahn-Pavillon liegt sehr hübsch auf einer mit Tannen bewachsenen Anhöhe, von wo aus man eine reizende Aussicht hat. Vorne tief unten die Eisenbahn mit den dazugehörigen Gebäuden, auf der anderen Seite das Dorf, anmutig zwischen kleinen Hügeln und Tannen versteckt, und im Hintergrunde die Weser, die sich wie ein schmales Silberband am Horizont dahinschlängelt. Das Wetter war klar und schön, aber es begann bald zu dämmern und der Mond warf sein Licht auf die Gegend, die so an Schönheit noch reicher wurde. Wenn man dem Bahnhof das Gesicht zuwendet und dann links durch ein kleines Tannengehölz dringt, gelangt man zu einer kleinen Anhöhe, von wo aus die Ansicht wirklch bezaubernd schön ist; es führt von dort ein Weg in das am Fuße derselben liegende Dorf, dessen Lichter mir freundlich zublinkten, aber ich fühlte keinen Drang, aus der Poesie der

Einsamkeit in die Prosa des Lebens zwischen Gänse- und Hühnerställen hinabzusteigen, und lange konnte ich mich nicht von diesem entstandenen Orte trennen, ich fand denselben erst als der Mond schon hoch am Himmel stand und weiß nicht, ob er beim Tageslicht nicht an Schönheit verliert, darum möchte ich jedem nur rathen, der geneigt sein sollte denselben aufzusuchen, zu warten bis die Nacht heraufgezogen ist, und der Mond mit den unzähligen Sternen vom Himmel herabblickt.

Später, müde vom Spazierengehen, spielten wir im Eisenbahn-Pavillon Karten und diese halfen uns glücklich über alle Langeweile hinweg. Gegen 7 1/2 Uhr kam der letzte Bahnzug von Bremen an, dessen Ankunft und Weiterfahrt wir mit ansahen: der Widerschein der in dem Ofen der Locomotive befindlichen Kohlen, und die beiden Laternen an jeder Seite derselben die man schon in ziemlicher Entfernung erblickte, boten einen eigentümlichen, großartigen Anblick. Nach dieser kleinen Unterbrechung im Spiel kehrten wir wieder zu demselben zurück.

Gegen 8 1/2 Uhr verließen wir den Eisenbahn-Pavillon und begaben uns zum Bahnhof hinunter, wo um 8.50 Minuten der letzte Bahnzug erwartet wurde, der uns zurück nach Bremen fahren sollte. Hier befindet sich ebenfalls ein kleines Etablissement, welches für die Durchreisenden bestimmt ist, da das Lokal des Herrn Puvogel zu weit von der Bahn entfernt ist. Da wir nun zu den letzten gehörten, die den Eisenbahnpavillon verließen, so mußten wir hier unten leider wieder auf Stühle Verzicht leisten, denn die wenigen welche sich hier befanden, waren längst besetzt. Wir zogen es daher vor, in der freien Luft spazieren zu gehen, um uns zugleich gute Plätze im Wagen zu sichern.

Aber die Locomotive ließ vergeblich auf sich warten; es wurde 9 1/2 Uhr, noch ließ sich nichts blicken, man wunderte sich; es schlug 10.00 Uhr, man fing an ängstlich zu werden, als aber um 11 1/2 Uhr der erste Zug noch nicht da war, zeigte sich auf allen Gesichtern eine lebhafte Besorgnis. Wie leicht konnte ein Unglück passiert sein und der Zug vielleicht ganz ausbleiben. Was war dann anzufangen? Der schwer drückend eingetretene schweigende Unmut wich nun einer ängstlichen Offenherzigkeit und egoistisch wie der Mensch ist, der unter den Glücklichen der Glücklichste sein will, so wollte jeder hier im Unglück, wenn man es so nennen dar, auch der Unglücklichste sein; jeder fand

seine eigene Lage noch unangenehmer, als die seiner Mitmenschen, und setzte nun sein Streben darin, dies auch anerkannt zu wissen. Hier hatte einer die Erlaubnis zu der Tour von seinen etwas ängstlichen Anverwandten nur mit Mühe erhalten und malte sich in scharfen Zügen die Besorgnis derselben aus; dort erzählte ein Ehepaar, sie wären aus dem Hause fortgegangen ohne Bescheid gesagt zu haben. Noch andere hatten keinen Hausschlüssel und wußten nicht, wie sie ins Haus kommen sollten, denn jeder habe darauf gerechnet, zu rechter Zeit wieder zu Haus einzutreffen, genug. Alles war in der größten Unruhe und Verwirrung. Mich quälte keine dieser Sorgen, deshalb konnte ich noch mit meinen Scherzen die gesunkenen Lebensgeister meiner Freunde wieder beleben.

Wir waren indessen auf komische Weise zu Stühlen gekommen. Einer meiner Bekannten gerieth auf den herrlichen Einfall in das überfüllte Gastzimmer hineinzurufen: „Der Zug ist gleich da.“ Auf allen wirkten diese Worte wie ein Zauberschlag, Müde, Murrende, Schlafende, alle sprangen auf und stürzten hinaus und wir bemächtigten uns unterdessen der Stühle. Bald darauf kehrte die ganze Gesellschaft verdrießlich zurück und fanden nun sogar alle Plätze besetzt.

Ungefähr eine halbe Stunde darauf, gegen 11 3/4 Uhr erneuerte sich der Tumult, und diesmal war es in glücklicher Weise keine Täuschung. Der Zug kam endlich an und wurde von der unwillkürlichen Menge mit lautem Pfeifen und Zischen empfangen. Gegen Mitternacht endlich fuhren wir ab. Die Rückfahrt war ganz das Gegenteil von der Hinfahrt, auf dieser lauter vergnügte und heitere Gesichter, auf jener lauter gelangweilte und verfrorene, auch trat bei den meisten hier die Natur in ihre Rechte und von Müdigkeit überwältigt schliefen sie ein. Dabei herrschte einen Totenstille, die nur durch das Schnauben der Locomotive unterbrochen wurde, welche pfeilschnell dahinflog, und, ohne in Sebaldsbrück zu halten, um 12 1/4 Uhr in Bremen eintraf. Jeder eilte nun nach Hause, um endlich die ersehnte Ruhe genießen zu können und in manchen Traum mag sich noch das Bild ihrer ersten Fahrt nach Achim verwoben haben, die trotz mancher Unannehmlichkeiten reich an Vergnügen war.

Bildnachweis:
Landesbildstelle Bremen (1)
Historisches Museum Hannover (2)

Der "Weserbahnhof", 1860 eingeweiht, 1989 stillgelegt

Rainer Wallentin

Schiffe und Schienen
Die Bedeutung des Bahnhofes für Bremens Handel

1847 - der erste Zug läuft in Bremen ein!

Im April 1845 waren die Eisenbahnverträge zwischen dem Königreich Hannover und der Hansestadt Bremen unterschrieben worden. Nach nur 1 1/2 Jahren Bauzeit für die Bahngleise und den Bahnhof erfolgte der Eisenbahnanschluß Bremens an das entstehende deutsche Eisenbahnnetz im Jahre 1847. Am 15. November 1847 konnte die „Weser-Zeitung“ jubelnd vermelden: „Die erste Probefahrt auf der Eisenbahn von Hannover nach Bremen hat gestern mit dem glücklichen Erfolge stattgefunden ... Die ganze Probefahrt war, den 1 1/2 stündigen Aufenthalt auf den verschiedenen Bahnhöfen abgerechnet, in drei Stunden ohne den geringsten Unfall zurückgelegt.“ Dies war viermal so schnell, wie die beste Postkutsche auf gepflasterter Chaussee dafür benötigte.

Der erste Bremer Bahnhof war nicht nur einer der schönsten in Deutschland, vor allem war er einer der größten. Doch bei aller Vorausschau und allem Optimismus der Planer in Bremen sollte sich schon bald zeigen, daß dieser Bahnhof den stark gewachsenen Eisenbahnverkehr nicht bewältigen konnte. Bereits 1872 - also gerade 25 Jahre nach Eröffnung des ersten Bahnhofes - begannen die Planungen für einen neuen - den noch heute vorhandenen - Bahnhof. Mit dessen Bau wurde 1884 begonnen. Nach fünfjähriger Bauzeit wurde er dann eröffnet, den „alten“ begann man abzureißen (1). Die Steine wurden gleich für den Bau des „neuen“ verwendet. Doch verbleiben wir in Bremens ersten Eisenbahnjahren.

Der Bahnhof als Drehscheibe des Handels

Beim Abschluß der Verträge mit dem Königreich Hannover hatte sich Bremen vorbehalten, sowohl beim Bau als auch bei späteren Erweiterungen des Bahnhofes und bei Umbauten völlig freie Hand zu behalten. Man wollte nicht vom „Gutdünken“ Hannovers abhängig sein.

Im Bürgerkonvent kam es zu ausführlichen Beratungen über die Aufgaben des Bahnhofes. Sie führten zu folgenden Feststellungen: „Unverkennbar ist diese Aufgabe für eine Seestadt wie Bremen ungleich schwieriger, als für irgend eine andere Stadt im Inlande, wo der Handelszug seinen gewiesenen Weg nimmt, auch in der Regel wohl der größere Theil der Waaren nur als vorübergehend angesehen werden muß. Bremen ist aber ein Hauptendpunkt des ganzen Deutschen Eisenbahnsystems, ist eine Seestadt, in welcher Landhandel in Seehandel und umgekehrt übergeht. Hier verlassen alle Waaren die Eisenbahn bei der Aufnahme in die Güterschoppen für die vom Inlande ankommenden Waaren. Ein Theil derselben ist zunächst zur Lagerung in der Stadt bestimmt, ein anderer Theil zur sofortigen Weiterleitung seewärts. Andererseits werden alle Waaren, welche mit der Eisenbahn landeinwärts verladen werden, hier vermittelst des Güterschoppens für abgehende Waaren zur Eisenbahn transportiert, mögen dieselben aus den Lägern der Stadt kommen, oder seewärts zum sofortigen Transitiren angebracht sein. Dadurch bilden sich schon ganz andere Größen und Verhältnisse als bei den Städten des Inlandes. Es darf ferner nicht unerwogen bleiben, daß die Anlage der Eisenbahn eine große Vermehrung des Bremischen Geschäftsverkehrs zur Folge haben kann, da die Erfahrung dafür spricht, daß Erleichterungen der Communication stets günstig auf die Belebung des Handels gewirkt haben... " (2)

Ursprünglich sollte neben dem Bahnhof ein Hafenbecken errichtet werden, das durch einen quer durch die Stadt gezogenen Kanal mit der Weser verbunden werden sollte. Heute mögen wir diese Idee belächeln. Die Perspektiven, die die Eisenbahn bot, waren noch zu revolutionär. Daß es viel leichter war, eine Eisenbahnverbindung und einen Bahnhof an der Weser zu bauen, überlegte man sich erst 1855. Dieser „Weserbahnhof" wurde 1860 eingeweiht. 129 Jahre wurde er betrieben und erst in diesem Jahr, im Juli 1989, aufgegeben.

Schneller noch, als im Bürgerkonvent erwartet, expandierte Bremens Handel durch die Eisenbahn. Aber im vorherein zeigten die Bremer Kaufleute wenig Wagemut gegenüber der Eisenbahn - ganz im Gegensatz zu der Bremer Volksweisheit „Buten und Binnen, wagen und winnen". Die Finanzierung zog sich endlos hin. Die Bremer Kaufleute betrieben Überseehandel, um Deutschland und Europa kümmerten sie sich wenig.

Bremens Handel vor dem Eisenbahnanschluß

Die Geschichte Bremens ist die Geschichte einer Handels- und Schiffahrtsstadt. „An dem Punkt am Lauf der Weser gelegen, wo See- und Flußschiffahrt sich treffen, wo der Umschlag vom Seeschiff auf die Beförderungsmittel des Binnenhandels erfolgen muß, verbindet es Wasserstraßen mit Landstraßen. Verschiedene alte Straßenzüge treffen sich in Bremen, dem letzten Übergang über die Weser, bevor sie zum breiten, schwer überschreitbaren Flachlandstrom wird."(3)

Diese Lage machte Bremen zu einem wichtigen Ort in Norddeutschland, später auch zu einem Eisenbahnknotenpunkt. Aber das Hinterland Bremens war bevölkerungsarm, wenig ergiebig in Bezug auf Bodenschätze und Rohstoffe. Ackerbau und Viehzucht wurde hier betrieben. Von daher bot das Hinterland keine guten Bedingungen für eine industrielle Entwicklung. Deshalb war Bremen, trotz der relativ günstigen verkehrstechnischen Lage, für den binnenländischen Handel wenig geeignet. Bremens Handel war vielmehr auf die See angewiesen. Weil dies der letzte Hafen vor dem offenen Meer war, hatte sich Bremens Außenhandel seit der Mitgliedschaft in der Hanse hervorragend entwickelt. Bremens Handel war Zwischenhandel, das heißt, die Gewinne wurden primär durch die Ein- und Wiederausfuhr ausländischer Produkte erzielt. Die Kaufleute waren Vermittler und Transporteure von Handelsprodukten verschiedenster Länder.

Als gegen Ende des 18. Jahrhunderts in der Folge der amerikanischen Unabhängigkeit (1776) die nordamerikanischen Häfen dem allgemeinen Verkehr geöffnet wurden, hatte dies entscheidende Auswirkungen auf die Entwicklung des Bremer Handels. Bremer Kaufleute gingen nach Amerika, um dort Handelsbeziehungen zu knüpfen und Niederlassungen aufzubauen. Sie wollten erkunden, welche deutschen Erzeugnisse einen guten Absatz versprachen. Vor allem aber wollten sie herausfinden, welche Rohstoffe nach Deutschland und dem übrigen Europa gebracht werden konnten.

Das transatlantische Geschäft wurde zum entscheidenden Faktor des bremischen Handels. Der Anteil der Einfuhr aus den Vereinigten Staaten von Nordamerika betrug in den Jahren 1840-1850 zwischen 20 und 30 % der Gesamteinfuhren. Die Ausfuhr nach den USA war noch höher; ihr Anteil betrug um die 40 bis zu 50 %. (4)

Der bremische Import konzentrierte sich auf wenige wichtige Stapelartikel (ganz im Gegensatz zu der Vielseitigkeit der hamburgischen Geschäfte). Vor allem Verbrauchsgüter, Genuß- und Lebensmittel des gehobenen Bedarfs kamen nach Bremen, namentlich waren dies Tabak, Reis, Baumwolle und Tran. Produktionsgüter und Rohstoffe nahmen nur eine sehr geringe Bedeutung ein. So trug der bremische Import noch wesentliche Charakterzüge des Merkantilzeitalters. (5)

Für den Import waren die USA zum wichtigsten Bremer Handelspartner geworden. Insbesondere beim Tabak, der seit 1830 den Rang der Stadt bestimmte, nahm Bremen fast ein Viertel der gesamten nordamerikanischen Ernte auf, verarbeitete ihn und verkaufte zu etwa drei Vierteln in die Staaten des Zollvereins. (6) Aber auch west- und ostindische sowie südamerikanische Produkte gelangten über die amerikanischen Häfen in die Hansestadt: vor allem Kaffee, Tee, Zucker und Häute. (7) Auch diese Produkte wurden zum großen Teil in Bremen verarbeitet und wieder ausgeführt. Insgesamt nahm die Ausfuhr solcher Produkte den wesentlichen Anteil des Exportes ein.

Durch den Ausbau von Geschäftsbeziehungen und den Aufbau von Niederlassungen in Amerika konnten die Bremer Kaufleute auch den deutschen Ausfuhrwaren verbesserte Absatzmöglichkeiten bieten. Wichtige Exportartikel waren Manufakturprodukte aus Hauswirtschaft und Handwerk und Textilwaren. Auch Glaswaren fanden einen guten Absatz, weniger dagegen Industrieprodukte wie etwa Eisenerzeugnisse. Gegen die starke englische Konkurrenz vermochten diese sich nicht durchzusetzen. (8) Insgesamt jedoch blieb die Ausfuhr deutscher Produkte gering.

Der ausgedehnte transatlantische Handel bedingte eine lange Fahrzeit der Schiffe (meist Segelschiffe). Das führte zu einem beträchtlichen Wachstum der Bremer Handelsflotte. In den Jahren 1820 bis 1845 hat sich die Tragfähigkeit der Bremer Flotte nahezu vervierfacht. (9) Neben der Anzahl der Schiffe stieg auch ihre Größe. Hatten die Schiffe 1820 eine durchschnittliche Größe von 168 Reg. Tonnen, so waren es 1845 bereits 243 Reg. Tonnen. (10)

Mit Ausnahme kurzer Unterbrechungen war Bremen seit Ende des 18. Jahrhunderts immer eher ein Ein- als ein Ausfuhrhafen. Dieses Mißverhältnis von Ein- und Ausfuhr trieb die Transportkosen in die Höhe. Verstärkt wurde dieses Problem, weil vor allem die Massenprodukte, die viel Schiffsraum benötigten, importiert und wenig Schiffsraum beanspruchende Produkte exportiert wurden. Die Bremer Kaufleute versuchten ständig, die Ausfuhr zu erhöhen. Dennoch mußten die Schiffe oft mit Ballast in See stechen. Dann jedoch fand sich anderes, profitables „Ballastmaterial“: Menschen, die aus Armut oder politischer Verfolgung aus Deutschland und Europa auswanderten. Bremen avancierte zum wichtigsten Auswandererhafen in Europa. Geschäfte machten nicht nur die Reeder. Es entstand auch eine entsprechende Infrastruktur: Herbergen und Gaststätten. Von 1839 hat sich die Zahl der Auswanderer über Bremen von 3.500 bis 1847 mit 33.700 nahezu verzehnfacht. (11)

Durch die Beziehungen zu Amerika weitete sich der Bremer Handel, der bis dahin ein europäischer gewesen war, zum Welthandel aus. „In der ersten Hälfte des 19. Jahrhunderts, also gerade zur Zeit der Anfänge des Eisenbahnwesens, stand Bremen in einer grundlegenden Wandlung seiner Wirtschaftsstruktur und seiner Stellung als Seehafen und Handelsplatz. Als erster deutscher Hafen leitete es eine Entwicklung zum Welthafen ein. Die allmähliche Loslösung von dem alten europäischen Zwischenhandel und der Schiffahrt zwischen europäischen Häfen auf der einen Seite, die steigende Übernahme eines direkten transatlantischen Handels und Verkehrs auf der anderen wurden seine wichtigsten Entwicklungsrichtungen. Die Epoche der bremischen Wirtschaftsgeschichte begann mit der Begründung der amerikanischen Unabhängigkeit.“ (12) Die Bremer Kaufleute blickten nach Übersee. Der Überseehandel war für sie bereits so profitabel, daß sie wenig Interesse am Export von Produkten aus den verschiedenen deutschen Staaten hatten.

Die Eisenbahn soll die Ausfuhr „anheizen“

Diese wirtschaftlichen Verhältnisse fanden ihren Ausdruck in der Zusammensetzung der Bremer Kaufmannschaft, ihren verschiedenen Interessen und natürlich auch in der Politik der Hansestadt. Arnold Duckwitz, selbst Kaufmann, beschreibt das 1877 anschaulich in seinen Memoiren:

„Der Seeverkehr und die Seeschiffahrt war interessanter und lohnender als der Handel nach dem Inlande, welcher nur unter unendlicher Plackerei, namentlich hinsichtlich des Zollwesens zu betreiben war. Eine Folge davon war, daß es in Bremen nur wenige wohlhabende Handelshäuser zweiter Hand gab, und daß eine große Abneigung vorherrschte, sich mit dem Absatze nach dem Inlande zu befassen. So kam es denn, daß die Seehandel treibenden Kaufleute die erste Rolle in Bremen spielten. Aus ihnen ergänzte der Senat seine kaufmännischen Mitglieder, und das Collegium der Aeltermänner bestand, abgesehen von einigen Weinhändlern, fast nur aus Männern dieser Kategorie. Es gehörte in der That zu den Ausnahmen, wenn ein Mann der zweiten Hand, wie man die nach dem Inlande handelnden Kaufleute zu nennen pflegte, in eine Commission oder eine Deputation gewählt wurde. Es war daher ganz natürlich, daß alle Verhältnisse, die sich auf Seehandel bezogen, die willfährigste Berücksichtigung fanden, daß man keine Bedenken trug, erhebliche Summen auf Hafenanlagen, Verbesserung der Fahrbahn an der Unterweser und andere dahin zielende Anlagen und Anstalten zu verwenden, während um die Verhältnisse zu dem Inlande sich Niemand kümmerte.“ (13)

Trotzdem erregte das Entstehen der ersten Eisenbahnlinien in Deutschland auch in Bremen immer mehr die Gemüter. Denn Bremens Isolierung mußte aufgebrochen werden. Diese wurde durch zwei weitere Faktoren verstärkt.

Erstens drohte die Versandung des natürlichen Handelsweges, der Weser nämlich, Bremen als Hansestadt ganz auszuschalten: Der Bremer Überseehandel wurde zunächst über Vegesack, später über Brake und Elsfleth abgewickelt.

Zweitens behinderte die politische Zerstrittenheit Deutschlands Bremens Handel immer stärker: Anfang des 19. Jahrhunderts war Deutschland immer noch in sechsunddreißig Grafschaften und Fürstentümer zersplittert. Ihre Herren erhoben an den Grenzen jeweils eigene Zölle und innerhalb derselben noch mannigfaltige Binnenzölle an Brücken und Straßen.

Durch diese für Bremen so bedrohliche Situation setzte sich auch innerhalb der Bremer Überseekaufleute immer mehr die Auffassung durch, daß verstärkt Ausfuhr betrieben werden mußte, um in der Konkurrenz mit den ungleich besser gelegenen holländischen Häfen Amsterdam, Rotterdam und Antwerpen, sowie dem gewaltigen Hamburg bestehen zu können. Ausfuhr nicht nur verarbeiteter Überseeprodukte, sondern vor allem Erzeugnisse aus Deutschland und Europa. Dazu bedurfte es der Verbesserung der Handels- und Verkehrswege, um für Bremen das Hinterland besser zu erschließen. Der Anschluß Bremens an das entstehende Eisenbahnnetz in Deutschland war ein erster Schritt in diese Richtung. Die Interessen der „Handelshäuser zweiter Hand“ hatten einen ersten, wichtigen Erfolg zu verbuchen. Die Aufgabe der Eisenbahn bestand vor allem „in der Förderung der Ausfuhr. Die Möglichkeit einer wirtschaftlichen Verwendung dieses vervollkommneten Verkehrsmittels eröffnete Bremen die Aussicht auf eine seiner wirtschaftlichen Stellung im Weltverkehr angemessenen Vergrößerung seines Hinterlandes. ... Das Ziel der Ausfuhrsteigerung mußte von Bremen umso notwendiger verfolgt werden, als es sich nicht nur darum handelte, von einer gegebenen Ausfuhrmenge eine größere als den vorhandenen Teil über Bremen zu ziehen, sondern darüber hinaus einem im wesentlichen durch die Einführung der Eisenbahn erst entstehenden Ausfuhrbedürfnis der deutschen Volkswirtschaft genügende Ausfuhrmöglichkeiten bereitzustellen.“ (14)

Bremen - Eisenbahnhafen und Welthafen

Die Verkehrsentwicklung der Eisenbahn Hannover - Bremen war von Anfang an beträchtlich. Die Eisenbahndeputation konnte in ihrem Bericht vom 27. März 1861 feststellen:

„Der Güterverkehr hat auf der Bahn in außerordentlicher Weise zugenommen und in der Station Bremen von circa 1 Million Centner in 1850 sich bis über 3 Millionen Centner in 1860 gehoben, während der Güterverkehr der übrigen Stationen der Bahn zusammengenommen ein ungefähr die Hälfte des Bremischen Verkehrs begleichendes Waarenquantum aufweiset. Der Gesammtwaarentransport auf der Bahn übersteigt daher bereits die Summe von 4 1/2 Millionen Centner." (15)

Der Anteil am gesamten Güterverkehr, den die Eisenbahn bewältigte, stieg von 40 % im Jahre 1851 auf 50 % im Jahre 1860 und auf über 80 % im Jahre 1865. In diesen 15 Jahren kam der Frachtwagenverkehr in Richtung Bremen nahezu zum Erliegen. Der Binnenschiffahrtsverkehr über die Weser behauptete sich mit 20 % einigermaßen. (16)

Damit hatten sich bereits sehr früh jene Verhältnisse eingependelt, die lange Zeit hindurch und teilweise bis heute für den „Eisenbahnhafen Bremen" als typisch galten. Nirgendwo sonst war die Bahn so eng mit dem Hafen verflochten wie in Bremen. „Bremen ist ausgesprochener Eisenbahnhafen, ausgeprägter noch in Bremen-Stadt als in Bremerhaven, wo der Leichterverkehr das Bild verwischt. Von Bremens seewärtiger Ausfuhr gingen vor dem (1. Welt-)Kriege 80 % über die Eisenbahn. Die bekanntesten Ziffern der anderen Nordseehäfen sind: für Antwerpen 65, für Hamburg 40, für Emden 15 und für Rotterdam 10 %. " (17) Die Bahnverwaltung hat die Entwicklung des „Eisenbahnhafens Bremen" stets durch eine besondere Tarifgestaltung unterstützt.

Zu überprüfen bleibt, ob die von den Befürwortern der Eisenbahn erhoffte Förderung des Exports, welche die unausgewogene Einfuhr- und Ausfuhrbilanz Bremens korrigieren sollte, erreicht werden konnte.

Werfen wir einen Blick auf die Warenverkehrsstatistik (18), so fällt zunächst die starke Zunahme des Handels ab 1847, dem Jahr des Bremer Anschlusses an das deutsche Eisenbahnnetz, insgesamt auf. In den ersten Jahren hat sich der Handelsgang verdoppelt; in den ersten zwanzig Jahren bis 1867 verdreifacht. Das Ziel, die Ausfuhr dem Umfang der Einfuhr anzugleichen, wurde allerdings nicht erreicht. In den Jahren 1825-1850 hatte die Einfuhr die Ausfuhr wertmäßig um 50 bis 100 % übertroffen. An diesem Mißverhältnis hat sich nach dem Eisenbahnanschluß nichts geändert. Noch immer blieb die Einfuhr um etwa die Hälfte größer als die Ausfuhr; teilweise war sie weiterhin doppelt so hoch. Der Charakter als Einfuhrhafen blieb also erhalten, doch andere entscheidende Änderungen traten ein: Die Schwerpunkte des Bremer Handels verschoben sich. Die Palette der hauptsächlich gehandelten Produkte änderte sich: 1851 war der absolute Höhepunkt der Bremer Zigarrenproduktion und damit des Importes an Tabak und des Exportes an Zigarren, v.a. in das Binnenland.

An die Stelle des Tabakhandels trat in den Folgejahren der Handel mit Baumwolle und Reis. Bremen konnte dabei erhebliche Pluspunkte verbuchen. In der Mitte des 19. Jahrhunderts lief der bremische Handel dem hamburgischen insoweit den Rang ab, als Bremen zum größten Baumwollmarkt des europäischen Festlandes avancierte, nachdem sich im Zollvereinsgebiet eine bedeutende Baumwollindustrie entwickelt hatte. (19) Ähnlich war es beim Reis. Der Handel mit Reis erfuhr in der zweiten Hälfte 19. Jahrhunderts seine größte Ausdehnung und Bremen eroberte die unbestrittene Führung auf dem europäischen Markt. Selbst das ehemals auf diesem Gebiet so mächtige England wurde durch Bremen auf hintere Ränge verwiesen. (20)

Damit hatte sich auch der Charakter des bremischen Handels verändert. Produktmäßig hatte sich der Merkantilhandel zum Massenhandel und damit zum Welthandel entwickelt. Zwar blieb es im wesentlichen immer noch bei Verbrauchsgütern und Lebensmitteln, aber die beschränkten sich nicht mehr auf den „gehobenen Geschmack". Dieser Wandel ist durch den Einsatz der Eisenbahn überhaupt erst möglich geworden. Auch konnte sich Bremen nur durch den Eisenbahnanschluß zum Welthafen entwickeln und stabilisieren. (21)

Durch die riesigen Investitionen in den Hafen und in die Eisenbahn blieb Bremen konkurrenzfähig. Arnold Duckwitz schrieb 1877: „Was erstrebt wurde, nämlich Bremen concurrenzfähig mit seinen gewaltigen Nachbarn an der Elbe und in den Niederlanden zu machen, das ist vollständig erreicht worden, ja Bremen hat seitdem seine Concurrenten in manchen Stükken überboten.“ (22) Die Stadt stand in einer enormen Blüte. „Der Wohlstand der kleinen Republik hob sich in dem Maße, daß das Staatsbudget von einer halben Million Thaler gegen Ende der vierziger Jahre bis 1866 zu zwei Millionen Thaler und darüber anwuchs.“ (23)

Quellenangaben:
(1) Bürgerconventsverhandlungen 1845, S. 190
(2) D. Herms: Die Anfänge der bremischen Industrie, Veröffentlichungen aus dem Staatsarchiv der Freien Hansestadt Bremen, Heft 20, Bremen 1952, S. 5
(3) F. J. Pitsch: Die wirtschaftlichen Beziehungen Bremens zu den Vereinigten Staaten von Amerika bis zur Mitte des 19. Jahrhunderts. Veröffentlichung aus dem Staatsarchiv der Freien Hansestadt Bremen, Band 42, Bremen 1974, S. 147
(4) L. Bautin: Bremen und Amerika. Zur Geschichte der Weltwirtschaft und der Beziehungen Deutschlands zu den Vereinigten Staaten, Bremen 1953, S. 36
(5) F. J. Pitsch: a.a.O., S. 151.
(6) A.a.O., S. 209
(7) A.a.O., S. 209
(8) Einzelne Zahlen sind in Beiträge zur Sozialgeschichte Bremens, Heft 9, Bremen 1986, S. 29 ff. nachzulesen.
(9) F. Rauers: Geschichte des Bremer Binnenhandels im 19. Jahrhundert, Heft 9, S. 47
(10) F. Rauers: Bremer Handelsgeschichte im 19. Jahrhundert. Bremer Handelsstatistik vor dem Beginn der öffentlichen, administrativen Statistik in der ersten Hälfte des 19. Jahrhunderts. Bremen 1913, S. 19
(11) Das Auswanderergeschäft ist ausführlicher in Beiträge zur Sozialgeschichte Bremens, Heft 9, Bremen 1986, S. 20 ff. behandelt.
(12) W. Rasch. Die ersten Jahre bremischer Eisenbahnpolitik (1825-1840), Jur. Diss., Bremen 1926, S. 21
(13) A. Duckwitz: Denkwürdigkeiten aus meinem öffentlichen Leben, 1841-1866, Bremen 1877, S. 13 f
(14) U. Rasch, a.a.O., S. 33 f
(15) Verhandlungen zwischen Senat und Bürgerschaft 1861, S. 104
(16) R. Martens: 125 Jahre Eisenbahn in Bremen, Jubiläumsschrift zum 12. Dezember 1972, S. 17. K. Löbe: Seehafen Bremen, 100 entscheidende Jahre, Bremen 1977, S. 32
(17) P. Hedde (Bremen) und P. Ecke (Bremerhaven): Die Entwicklung der bremischen Hafenanlage bis 1928, baugeschichtliche Entwicklung der bremischen Hafenanlage bis 1928, Sonderdruck aus dem Jahrbuch der Hafentechnischen Gesellschaft, Berlin 1926, ergänzt 1928, S. 91 ff
(18) Bremische Wirtschaft seit der Mitte des vorigen Jahrhunderts nach der amtlichen Statistik, herausgegeben vom Statistischen Landesamt Bremen, Bremen 1938, S. 12 f
(19) F.z J. Pitsc: a.a.O., S. 36
(20) A.a.O.
(21) L. Beutin: a.a.O., S. 36
(22) A. Duckwitz: a.a.O., S. 147
(23) A.a.O., S. 146

Bildnachweis:
Focke-Museum Bremen (1)
Staatsarchiv Bremen(2)

Kaiser Wilhelm II. vor dem Bremer Hauptbahnhof

Rainer Habel

Die Bahnhofsvorstadt an der „Weltbahn“
Bahn und Stadt

„Bremen gewährt abends den Anblick einer schlummernden Stadt, nur am Bahnhof herrscht noch rege Tätigkeit. Hofft man nun aber, am Abend so manches von der Stadt zu sehen, so irrt man sich gewaltig. Dadrinnen herrscht totale Finsternis: nur hin und wieder sieht man ein Laterne tragendes Dienstmädchen, welches einer Dame den Weg erleuchtet. Sonst ist alles wie ausgestorben. Was nun die Straßen anbetrifft, so sind sie eng und schmutzig, bis auf die in den neu angelegten Vorstädten. Diese letzteren sind schön und reinlich, aber auch nur von Aristokraten bewohnt.“ So 1850 in einer Hamburger Zeitung über Bremen. Empfohlen wurde damals als Ziel von Spaziergängen in Bremen der Weg zum neuen Bahnhof!

Gemeint war hier der Vorläufer des Hauptbahnhofes, der „Hannöversche Bahnhof“. Dahinter weidete noch das Vieh auf der Bürgerweide, bis 1864 die Anlage des Bürgerparks begann. Eine Idylle also? Wie bahnbrechend war die Bahn für die Stadt? Der revolutionäre Charakter einer eisernen Verbindung zum Binnenland mit den Prädikaten: ständig verfügbar, sicher, schnell, zuverlässig, wetterunabhängig, fahrplanmäßig und mit quasi unbegrenztem Transportvolumen hatte auch entscheidenden Anteil an der späteren Entwicklung Bremens als der Eisenbahnhafen. Der doppelte Maschinencharakter der Lokomotiven war auch für Bremen die Zugmaschine für den industrialisierten Transport und für das industrialisierte Reisen. Aus den bescheidenen Anfängen 1847 mit wenigen Kilometern Schienenstrang auf Bremer Boden wurden bis heute exakt 104 km Streckenlänge. Die in Bremen (einschließlich der Hafenbahn) und Bremerhaven verlegte Gleislänge beträgt 788 Kilometern. Man könnte also im Lande Bremen genauso weit fahren, wie von Bremen-Vegesack bis zum Münchner Hauptbahnhof.

So hinterließ und hinterläßt die Bahn in Bremen Spuren. Der Bremer Baudirektor Alexander Schröder baute 1847 den ersten Bremer Bahnhof. Und 1851 gab er dem ersten richtigen „Allgemeinen Krankenhaus“ an der heutigen St.-Jürgen-Straße im Mittelteil die gleiche Architektur wie dem Bahnhof. So markierten diese beiden Bauten die erste planvolle Erweiterung der Altstadt auf dem rechten Weserufer. Durch den Schienenstrang mußten 1847 auch die beiden Torfhäfen an der Schleifmühle und vor dem Ansgaritor aufgegeben werden. Hinter dem Bahnhof, auf der Achse der späteren Schlachthofstraße (heute Theodor-Heuss-Allee), entstand ein richtiger kleiner Hafen als wichtige Wasserverbindung mit dem Teufelsmoor. Denn bis 1880 war Torf die Hauptenergiequelle für die Bremer Haushalte.

Vor dem Bahnhof zum Herdentor hin entwickelte sich das vornehme Hotel- und Geschäftsviertel. „Hinter´m Bahndamm“ begann jedoch eine widersprüchliche Entwicklung. Sie war einerseits vom Torfumschlag, andererseits von der wachsenden Wohnungsnot der Bahnbediensteten bestimmt. Für ihre Arbeit rund um die Uhr brauchten sie Wohnungen in der Nähe des Bahnhofes.

Und der ausgeweitete „Lokschoppen mit Werkstätte“ (Vorläufer des Ausbesserungswerks in Sebaldsbrück) und die Streckenausweitungen erhöhte die Zahl der Beschäftigten immer mehr.

„Jan Reiners" - Bremens berühmte Kleinbahn

Den Wohnungsbau direkt hinter dem Bahnhof verbot die Stadt. So entstanden erste Häuser für Eisenbahner 1863 an der Straße „Plantage". Zwischen der Straße am Torfkanal (ab 1892 „Findorffstraße" nach dem Moorkolonisator Christian von Findorff) und der Hemmstraße entstand ein planvoll angelegtes Viertel - vorzugsweise für Eisenbahner. Selbst mehr oder minder geschätzte ministerielle Eisenbahner wie Thiele und Budde wurden dort mit Straßennamen verewigt. Es wohnten dort auch die Fuhrleute und die Arbeiter des 1882 eingeweihten Schlachthofes.

Als ab 1874 die Venlo-Hamburger Eisenbahn betrieben wurde, da mußte der Torfkanal noch einmal verkürzt, der Torfhafen verlegt werden. Vom neuen Weidedamm ging er nun quer bis zur Hemmstraße. Direkt am Hafen errichtete der Fuhrunternehmer Neukirch Häuser für die Bediensteten der Cöln-Mindener Eisenbahngesellschaft und für die Arbeiter des Torfumschlages. Diese heutige „Neukirchstraße" mit ihrer einseitigen Häuserzeile und dem weit entfernten Pendant, der Häuserfront an der Eickedorfer Straße, markieren die Distanzen für Straßen, Eisenbahntrasse und Torfhafen. Auf der Trasse der heutigen Münchener Straße schuf man, vorzugsweise für den Güterverkehr, die Gleisverbindung zwischen Hamburger- und Geestebahn.

Kann man sich heute noch vorstellen, daß quer durch Findorff Züge fuhren? Bis 1954 dampfte und dieselte es zwischen Eickedorfer- und Neukirchstraße, im großen Bogen parallel zur Fürther Straße. Die Schmalspurlok „Jan Reiners" erinnert am früheren Bahnhof Hemmstraße an diese legendäre Kleinbahn. Denn genau 11 Jahre nach der Inbetriebnahme des jetzigen Hauptbahnhofes, ab 1900, nutzte sie die alte Hamburg-Venloer Trasse für ihre Schmalspur über Horn nach Lilienthal und weiter nach Falkenberg bis Tarmstedt.

1907 setzte die Not der Auswanderer neue Entwicklungssignale. An der Findorffer Hemmstraße wurde die Auswandererhalle Mißler errichtet (später „Hotel Amerika") und an der

Hotel Columbus in der Bahnhofstraße

Findorffstraße das „Hotel Warschau“, ausschließlich für jüdische Auswanderer. Von Findorff via Bremen-Hauptbahnhof in die große Welt!

Auch die „rechte Seite“ hinter dem Bahndamm entwickelte sich. Auf dem Standort der ersten Gasanstalt entstand die Gepäckabteilung des Norddeutschen Lloyd mit eigenen Personen- und Gepäcktunneln zu den Bahnsteigen, an denen die Extrazüge nach Bremerhaven abfuhren. Dort lagen an der „Lloydhalle“ (später Columbusbahnhof) die Ozeanriesen am Kai - oder die Bäderschiffe nach Norderney und Helgoland.

Das ganze Areal zwischen dem ersten Bahnhof und dem Bürgerpark rückte ins Blickfeld bremischer und preußischer Politik, als 1868 die Cöln-Mindener Eisenbahngesellschaft auch die Strecke Osnabrück bis Hamburg konzessioniert bekam. Brauchte Bremen neben dem „Hannoverschen Bahnhof“ auch einen „Venloer Bahnhof“? Venlo als Ausgangspunkt einer Strecke mit weiteren Verbindungen nach Belgien und Frankreich?

Überaus problematisch war die Bremer Trassenführung. Eine Variante war von Osnabrück über Basssum und Bremen-Huchting, über die Eisenbahnbrücke der Oldenburger Bahn zur Bürgerweide und dann über Rotenburg nach Hamburg. Eine andere Version war - schließlich war Bremen noch Zollausland bis 1888 - die Trasse ganz an Bremer Stadtgebiet vorbeizuführen, mit einem Verknüpfungsbahnhof bei Bremen-Mahndorf mit der von der Cöln-Mindener Gesellschaft stets favorisierten Weser-Brücke bei Dreye. Bremen favorisierte nämlich eine Brücke in Höhe „Pauliner Marsch“ beim heutigen Weserstadion. Überlegt wurde aber auch ein zusätzlicher Kopfbahnhof nur für den Verkehr Venlo - Hamburg neben dem „Hannoverschen Bahnhof“.

Preußen schlichtete den Streit zwischen Bremen und der Cöln-Mindener Eisenbahngesellschaft. Unter Abbruch des Gutes „Barkhof“ wurde ab 1872 ein zweiter Personenbahnhof mit anschließendem Güterbereich angelegt, zwischen dem bestehenden Bahnhof und dem

„Parkbahnhof“

Bürgerpark. Der Weg nach Hamburg wurde ganz um den Bürgerpark herum als „Hamburger Kurve“ geführt. Zweiter Kernpunkt war, so nachzulesen in der „Mittheilung des Senats an die Bürgerschaft vom 30. Juni 1871“ die Brücke bei Dreye und von dort eine Güterverbindungsbahn über Sagehorn nach Rotenburg. So vermied man eine Berührung mit Bremer Zollausland. Allerdings durften auch gewisse Extrazüge auf der Nebenroute vertraglich abgesichert fahren. Aber alle fahrplanmäßigen Personen-, Schnell- und Kurierzüge mußten über Bremen geführt werden.

Artikel 10 des Vertrages mit der Cöln-Mindener Gesellschaft formulierte bereits Anfang der siebziger Jahre des vorigen Jahrhunderts die Idee eines Bremer Hauptbahnhofes mit der Option einer „ineinander greifende(n) Anordnung der Baulichkeit der beiden Eisenbahngesellschaften“. Denn die Bremer Baudirektoren Alexander Schröder und Berg hatten in eigenen Überlegungen bereits für einen möglichen Neubau plädiert. Der alte Bahnhof platzte aus allen Nähten bzw. Schienen. Auch Schröder und Berg sahen die Verlegung der Gasanstalt und des Torfbassins vor, sowie eine Art Keilbahnhof mit repäsentativen Zugang über eine verlängerte Rembertistraße. Zu damaliger Zeit schon fast revolutionär, bedachten Schröder und Berg bereits eine Höherlegung des gesamten Schienenniveaus. Aber 1870 war die Unbequemlichkeit für die Passagiere, per Treppenaufgang zu den Zügen zu kommen, „unannehmbar“. Problematisiert wurde allerdings auch, daß der ja nicht armen Cöln-Mindener Eisenbahngesellschaft Grundstücke kostenlos angeboten wurden. So konterte der Senat: „Jedenfalls rechtfertigt sich die unentgeltliche Ueberlassung jenes Areals ... durch die Erwägung, daß mit diesem Opfer Bremen seine Verbindung einer Weltbahn nach Osten und Westen endlich eine direkte Eisenbahn nach Hamburg und Rheine erhält.“

Heute werden an neun Personengleisen die Züge richtungsgebunden abgefertigt. Zwei Gleise in der großen Halle dienen dem Güter-

verkehr. Diese beiden Gleise liegen zumindest den Planern schon länger quer im Magen, da sie funktionalere Betriebsabläufen behindern und mit dazu führen, daß die schweren und immer schnelleren Güterzüge mit ihren Geräuschen und Erschütterungen und mit zum Teil gefährlichen Gütern durch den Hauptbahnhof und quer durch das Bremer Stadtgebiet fahren. Außerdem liegen sie einem Nahverkehr mit S-Bahn-Charakter im Wege.

Noch heute größtenteils als renommierte Planer anerkannte Persönlichkeiten legten Ende der zwanziger Jahre detaillierte Zukunftsvisionen für die Bremer Stadtentwicklung vor. Auch hier sollten die Gütergleise aus dem Hauptbahnhof zugunsten eines besseren Personenverkehrs verschwinden. Für den Güterverkehr aus Richtung Westen und Süden zum nordwestlich gelegenen Gröpelinger Rangierbahnhof wurde eine „einfache" Lösung vorgeschlagen, die auch heute noch zu realisieren wäre: eine Verbindungskurve wird geschaffen zwischen der Hannoverschen Strecke und der Güterumgehungsbahn Richtung Sagehorn. Eine zweite Kurve von dieser Trasse weit vor Sagehorn wieder in in Richtung Oberneuland verbindet diese Umgehungsbahn direkt mit dem Rangierbahnhof. Weitere Vorschläge dieser Planungsgruppe: einen neue Haltestelle der Bahn in Horn-Lehe und zwischen Hauptbahnhof und Sebaldsbrück.

Diese Planungsvorschläge können auch heute noch Denkanstöße geben. Unverzeihlich aber, und hoffentlich endgültig vom Tisch, war ein weiterer Vorschlag dieser Planer: der 1889 geschaffene Bahnhofskomplex müsse funktioneller gesehen werden und daher könne die große Halle ruhig abgetragen werden. Aber was wäre der Bremer Hauptbahnhof - wie vor 100 Jahren - ohne die noch immer beeindrukkende große Perronhalle?

Bildnachweis:
Focke-Museum Bremen (1), Archiv H. Schwarzwälder (2), Staatsarchiv Bremen (3) (4)

Hannoverscher Bahnhof

Rainer Habel

Ich verstehe immer nur „Bahnhof"...
oder: Wer war Hubert Stier?

1889: 100 Jahre Französische Revolution - Paris feiert. Man proklamiert den 1. Mai zum internationalen Tag der Arbeit. Der Eiffelturm wächst 300 Meter in den Pariser Himmel. Die kühne Konstruktion aus Eisen setzt einen I-Punkt auf dieses Eisen-Bahn-Zeitalter. Und im gleichen Jahr werden auf dem Gebiet der Eisenbahn weitere Technik-Denkmäler fertiggestellt: die Pilatusbahn mit 48 % Steigung; die Rhätische Eisenbahn als kühne Alltags-Bergbahn, die Achenseebahn mit ihren - noch heute - dampfgetriebenen Zahnradlokomotiven. Aber es wurde nicht nur Höhe gewonnen, es wurde auch Strecke gemacht: 1888 ist bereits Istanbul/Konstantinopel erreicht. Der Schienenweg nach Südosten zeigt imperialistische Züge - die Deutsche Bank finanzierte die Fortsetzung der 2200 Kilometer langen „Bagdad-Bahn".

Und Bremen? Profitablen Interessen diente auch die zum Jahreswechsel eröffnete Farge-Vegesacker Eisenbahn im heutigen Bremen-Nord. Die Einweihung des neuen Bremer Hafens (heute Europahafen) lag gerade ein Jahr zurück; amWeserausbau selbst baggerte man noch etliche Jahre weiter. Erst im Oktober 1888 war Bremen dem deutschen Zollverein beigetreten. Es setzte damit ökonomisch auf „Kurs Zukunft", wie wir es heute formulieren würden.

Noch einmal genau 50 Jahre früher: die erste richtige deutsche Ferneisenbahn wird in Betrieb genommen: die Strecke Leipzig - Dresden. Sie ging zurück auf die Ideen des Eisenbahnpioniers Friedrich List (der übrigens 1889 hundert Jahre alt geworden wäre). Seine Idee war ein schienen-vernetztes Deutschland, in der sich eine „ideelle Erfindung" des 19. Jahrhunderts widerspiegelte, eine deutsche „nationale Identität". Schon 1833 hatte er auch Bremen als Endpunkt einer Eisenbahn vorgesehen - 1847 wurde dies durch die Bahnverbindung zwischen Bremen und Hannover Realität.

Militärische Siege schufen dann den einheitlichen Wirtschaftsraum mit preußischer Vorherrschaft. Dies war die Voraussetzung für die jetzt entstehende großflächige königlich-preußische Eisenbahn, die auch für Bremen zuständig war.

Wer war Hubert Stier?

So wie die kulturgeschichtliche Bedeutung des Bremer Hauptbahnhofs als besondere Bauwerk des 19. Jahrhunderts erst langsam akzepiert wird, ist auch der Architekt in Bremen ziemlich unbekannt: der Geheime Baurat Hubert Ludwig Oswald Stier. Er wurde am 27. März 1838 in Berlin in eine Architektenfamilie geboren. 1866 machte er seinen Abschluß an der Berliner Bauakademie. Nach mehrjährigen Auslandsaufenthalten wurde er 1876 nach Hannover geschickt, das gerade zu einer neuen preußischen Provinz geworden war. Hier gab es einen Konflikt um den Erweiterungsbau des Hauptbahnhofes. Ein an den Schinkel-Stil erinnernder Entwurf wurde von den welfentreuen Hannoveranern als „zu berlinisch" abgelehnt. Stier hatte aber, auch wenn er Berliner war, die „Hannoversche Schule", die den Backstein für öffentliche Bauten salonfähig gemacht hatte, schätzen gelernt. Mit dem 1879 fertiggestellten hannoverschen Hauptbahnhof schuf er sich nicht nur den „bahnbrechenden Durchbruch", sondern wurde auch noch mit einer Professur an der Technischen Hochschule Hannover geehrt.

Teilansichten des Hauptbahnhofs Hannover

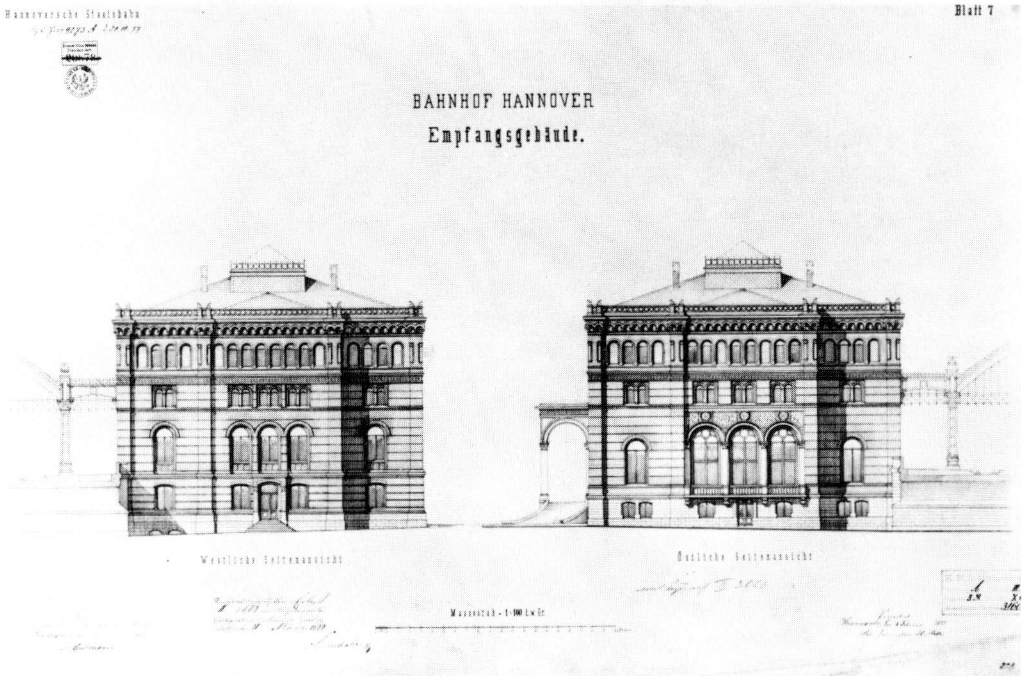

Fassade des Hildesheimer Bahnhofs

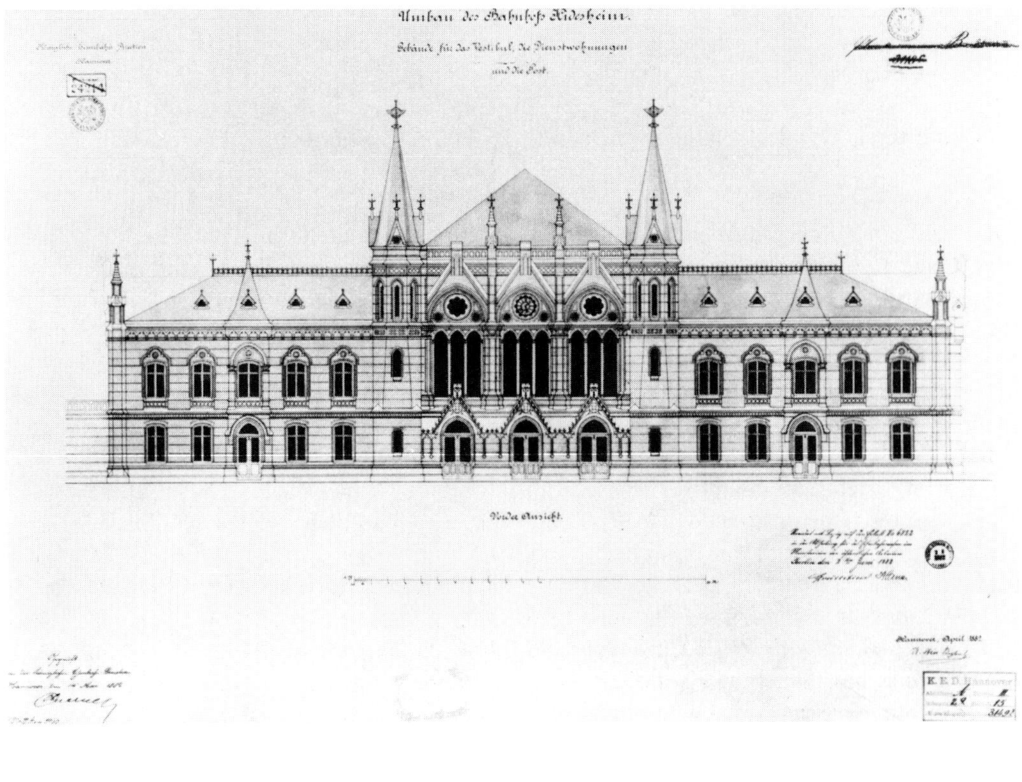

Was war nun das besondere, das charakteristische in Hannover? Stier schuf hier einen dreiflügeligen Palastbau, der die tatsächliche Funktion - anders als später beim Bremer Bahnhof - *nicht* gleich erkennen ließ. Es gab aber auch hier eine große Eingangshalle mit dem freistehenden Fahrkartenschalter, der „Billetterie", als Zentrum des Vestibüls. Parallel zum Empfangsgebäude wurden *zwei* Hallen-Eisenkonstruktionen über die Bahnsteige mit je 37 Meter Breite geschaffen. Diese prägnante architektonische Umsetzung des Eisenbahnzeitalters orientierte sich auch am frühen britischem Vorbild: Gemauerte Empfangsgebäude und eiserne Gleishallen, tonnengewölbte Konstruktionen aus Eisen und Glas wie „Paddington Station" (1854) und „St. Pancras" in London (1876) mit gleich 73 Metern Hallenbreite.

Zum erstenmal gab es in Hannover die größte Funktionalität für einen Durchgangsbahnhof durch die Hochlegung des gesamten Gleiskörpers auf ein Niveau. Das gefährliche Überschreiten der Gleise entfiel durch drei Personen- und zwei Gepäcktunnel mit hydraulischem Aufzug. Sie führten zu eigens geschaffenen Gepäckbahnsteigen - ähnlich wie später in Bremen. Dazu kam die historisierende Repräsentationsarchitektur der Reichshauptstadt Berlin. Diese Mischung ergab die typische Bahnhofsarchitektur in Deutschland. So wie es heute auf jedem Flughafen einen „VIP-Raum" gibt, so gab es auch in der modernsten Verkehrsanlage der damaligen Zeit, dem Hauptbahnhof, das „Fürstenzimmer", exklusiv gestaltete Fluchten für die sogenannten „Hohen Herrschaften". Genau wie im 10 Jahre später gebauten Bremer Bahnhof hatte Hannover seine Fürstenzimmer im rechten Eckgebäude. Alles in allem wurde Hannover zum Vorbildtyp des neuen, modernen, rationalen Durchgangsbahnhofes.

Von Hannover über Frankfurt nach Bremen

Stier hatte nach seinem Hannoveraner Erfolg als Bahnhofs-Architekt gut zu tun: er entwarf den Bahnhof von Uelzen, 1884 ganz im Zeitgeist und auf Wunsch der Auftraggeber den neugotischen Bau für den Bahnhof von Hildesheim und, schon parallel zum Bremer Projekt, das pompöse Empfangsgebäude des Keilbahnhofes in Kreiensen (ebenfalls1889 eingeweiht).

Der „Bahnhof der Bahnhöfe" wurde am 18. August 1888 durch den erst zwei Monate regierenden Wilhelm II. in Betrieb genommen: der Frankfurter Hauptbahnhof! Für die dort bisher unbewältigten Dimensionen hatte es acht Jahre vorher eine „Concurrenz für Entwürfe zum Empfangs-Gebäude des Central-Bahnhofs in Frankfurt a. M." gegeben. Gleich 59 Arbeiten waren eingereicht worden. Hinter der Nr. 52 verbarg sich Hubert Stier. Nach seinem erfolgreichen Debüt in Hannover hatte er auch in Frankfurt Glück: er wurde zwar nicht Sieger des Wettbewerbs, aber immerhin wurde sein Entwurf angekauft und damit in die engere Wahl genommen. In seinem Entwurf hatte er nicht nur eine Fassade geschaffen sondern gleich drei. Drei Bahnhöfe mit Ein- und Ausgängen nach drei Seiten in die Stadt bildeten einen großen Kopfbahnhof. Gelber Klinker, roter Backstein und Sandstein waren die Materialien, die er vorschlug. Dies vor allem aber war der Grund, warum sein Vorschlag nicht angenommen wurde. Man wollte etwas mehr Metropole. Nicht ganz verständlich, war doch der Anhalter Bahnhof in Berlin wenige Jahre vorher auch vorwiegend aus norddeutschem Klinker gebaut. An Stiers Entwurf gefiel aber wohl die klare Gliederung durch Arkaden und Rundbögen - Stilelemente die wir auch in Hannover und Bremen wiederfinden - und der großzügige Entwurf der Perronhallen, die mit ihrer Verglasung den Durchblick zur Stadt ermöglichten sollten.

Sieger im Frankfurt-Wettbewerb wurde Hermann Eggert aus Straßburg. Forderte die Ausschreibung bereits ein großes Mittelvestibül und allgemein einen „höchsten künstlerische Kraft herausfordernden Denkmalbau", so schuf Eggert aus dem Mittelschiff des Hallendaches über dem Gleiskörper ein vorgezogenes Tonnendach auch für die Haupteingangshalle. Bei der Betrachtung des Frankfurter Hauptbahnhofes ist unser Auge heute zu sehr von den

Frontansicht des Bremer Hauptbahnhofs

Frontansicht des Frankfurter Hauptbahnhofs

grandiosen Fotos der mehrschiffigen (heute fünfschiffigen) Halle von der Gleisseite her bestimmt. Zur Stadt, zur Kaiserstraße hin, hat der Hauptbahnhof tatsächlich nur ein *einziges* Tonnendach. Die anderen Hallen sind nicht vorgezogen. Der Musterbau in Frankfurt war, auch bei Würdigung vieler Bahnhofsbauten danach, ein großes Vorbild. Das zeigt sich im Kölner Hauptbahnhof von 1894, mit 255 m Länge und 64 m Breite die größte eiserne Bahnhofshalle des Kontinents. Der Architekt war Georg Frentzen aus Aachen, der in der Frankfurter Ausschreibung den 2. Platz errungen hatte.

Der Frankfurter Bahnhof stand, ebenso wie der Hannoveraner, Pate für Bremen: denn unverkennbar ist, daß auch Hubert Stier von seiner Teilnahme am Frankfurter Wettbewerb profitiert hat. Aus Hannover entwickelte er die Funktionalität des Durchgangsbahnhofes weiter. Für den Frankfurter Bahnhof ist die Architektur-Struktur mit dem Vestibül unter dem Tonnendach typisch. In Bremen ist es ebenfalls über die Fassade als solches sichtbar. Gerade dieser Giebelabschluß macht den Bremer Bahnhof ohne Umschweife als Bahnhof erkennbar. Markant ist natürlich, daß Stier dieses Konstruktionsmerkmal von einem Kopfbahnhof auf einen Durchgangsbahnhof übertrug. Er hat nicht, wie in Frankfurt, ein Tonnendach vorgezogen, sondern zwei Konstruktionsmerkmale verbunden. Mit 131 Metern Länge, 28 Metern Höhe und 59 Metern Spannweite der Perronhalle zählt Bremen noch heute zu den ganz großen Bahnhöfen. Im Krieg wurde die Mischung aus Glas und Eisen in der Tonnendachkonstruktion zerstört und danach nur ohne die Glasflächen wieder rekonstruiert. Die verglaste Sichtverbindung zwischen Perron- und Eingangshalle wurde leider auch zugemauert.

Zeitgeistig pomphafter Eklektizismus bei modernster Technik und höchster Funktionalität bestimmten die Vielfalt der Werke von Hubert Stier. Er realisierte gleich zwei große und richtung-gebende Bahnhöfe in nur 10 Jahren. Das ist, auch aus der Sicht seiner Zeitgenossen, ein Novum der damaligen Architektur im Deutschen Reich. Hubert Stier starb am 25. Juni 1907 in Hannover. Auf seinen Nachlaß sind die Bremer auch heute noch zu recht stolz.

Bildnachweis:
Archiv Beckmann (1), Historisches Museum Hannover (2) (3), Foto Mielke (4), Archiv R. Habel (5)

Die Überdachung der Bahnsteige - die „Perronhalle" des Bremer Hauptbahnhofs

Jens Gartelmann

Die Architektur des Bremer Bahnhofs

Etwa ab Juni 1885 entwickelte der Architekt Heinrich Müller insgesamt sechs Vorprojekte für den Bremer Hauptbahnhof, deren Grundkonzeption von Hubert Stier ab Januar 1886 bei dessen weiterer Planung übernommen wurde.

Einer Bahnsteighalle mit beidseitiger Gleiseinfahrt auf hochgelegtem Gleiskörper war ein Empfangsgebäude zur Stadt hin vorgelagert. Der Baukörper des Empfangsgebäudes war fünffach gegliedert. Der dominierenden mittleren Eingangshalle, dem Vestibül, schlossen sich niedrigere Wartesaaltrakte an, die an die seitlichen Flügelbauten grenzten. Dem Vestibül folgte auf ganzer Breite eine ebenerdige Tunnelanlage zur Bahnsteigerschließung.

Für die Erbauung des Gebäudes wurden die Steine des Alten Bahnhofs wiederverwendet, der bei der Höherlegung des Bahndamms zum Hochwasserschutz abgebrochen werden mußte. Bei dem Neubau wurde das Vestibül auf die Achse der Bahnhofstraße ausgerichtet. Der mit der Pferdebahn aus der Stadt zu erreichende Bahnhofsvorplatz war an drei Seiten von Gebäuden gefaßt; an der Stelle der späteren Post befand sich ein kleiner Park. Der Platz war durch zwei Grünbereiche geordnet, deren rechteckige Form an den Seiten halbkreisförmig abgeschlossen war und die in ihrer Mitte die Flucht der Bahnhofstraße auf das Vestibül offen ließen. Die Längsachse der Grünbereiche zeigte auf das Städtische Museum im Norwesten des Platzes. Schmale, von Bäumchen eingefaßte Wege führten in der Längs- wie in der Querachse durch die Anlagen hindurch.

Das Schüttmaterial des Bahndamms war von einer Basaltkonstruktion sowie von einer starken Stützwand zum Vorplatz gehalten. Die bis zum Dachansatz (Trauflinie) der Bahnsteighalle geführte Stützmauer bildete gleichzeitig die Längswand der Bahnsteighalle sowie die Rückwand des Empfangsgebäudes.

Mit einer Gesamtlänge von 130,85 m überdachte die als Tonnensaal konzipierte, mit gläsernen Windschürzen an den Seiten geschlossene Stahlhalle die gesamte Länge der Bahnsteige. 19 Binder im Achsmaß von 7,20 m spannten bei einer Scheitelhöhe von 28,60 m ab Gleisoberkante über 59 m Spannweite. Ein breites Oberlicht reichte bis zu den jeweils letzten beiden Binderfeldern. Die 17 mittleren viergurtigen, zweigelenkigen Fachwerkbinder wiesen eine Breite von 1,00 m auf. Die beiden äußeren waren in Form und Konstruktion gleich, sie waren jedoch zur Aufnahme der Kräfte aus den Windschürzen im Material verstärkt, um 25 cm breiter ausgelegt und mit einem zusätzlichen Zugband versehen. Die Auflager waren als Pendelgelenke ausgebildet, jeweils eines der beiden Endbinder als Rollenlager. Die Fundamente ruhten auf der Basaltkonstruktion des Bahndamms. Die äußere Gurtung der Binder verlief bis zu einer Höhe von 7,50 m vertikal, danach kreisbogenförmig, eine vertikale Verlängerung führte über den Knickpunkt hinaus bis zur Traufe. Die Dachhaut aus Zinkblech auf Holzschalung über Gerberpfetten wurde über eine Ausattelung an den Obergurt angeschlossen, der entstehende Zwickel war mit Stegen und einem Kreismotiv ausgefacht.

Die Führung der Außengurte ermöglichte die gemeinsame Trauflinie mit dem Vestibül; die gleich ab dem Auflager einen leicht gespitzten Bogen erzeugende innere Gurtung verdeutlichte die Tonnenform der Halle.

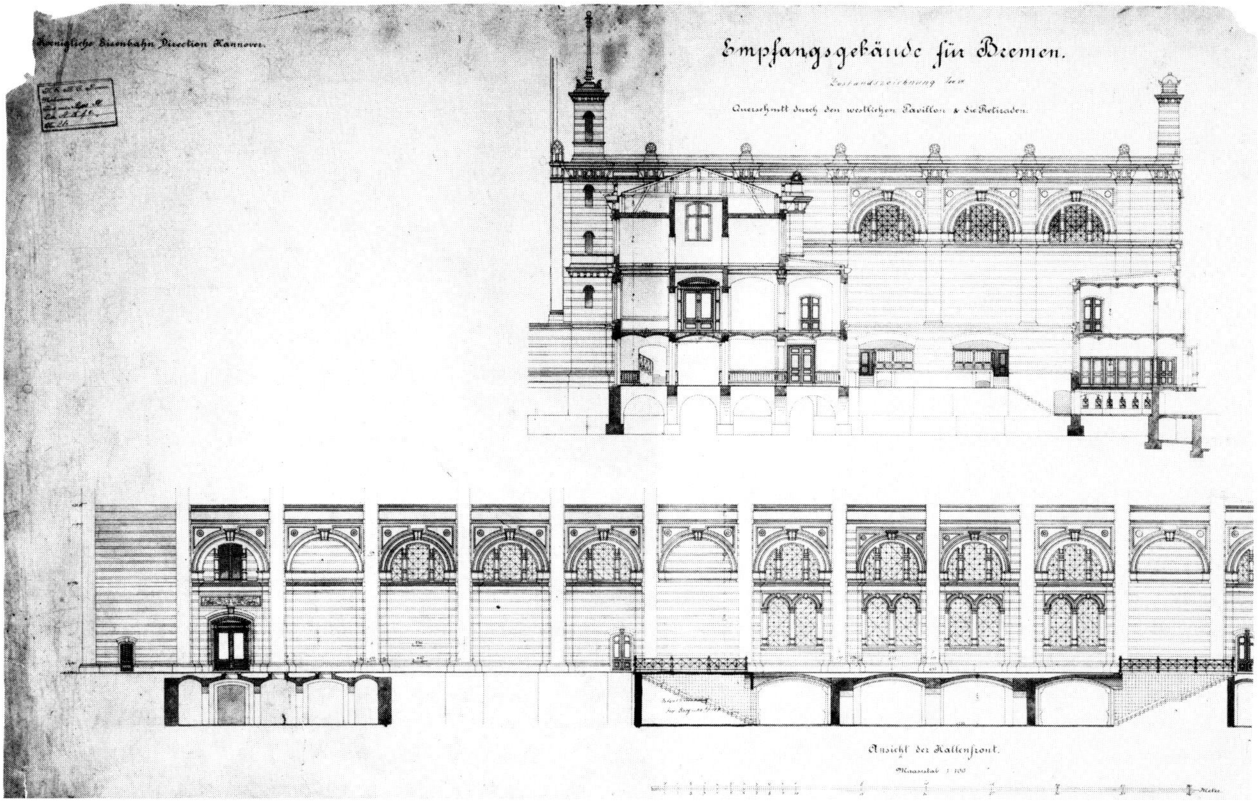

Querschnitt durch den westlichen Pavillon (oben) und Ansicht der Hallenfront

Konstruktionzeichnung für das Eingangshallendach

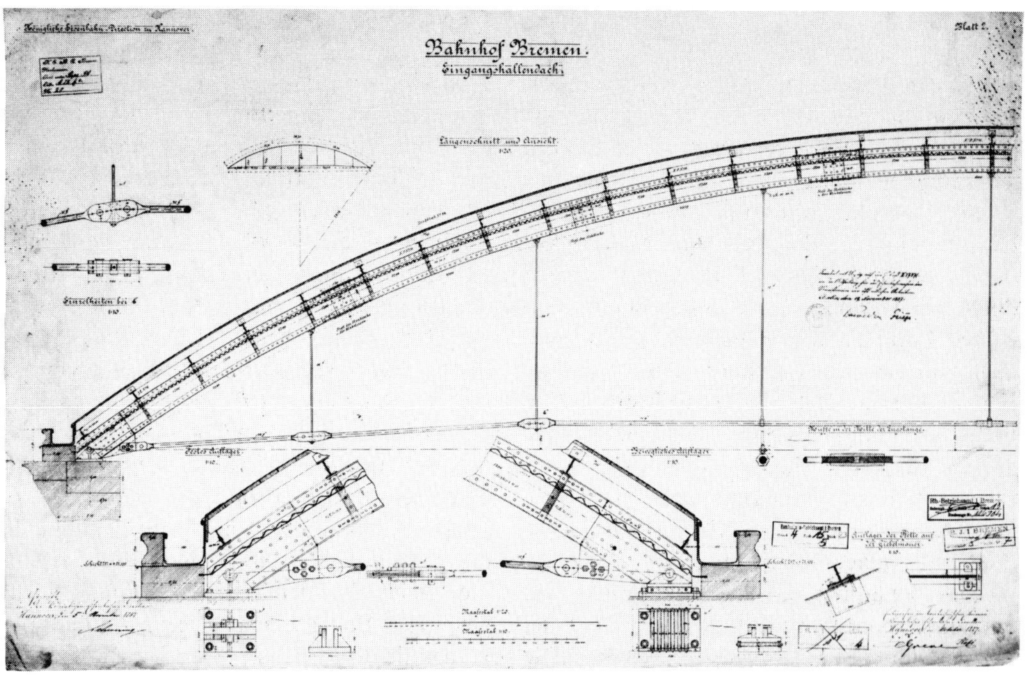

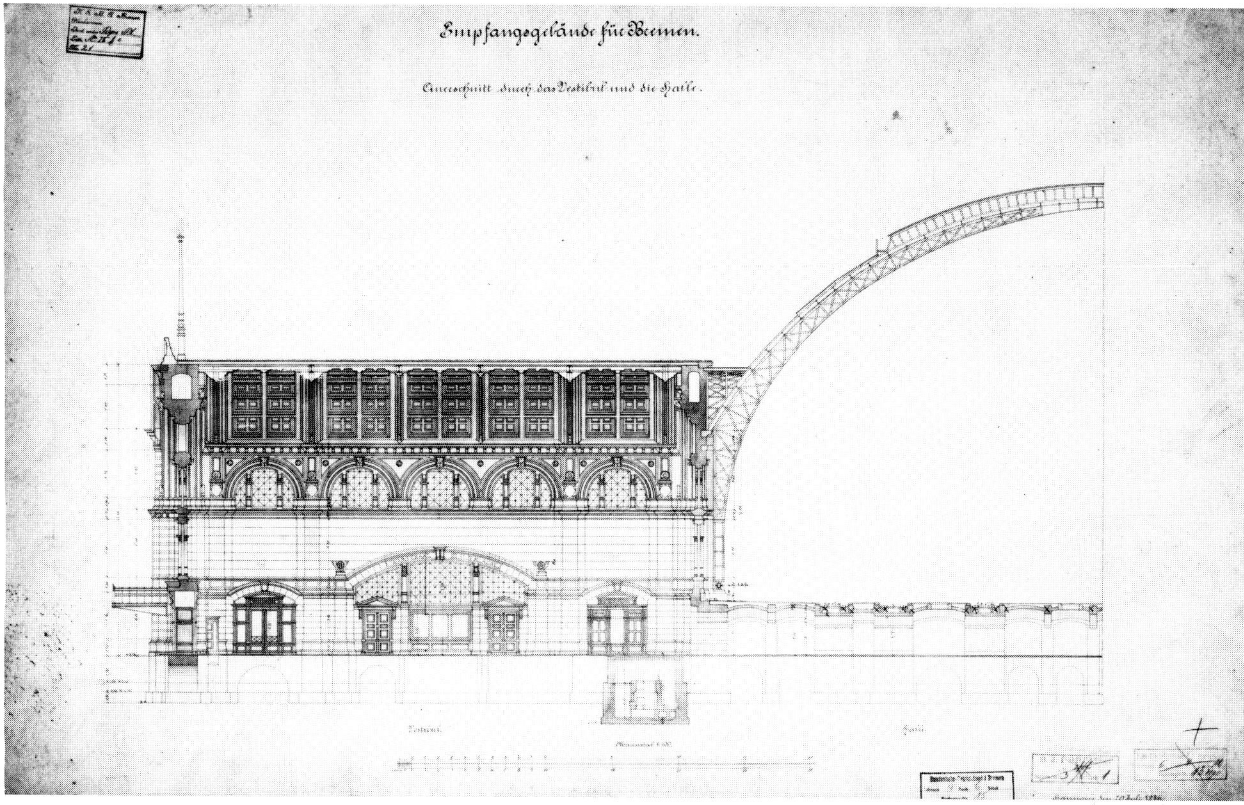

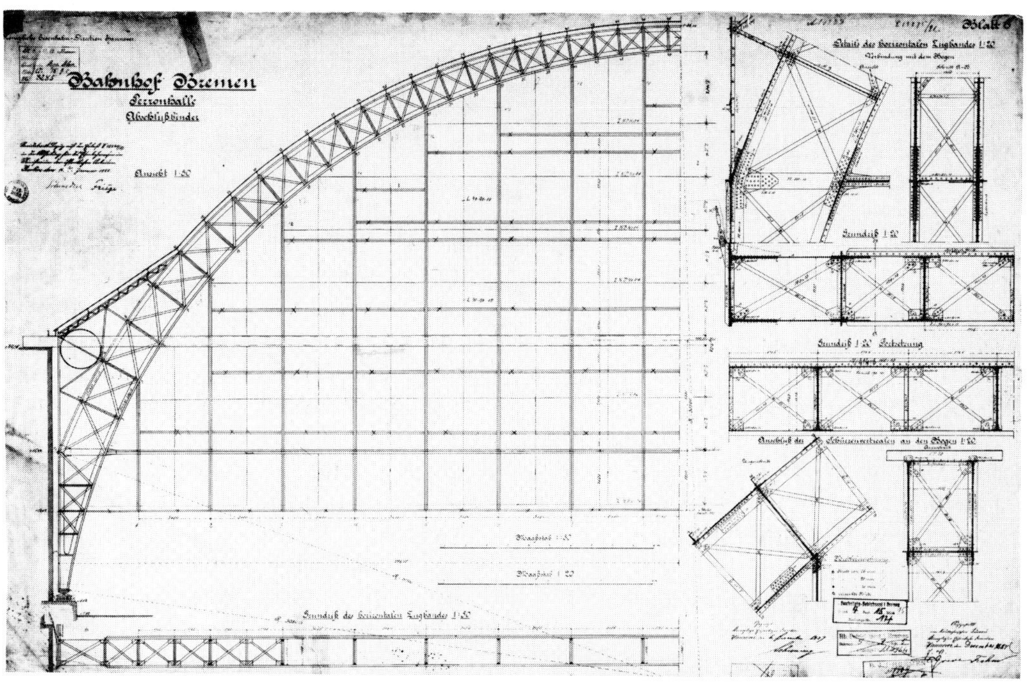

Querschnitt durch das Vestibül und die Halle

Konstruktionszeichnung für die Perronhalle

Originalzeichnung von Hubert Stier 1887 „Querschnitt durch das Vestibül“

Durch den Verzicht auf ein Scheitelgelenk ließ sich die Windschürze mit ihren Vertikalstreben gut an die Binder anpassen. Dem Abstand der Vertikalstreben von 3,45 m entsprachen drei, zur Mitte des Bogens schmaler werdende Aussteifungsachsen der Binder. Durch die Lage der Glasebene in der Mitte der sie tragenden Fachwerkkonstruktion wurde eine sehr große Transparenz erzeugt. Die gelb-grün verglasten Schürzen hingen unterhalb des horizontal verlaufenden Windträgers 8,30 m freitragend. Die Lastabtragung des Windträgers geschah über die bis hier ausbetonierten Flankentürme, beziehungsweise über diagonale Fachwerkstützen auf der Nordseite.

Die Längswand war durch Rundbogenfenster zwischen den Vorlagen gegliedert. Im Bereich der angreifenden Querwände des Empfangsgebäudes waren die Fensternischen ausgemauert. Die vier identischen Fenster zum Vestibül gaben die Mitte der Halle an, sie waren in der Nordfassade analog gestaltet, die übrigen Felder mit Mauerwerk ausgefacht.

Das Empfangsgebäude vermittelte die grossen Proportionen der auf 4,50 m Gleiskörperhöhe stehenden Bahnsteighalle zum Vorplatz. Die gemeinsame Zwischenwand vermittelte die Gliederung der Bahnsteighalle nach außen und ermöglichte so einen Dialog zwischen der Stahl-Glas-Konstruktion der Halle und dem Mauerwerksbau des Empfangsgebäudes.

Der leicht längsgerichtete Grundriß des Vestibüls und die Tonnenform des Daches entsprachen der Raumform der Bahnsteighalle. Die gemeinsame Traufline ließ das Vestibül auch von außen wie ein Seitenschiff der Bahnsteighalle erscheinen. Die Transparenz der Fassade des Vestibüls korrespondierte mit den gläsernen Windschürzen über den Gleisen.

Die Breite der Eingangshalle fand sich in den vier mittleren Fensterachsen der Zwischenwand wieder. Die hier entwickelte und zum Vorplatz wiederholte Fassade ließ den Innenraum des Vestibüls zur Mitte zwischen Vorplatz und Bahnsteighalle werden. Die vier Rundbogenfenster in der Stadtfassade des Vestibüls waren von drei auf Pfeilern ruhenden Schmuckbogen überspannt, deren mittlerer zwei Fensterachsen zusammenfaßte.

Die Längswand war durch fünf halbrunde Fenster (Thermen) gegliedert, deren mittlere drei zusammengefaßt waren. Vorgeblendete Schmucksäulchen betonten die Stellen der freilich bis zur tragenden Wand reichenden Deckenbinder und unterstrichen die Leichtigkeit der Stahlkonstruktion. Bei einer Pfeilhöhe von 5,50 m spannten die mit einem Zugband versehenen Binder über 33,8 m Spannweite. Das Dach selbst bestand aus Zinkblech auf Holzschalung, die Traufe lag auf der Vestibülwand auf. Die Dachunterseite war mit schmalen Wellblechkappen zwischen den Bindern verblendet, die Binder selbst mit Zinkblech verziert. Den oberen Wandabschluß bezeichnete ein umlaufendes, kräftiges Gesims über Mauerwerksvorsprüngen (Konsolengesims), das an den Stirnwänden der Bogenform des Daches folgte. Decke und gefliester Boden waren in hellen Farben gehalten, eine Holzverkleidung auf einem Granitsockel markierte in einem flachen Bogen die Eingangstüren zu den seitlich angrenzenden Wartesälen. Unterhalb eines Gesimses an der Fußlinie der Fenster lagen die vier als Segmentbogen abgeschlossenen Öffnungen zu den Gleistunnels. In der Mitte der jeweils sechs Meter breiten Personentunnel befanden sich zwei Gepäckröhren mit je fünf Meter Breite, in denen das Gepäck für die verschiedenen Schiffe der Übersee-Reisenden und Auswanderer sortiert werden konnte. Die großen Mengen Gepäcks führten später zum Bau einer eigenen Gepäckhalle für die Reederei Norddeutscher Lloyd und schließlich zu einem eigenen Abfertigungsgebäude auf der Bahnkörperrückseite, dem Lloydbahnhof. Die Verbindung der Bahnsteige zu den Gepäcktunnels geschah mittels hydraulischer Aufzüge, zu den Personentunnels über einläufige Treppen.

In der Mitte des Vestibüls befand sich das mit Schnitzwerk reich geschmückte, hölzerne Fahrkartenhäuschen, an dem vorbei die Reisenden durch die seitlichen Eingangstüren vom Vorplatz ebenerdig in die äußeren Tunnels geleitet wurden.

Vom Vestibül aus war beidseitig je ein Warteraum zugänglich, mit nahezu raumhohen Fenstern vom Vorplatz belichtet. Die Warteräume füllten die Baukörper zwischen Vestibül und Seitenflügeln aus. Ihre Dächer waren von Fachwerkbindern getragen. Die leichte Bogenform ihrer Untergurte ließ die Räume leicht tonnengewölbt erscheinen. Die maximale Raumhöhe betrug 9,50 m. Der Südsaal 1./2. Klasse war üppig ausgestattet und mit schweren Eichenmöbeln bestückt, der Nordsaal 3./4. Klasse mit Kiefernholz ausgebaut. Dem Wartesaal 1. Klasse war eine Restauration im Flügelbau, sowie ein über einen Innenhof belichtetes Damenzimmer angeschlossen. Dieser und der entsprechend größere gegenüberliegende Innenhof belichteten die vom Vestibül aus zugänglichen Waschräume. In der teilweisen Unterkellerung des Ersten Bahnsteiges waren Räume für Bahnbetrieb und Wirt untergebracht.

Eine einläufige, schmiedeeiserne Prunktreppe verband die fürstlichen Empfangsräume im Obergeschoß des rechten Seitenflügels direkt mit dem Vorplatz. Die Ausstattung reichte vom goldverzierten Eichenholz über Seidenplüsch und edle Teppische bis hin zum aufwendige konstruierten Spiegelgewölbe.

Im krassen Gegensatz zu diesem Ausstattungsaufwand stand das den Auswanderern vorbehaltene Erdgeschoß des linken Seitenflügels. Eine Eisenkonstruktion mit Zwischenstützen trug das gemauerte Gewölbe über dem 3,50 m hohen, bis zu einer Höhe von 2 m abwaschbar gefliesten Raum mit einfachstem Mobilar aus Tannenholz. Der Zugang war separat vom Vorplatz aus zu erreichen.

Treppenaufgang im Empfangsgebäude

Wartesaal 1. Klasse um die Jahrhundertwende

Fürstenzimmer

Sandsteinreliefs in der Front des Empfangsgebäudes: die Verbindung der vom Wind bewegten Schiffahrt ...

Beide Seitentrakte wiesen einen direkten Zugang zum Ersten Bahnsteig auf. Die Obergeschosse nahmen die Polizei sowie eine Hausmeisterwohnung auf. Die Verwaltung war in einem eigenen, von Hubert Stier mitentworfenen Betriebsgebäude untergebracht.

Die starken Ecktürme an der Stadtfassade des Vestibüls unterstrichen dessen Bedeutung als Eingangshalle. Die über einen Sockel vom Traufgesims abgesetzten Allegorien "Handel und Verkehr" stammten von dem hannoverschen Bildhauer Dopmeyer und waren aus Sandstein gefertigt. An den Stirnseiten der Eckpfeiler befanden sich quadratische Sandsteinreliefs mit den Wappen Hamburgs und Bremens, seitlich die von Hannover und Köln.

Der Gliederung der Vestibülfassade entsprach die des Innenraumes. Über den Schmuckbögen waren zwei Sandsteinreliefs des Bremer Bildhauers Kropp angebracht, links die vom Wind bewegte Schiffahrt und rechts die vom Drachen gezogene Bahn. Der schmale mittlere der fünf unter den Bögen stehenden Pfeiler war vom Reichsadler bekrönt, in der Achse über ihm befand sich die kreisrunde Bahnhofsuhr. Die Eingänge waren durch bogenförmige und mit einem Zugband versehene Eisenvordächer mit ausgesetzten Ecklaternen betont.

Die Trauflinie schmückte ein breites Sandsteingesims über einem Konsolenfries. Der Bogenform des Gewölbes folgend, faßte es das gesamte Gebäude zusammen und fand seine Fortsetzung in dem starken horizontalen Windträger der Glasschürzen der Bahnsteighalle. Analog zum Dachabschluß der Gleishalle war die Bogenform des Vestibüls von einem breiten, reich geschmückten Kranz gegen den Himmel abgesetzt, der von einem Fahnenmast bekrönt wurde.

Die Fußlinie der Thermenfenster wurde als schmaleres zweites Gesims um das Vestibül herumgeführt, in seiner Wirkung als prägende Horizontallinie unterstützt von den sich hier verjüngenden Ecktürmen. Während das zweite Gesims von den Nebenbauten nicht aufgenommen wurde, führten ein drittes, sehr schmales

... und der von einem Drachen gezogenen Bahn

Gesims, sowie der aus Basaltlava gefertigte Sockel um das ganze Gebäude herum. In der Fortsetzung bildeten diese beiden Linien den oberen und unteren Abschluß der Stützmauer für den Gleiskörper.

Die Baukörper der Zwischen- und Seitentrakte paßten in das halbierte Achsmaß der Perronhalle. Sie wiesen eine eigenständige Ordnung auf. Die Zwischentrakte waren durch Pfeilervorlagen in fünf Joche mit gleichen, nahezu raumhohen Rundbogenfenstern geteilt. Sockel und Kämpfergesims, ein breiter Ornamentfries aus Terrakotta unter dem Dachgesims, sowie ein Kranz aus Rundbögen zwischen Stützenaufsätzen als Wandabschluß bildeten die horizontale Gliederung.

Die Eingänge der dreigeschossigen Flügelbauten waren durch Vorbauten betont. Ein breites Dachgesims faßte die Baukörper zusammen. Auch die Ecken der Vorbauten waren durch Pfeiler betont, die über dem Wandabschluß in Sandsteinaufsätzen endeten. Ein breiter Gebäudevorsprung an den Seiten der Flankenbauten nahm den Ecken die optische Strenge. Auf der rechten Seite war in diesen Vorsprung eine Sandsteinblende eingearbeitet, die auf die dahinterliegenden Fürstenräume wies.

Literaturhinweise:

U. Krings: Bahnhofsarchitektur, München 1985
J. Gartelmann: Die Bremer Bahnhöfe, Diplomarbeit, Universität Stuttgart (Prof. Sulzer) 1987
R. Martens: Hundert Jahre Eisenbahn Westfalen-Bremen, Hamburg 1974
W. Becker: Die Eisenbahnen, in: Bremen und seine Bauten, Bremen 1900
R. Stein: Klassizismus und Romantik in der Baukunst Bremens, Bremen 1964
W. Steltz: Die Entstehung der Köln-Mindener Eisenbahn, Köln 1974
H. Schwarzwälder: Geschichte der Freien Hansestadt Bremen, Hamburg 1976

Bildnachweis:

Staatsarchiv Bremen (1), Deutsche Bundesbahn (2-7), J. Gartelmann (8) (9)

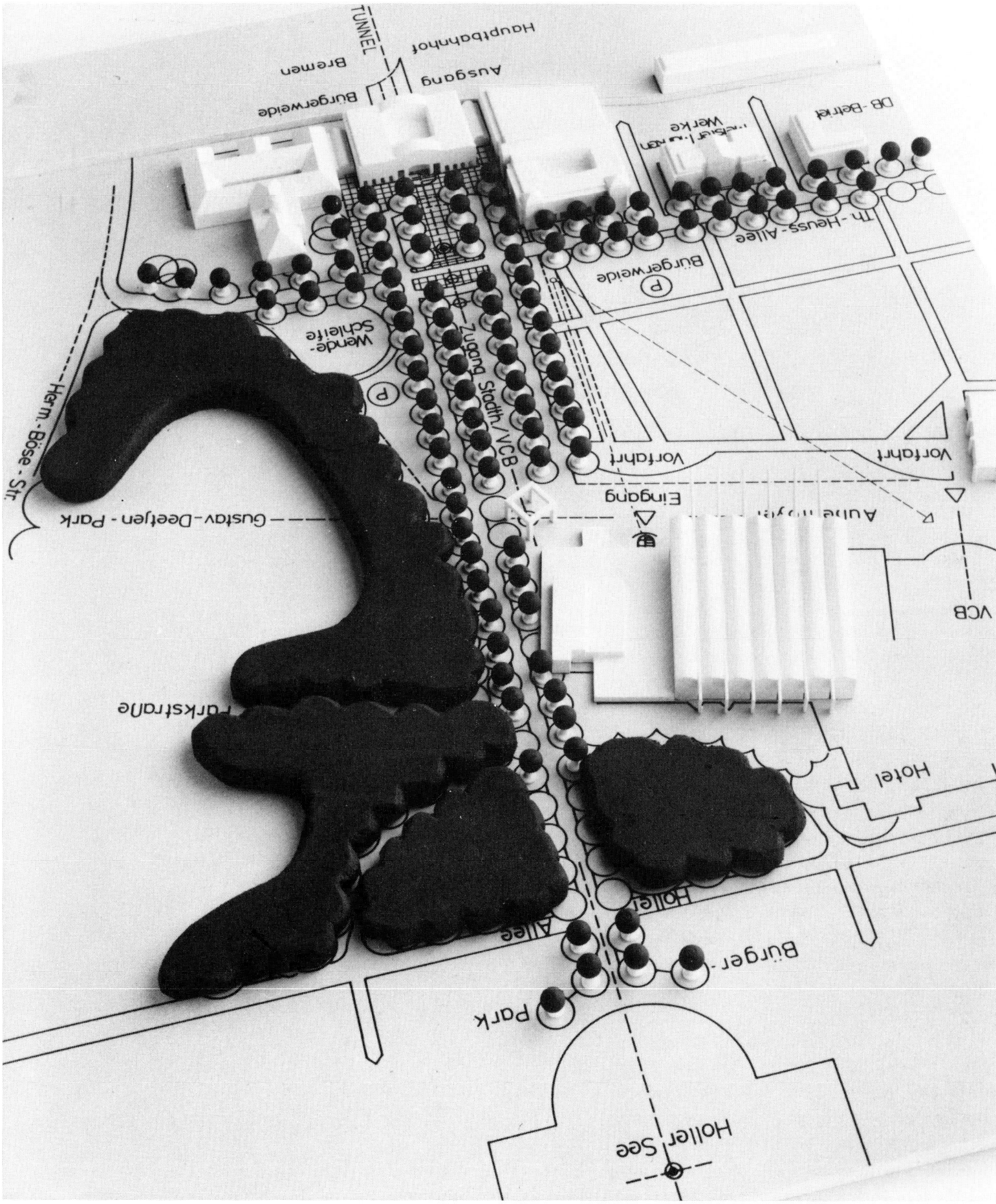

Hauptbahnhof
TUNNEL
Bremen
Ausgang
Bürgerweide
Werke
DB-Betriel
Th.-Heuss-Allee
Bürgerweide
P
Wende-Schleife
Zugang Stadth./VCB
P
Herm.-Böse-Str.
Vorfahrt
Vorfahrt
Eingang
Gustav-Deetjen-Park
VCB
Parkstraße
Hotel
Holler
Allee
Bürger-
Park
Holler See

Günter Krukemeier

Hauptbahnhof Nordausgang

60 Jahre Planungsgeschichte und die weitere Entwicklung der nördlichen Bahnhofsseite

Bahnhöfe ändern ihr Gesicht! Unter diesem Slogan vollzieht sich z.T. eine Entwicklung, die sich nicht nur auf die Anpassung großstädtischer Bahnhofsgebäude an neue Nutzungsanforderungen beschränkt, sondern in zunehmenden Maße auch das Umfeld der City-Bahnhöfe erfaßt und insbesondere die Flächen „hinter den Bahnhöfen" aus dem „Schatten" der Großstadtentwicklung herausführt. Das Güterbahnhofsareal Köln-Gereon (Media-Park) steht hier stellvertretend für eine steigende Zahl von Entwicklungsprojekten, die ehemals vor den Toren der Stadt und heute zentral gelegenen DB-Flächen für die Innenstadtentwicklung zu erschließen.

In Bremen wird diese Entwicklung, ähnlich wie in Köln, durch die Umstrukturierung des DB-Güterverkehrs begünstigt. Die Verlagerung des DB-Frachtzentrums ins hafennahe Güterverkehrs-Zentrum wird langfristig das Fruchthofgelände beim Hauptbahnhof freigeben. Für die nördlichen Bahnhofsseite haben konkrete Flächenveräußerungsabsichten der Deutschen Bundesbahn den Prozeß der Umstrukturierung beschleunigt. Die Öffnung des Nordausganges „Bürgerweide" hat hierzu einen entscheidenden Beitrag geleistet. Im städtebaulichen Zusammenhang wird sie als wesentlicher Schritt zur Überwindung der „Barriere Bahn" gewertet. Hier muß an der Erkenntnis angeknüpft werden, daß die Entwicklung der nördlichen Bahnhofsseite untrennbar mit der Attraktivität des Bahnhofsdurchganges verbunden ist und zukünftig dessen Rückgrat bilden muß. Diese Erkenntnis ist nicht neu. Sie läßt sich auf das Jahr 1927 und damit auf die Vorbereitung des ersten städtebaulichen Wettbewerbs zur Entwicklung der Bürgerweide bzw. der nördlichen Bahnhofseite zurückführen.

Mit der Erarbeitung des Wettbewerbprogramms wurde erstmals die Forderung laut, die Riegelwirkung der Bahnanlagen durch die Öffnung des Bahnhofes zur Nordseite zu überwinden.

Lag der zunächst erbaute „Hannoversche Bahnhof" (1847) noch „weit vor den Toren" der Stadt, hatte die rasch wachsenden Stadt mit der

Links: Rahmenkonzept zur Entwicklung der nördlichen Bahnhofsseite Planungsamt Bremen

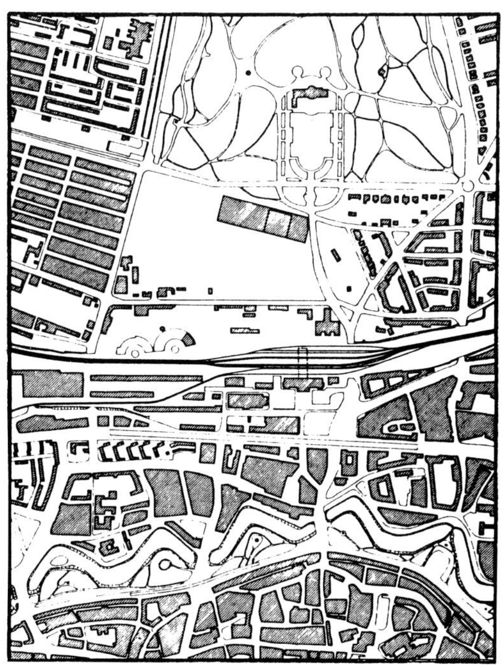

Die nördliche Bahnhofsseite/Bürgerweide im Stadtgebiet

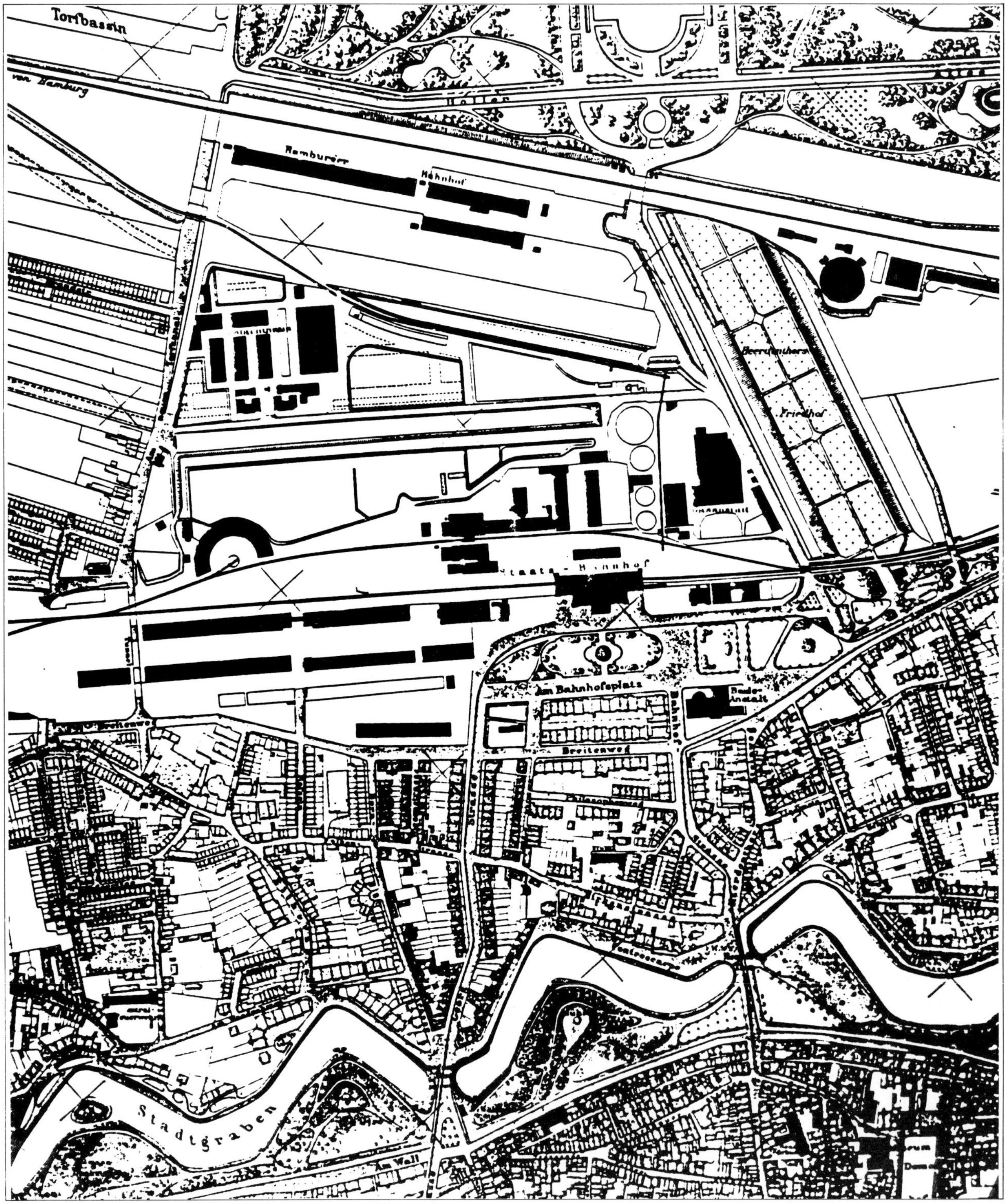
Torfbassin
von Hamburg
Hamburger Bahnhof
Beerdigungs
Friedhof
Staats-Bahnhof
Am Bahnhofsplatz
Bade-Anstalt
Breitenweg
Stadtgraben
Am Wall

Bahnhofsvorstadt bald den Bahnhof erreicht und mit den Vorstädten Schwachhausen und Findorff schnell übersprungen. Auf der Grundlage des Straßenplanes von 1852 waren mit den beiden Unterführungen Gustav-Deetjen-Allee und Findorffstraße nur schwach ausgeprägte Ansätze für eine fußläufige Verbindung der beiderseits der Eisenbahn gelegenen Teile des Stadtgebietes vorhanden. Diese Situation wurde verstärkt durch die eindeutige Ausrichtung des Hauptbahnhofes auf die Innenstadt, die sich ab 1839 über die Bahnhofstraße vollzog. Während das eine Ende dieser städtischen Verkehrsachse der alte Stadtkern war, wurde das andere Ende durch den Bahnhof selbst gebildet. Durch ihre wichtige Verbindungsfunktion mit dichtem Passantenstrom entwickelte sie sich bald zur Hauptgeschäftsstraße.

Hinter dem Bahnhof, der eine Barriere-Wirkung ausübte, vollzog sich unterdessen eine gänzlich andere Entwicklung. Die Bürgerweide mit ihrer bisherigen Funktion als Viehweide bot günstige räumliche Voraussetzungen für die sich ausdehnenden Bahnanlagen und die Ansiedelung industrieller Anlagen wie das städtische Gaswerk, den Schlachthof und die Anlagen der städtischen Elektrizitätsversorgung. Diese wenig planmäßige Entwicklung trennte der Bereich Bürgerweide endgültig von der Innenstadt ab.

Die Absicht, die Bürgerweide zu einem Ausstellungsgelände mit einer Stadthalle zu entwickeln, läßt sich deshalb als den Beginn eines sich durch die Jahrzehnte ziehenden Versuchs markieren, die Bürgerweide stärker an die Innenstadt anzubinden und für die Innenstadtentwicklung nutzbar zu machen.

Wettbewerbe Bürgerweide

Als 1928 für die Errichtung einer Stadthalle mit Ausstellungsbauten auf der Bürgerweide ein städtebaulicher Wettbewerb ausgeschrieben wurde, formulierte das Wettbewerbsprogramm die Notwendigkeit eines nördlichen Bahnhofsausganges, auf den der Eingangsbereich des Austellungsgeländes bzw., die Stadthallenbauten auszurichten waren. Der Ausgang des Bahnhofs sollte an der Schlachthofstraße so angeordnet werden, „daß Kreuzungen mit dem Wagenverkehr möglichst vermieden werden“ (Zitat aus: Wettbewerbsprogramm 1927). Eine nicht ganz leichte Aufgabe, denn das 1922 errichtete Lloyd-Hotel hatte bereits die Wegeachse Bahnhof - Bürgerweide versperrt und den Planungsspielraum erheblich eingeengt. Die Ergebnisse spielten keine Rolle mehr, denn die wenig später einsetzende Wirtschaftskrise hatte die Pläne für eine Stadthalle auf der Bürgerweide zunichte gemacht. An eine selbstständige Realisierung eines nördlichen Bahnhofsausganges war ohne Stadthallenbezug nicht mehr zu denken.

Erst 1955 bot sich mit der Vorbereitung des städtebaulichen Wettbewerbs Bürgerweide wieder die Möglichkeit , die Notwendigkeit eines nördlichen Bahnhofsausganges neu zu thematisieren. Ihr lag die Dringlichkeit einer fußläufigen Verbindung zur Bürgerweide zugrunde, die der seit 1934 dort stattfindende Freimarkt mit sich brachte. Der städtebauliche Wettbewerb hatte zur Aufgabe, die städtebauliche und verkehrstechnische Gestaltung der Bürgerweide mit Ideenskizzen für eine Stadthalle zwischen Bahnhof und Bürgerweide zu klären.

Die Entwürfe der Architekten Prof. Hans Scharoun und Prof. Roland Rainer errangen je einen 1. Preis. Scharoun´s Wettbewerbsbeitrag fand damals große Beachtung, weil er sich am umfassendsten mit der Bürgerweide und ihrem Umfeld auseinandersetzte. Er ging davon aus, daß nur durch eine Einbeziehung des Nachbargeländes die vielfältigen Anforderungen erfüllt werden könnten, die an das Gebiet um die Stadthalle gestellt wurden. Leitgedanke des Entwurfs war, die Grünflächen des Bürgerparks bis zum Bahnhof auszudehnen, um eine „möglichst innige Verbindung des traditionsgebundenen Bürgerparks mit den ursprünglichen Wallanlagen“ (Zitat aus dem Erläuterungsbericht von Scharoun) zu fördern. Auf der Grundlage eines völlig neuen Verkehrskonzepts schlug Scharoun einen Brückenweg von der Bürgerweide (Stadthalle) über die Bahnanlagen zum

Links: Nördliche Bahnhofsseite mit Bürgerweide 1881. Der Plan zeigt auf der Südseite den hannoverschen Staatsbahnhof, der noch nicht in der Achse der Bahnhofsstraße lag. Auf der Bürgerweide der „Hamburger Bahnhof“.

südlichen Bahnhofsvorplatz vor, der unmittelbar an der Westseite der großen Bahnhofshalle geführt werden sollte. Das Preisgericht hielt diese Lösung zwar für einen interessanten Ideenvortrag, stufte ihn aber als nicht genug entwickelt ein.

Alle weiteren Wettbewerbsbeiträge beschränkten sich - mit Varianten - auf die schon damals naheliegende Lösung einer Wegeführung in Fortsetzung der vorhandenen Tunnelachsen zur Bürgerweide, ohne jedoch das Lloyd-Hotel in seinem Bestand anzutasten.

Ein dem städtebaulichen Wettbewerb von 1957 folgender Bauwettbewerb brachte die Entscheidung, die Architekten Rainer, Säume und Hafemann mit dem Bau der Stadthalle zu beauftragen, die nach Errichtung zu den markantesten und ausdrucksstärksten Hallenbauten in Deutschland zählt. Gründe, warum es zum zweiten Mal nicht zum Bau des Nordausganges kam, lassen sich nur schwer nachvollziehen. Zu vermuten bleibt, daß das Verkehrskonzept zur Entwicklung der Bürgerweide die Notwendigkeit einer fußläufigen Verbindung durch den Bahnhof nicht mehr explizit thematisierte.

1977 eröffnete sich für die Stadtgemeinde Bremen mit der Verlegung des städtischen Schlachthofes nach Oslebshausen abermals die Möglichkeit, eine umfassende Neuordnung der Bügerweide in Angriff zu nehmen. Der 1978 folgende städtebauliche Wettbewerb hatte zur Aufgabe, städtebauliche Grundsatz- und Gestaltungsfragen zum Bau eines Tagungszentrums in Verbindung mit der Stadthalle zu klären. Verknüpft mit den Absichten der Deutschen Bundesbahn zur Umgestaltung des Hauptbahnhofes (neues Verkehrszentrum, Gepäckverlagerung etc.) und der Errichtung einer Reisezugbehandlungsanlage auf den DB-Flächen südlich der heutigen Theodor-Heuss-Allee, erstreckte sich das Wettbewerbsgebiet auch auf die DB-Flächen nördlich des Hauptbahnhofes. Diese Anlage, in der komplette Reisezüge gewaschen und gereinigt werden sollten, setzte ein Zubringergleis unter Inanspruchnahme des städtischen Grundstückes zwischen Hapag-Lloyd-Hotel und Bahnanlage voraus, dessen Projektierung mit der Gestaltung des Nordausganges verknüpft werden sollte. Über dieses Projekt sollten die „Weichen“ für den Nordausgang und die Zukunft der nördlichen Bahnhofsseite gestellt werden. Mit der Beteiligung der Bundesbahnhauptverwaltung Frankfurt im Preisgericht Bürgerweide hieß es „bahnfrei“ für neue Ideen zur Entwicklung der nördlichen Bahnhofsseite.

Der Wettbewerb wurde als Chance begriffen, die bahnspezifischen Planungsabsichten mit denen der städtischen zeitlich, organisatorisch und wirtschaftlich zu einem rationellen und zukunftsgerichteten Gesamtprojekt zusammenzufassen, um die seit 1928 bestehende Idee eines Nordausganges zu realisieren. Die Chance stieg mit der Absicht der Deutschen Bundesbahn, nicht nur die Gepäckabfertigung aus den Mittelröhren zu verlagern und sie in die Errichtung eines kundenfreundlichen Verkehrszentrums einzufügen, sondern im Zuge dieser Planung auch die aus Walzträgern in Beton bestehenden Gleisbrücken zu erneuern, die zum Teil noch aus dem Jahre 1887, zum Großteil aber aus den Kriegsjahren 1914/15 stammen.

Das Wettbewerbsprogramm formulierte deshalb auch die Absicht, die vorhandenen Tunnelstrukturen zu einem neuen attraktiven Bahnhofsdurchgang umzugestalten, der sich nach Norden zur Bürgerweide öffnen und dort in einem neu zu gestaltenden Bauwerk enden sollte. Unter dem Aspekt einer “zukunftsweisenden Lösung“ wurde damit auch zum erstenmal die Existenz des ehemaligen Hapag-Llyod-Hotels in Frage gestellt, allerdings unter der Einschränkung, daß die damit verbundenen „planerischen Vorteile“ so erheblich sein müßten, daß ein Abriß gerechtfertigt erscheine.

Unter den zahlreichen Wettbewerbsbeiträgen löste die Arbeit Kleinmann (Berlin) mit Archivês d´Architecture Moderne (Brüssel) durch einen bizarren Ideenvortrag Unmut im Preisgericht aus. In Fortführung der Bahnhofstraße sollte eine Geschäftsstraße in Höhenlage durch den Bahnhof gebrochen werden, um eine angenehme und hochwertige Verbindung zwischen

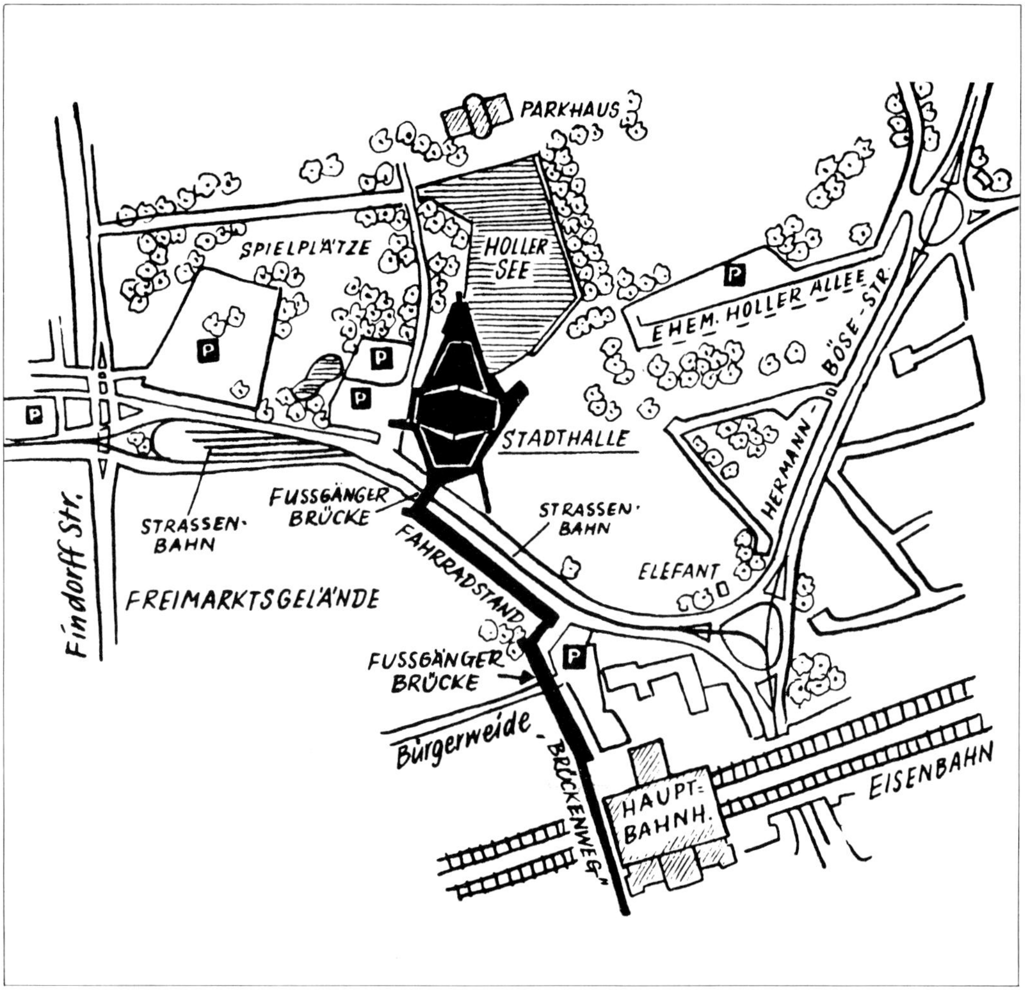

Wettbewerbsentwurf Prof. Scharoun 1955 Skizze nach Weser-kurier vom 26. Mai 1955

der City und der Bürgerweide herzustellen. Vom Bahnhofsgebäude blieb nur die Südfassade las Kulisse stehen. Auch die bahnsteigüberdeckende Perronhalle fiel dieser Idee zum Opfer. So realitätsfern und gering in der Wertschätzung des Preisgerichts diese Arbeit auch war, ihr Wert lag doch in einer - wenn auch überspannten - Unterstreichung einer attraktiven Wegeverbindung zwischen Bürgerweide und City, über die ein Nachdenken provoziert werden sollte. Der städtebauliche Wettbewerb endete vielleicht auch deshalb mit dem Hinweis, des Preisgerichts, daß alle Entscheidungen in Verbindung mit dem Bahnhof bis weit ins Stadtgebiet hineinwirken.

Planungsabsichten nach dem Wettbewerb

Gleich im Anschluß an den Wettbewerb schlossen sich die Deutsche Bundesbahn und die Stadtgemeinde Bremen zu einer Arbeitsgruppe zusammen, um die „Denkarbeit" Bremer Hauptbahnhof in diesem Sinne fortzuführen. Die Absichten von Bahn und Stadt

den Bahnhof durch die Errichtung eines "Verkehrszentrums" kundenfreundlicher zu gestalten

ihn auf der Nordseite zu öffnen,

südliche der Theodeor-Heuss-Allee (damals Schlachthofstraße) eine ca. 200 m langeReisezugpflegehalle zu bauen und

den südlichen Bahnhofsvorplatz als zentralen

"Bahnhofstraße"
Kleinmann mit
Archivês
d´Architecture
Moderne

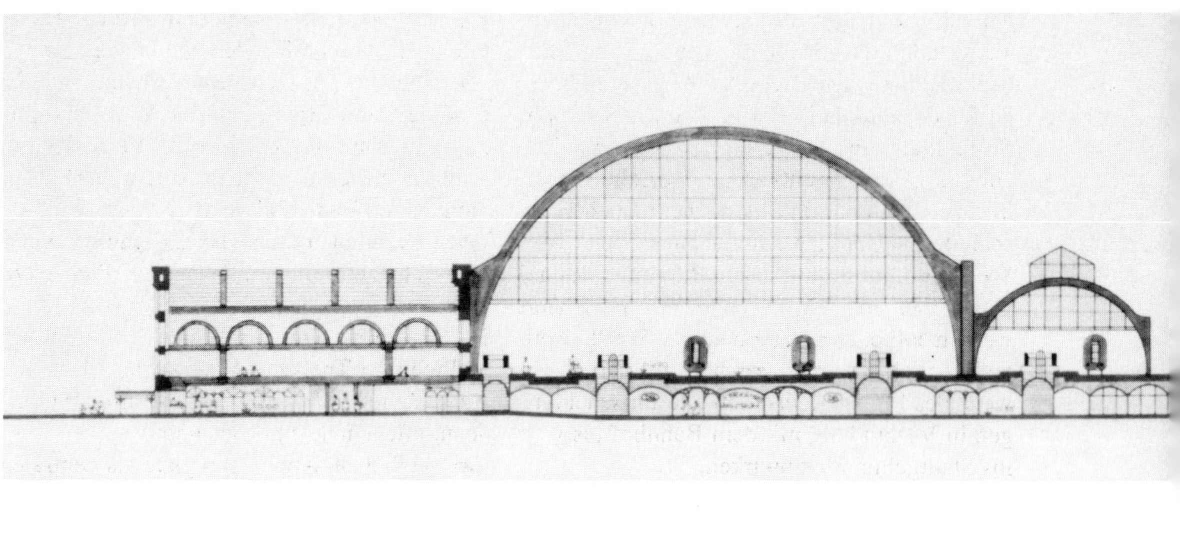

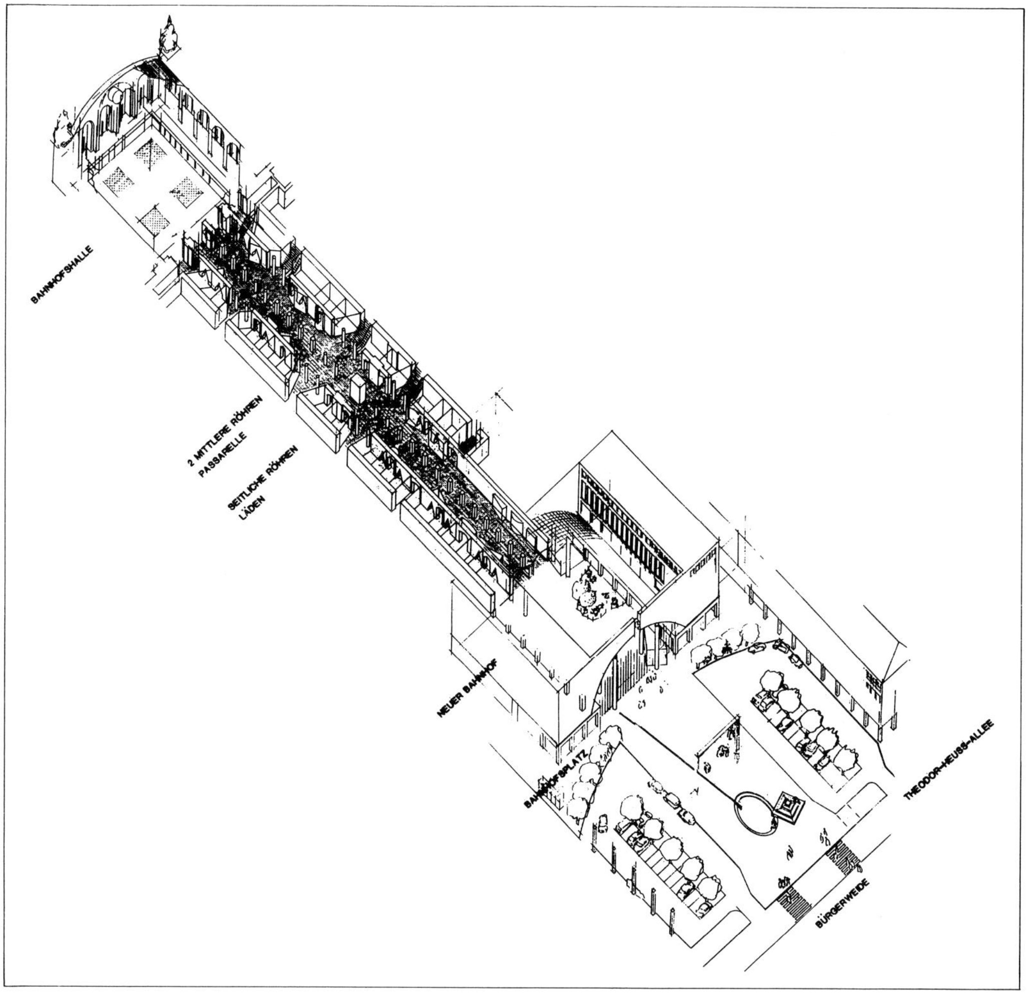

Bahnhofsdurchgang mit Empfangs-gebäude-Nord und Bahnhofsvorplatz Entwurf: Dipl.-Ing. Architekt Thomas Klumpp, Bremen

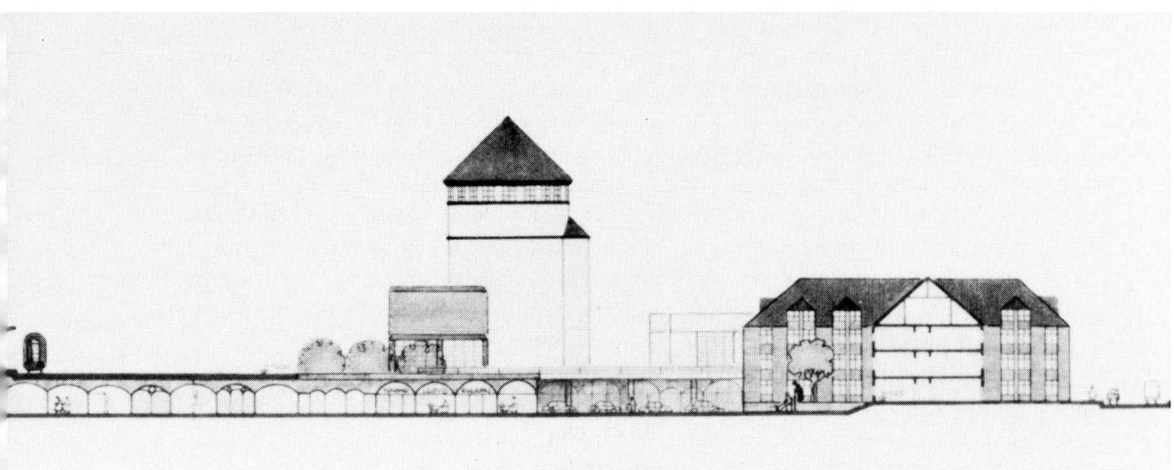

"Große Lösung" Um- und Erweiterungsbau Hauptbahnhof Bremen, Stand 1980

rechts: Grundriß Bahnhofsdurchgang

Verknüpfungspunkt des Personenfern- und Nahverkehrs mit den innerstädtischen Nahverkehrssystemen zu verwirklichen, bestimmten den Arbeitsrahmen der Projektgruppe.

Kernstück der angestrebten „großen Lösung“ war die Errichtung eines Verkehrszentrums, das nahe den Bahnsteigaufgängen direkt im Tunnelbereich errichtet werden sollte. Grosse Lösung deshalb, weil diese Projektion den Umbau des gesamten Tunnelbereiches mit Erneuerung des Gleisbrücken vorsah. Sie eröffnete die Möglichkeit eines attraktiven, kundenfreundlichen DB-Verkehrszentrums, das sich am Beispiel Hannover orientierte. Durch Verlagerung der Gepäckabfertigung aus den beiden Mittelröhren in den Westflügel der Bahnhofshalle sollten sich die vier vorhandenen Tunnel zu einem Nordausgang Bürgerweide öffnen.

Nach drei Jahren intensiver Planungsarbeit scheitert das Projekt "Bahnhof“ an den zu hohen Baukosten (100 Mio., Stand 1980) und der Nordausgang an der Entscheidung die Pflegehalle so nicht mehr zu bauen.

Im Januar 1985 sicherte nach einer "Denkpause" von weiteren drei Jahren ein Gespräch zwischen der Stadtgemeinde Bremen und der DB-Hauptverwaltung in Frankfurt die Fortführung der Planungsarbeit „Nordausgang“ Die leeren Kassen bei Stadt und Bundesbahn zwangen zu erheblichen Planungsabstrichen. Durch Beibehaltung der vorhandenen Gleisbrücken (Sicherheitsreserve von 10 bis 20 Jahren) und Verlagerung des DB-Kundenzentrums in die westliche Bahnhofshalle konnten die Kosten drastisch von 100 Mio. auf 40 Mio. gesenkt werden. Die Baukosten von weiteren 25 Mio. DM (zunächst war die Öffnung von zwei Tunnelröhren geplant) ließen das Interesse der Deutschen Bundesbahn an einem Bahnhofsdurchgang fast auf den Nullpunkt sinken. Viel Überzeugungsarbeit seitens der Stadtgemeinde Bremen, dieses Ziel nicht aus den Augen zu verlieren, sicherte 1986 aber die Zustimmung der Hauptverwaltung Frankfurt zur „kleinsten Lösung Nordausgang“. Sie bestand aus der Öffnung der östlichen Tunnelröhre zur Nordseite, deren „Bescheidenheit“ die Stadt nicht davon abhielt, ihr eine große Platzlösung als Vorgriff auf die Zukunft auf die Zukunft der nördlichen Bahnhofsseite gegenüberzustellen.

Mit einer kleinen Einweihungsfeier wurde der „Ausgang Bürgerweide“, so nun seine offizielle Bezeichnung, am 11. Dezember 1987 seiner Bestimmung übergeben. Nur wenigen Gästen dürfte bewußt geworden sein, daß diesem Ziel fast auf das Jahr genau 60 Jahre Planungsarbeit zugrunde lagen. Das Ergebnis blieb nicht ohne (berechtigte) Kritik: „Bremisch bescheiden, lieblos, zu wenig gestaltet“, so die überwiegenden Reaktionen. Umso überraschender die „Abstimmung mit den Füßen“. Der Durchgang wurde angenommen!

Die Bürgerweide ist damit ein Stück näher an die City gerückt, wie die Fußgängerströme seitdem beweisen. Damit konnte für die Fußgänger eine direkte Verbindung zwischen Innenstadt und Bürgerweide geschaffen werden, die es seit Entstehung des Hauptbahnhofes nicht gegeben hatte.

Entwicklung der nördlichen Bahnhofsseite

1988 fiel die politische Entscheidung, die vorhandene Stadthalle zum Veranstaltungszentrum auszubauen. Der vorausgegangene fünfte Wettbewerb (1985) zur Entwicklung der Bürgerweide diente der standortmäßigen und gestalterischen Entscheidungsfindung, den bestehenden Stadthallenkomplex durch ergänzende Einrichtungen wie Kongreßräume, Hotel, Gastronomie und Ausstellungshallen auszubauen. Im Wettbewerbsprogramm hieß es noch: „Die Nähe des Hauptbahnhofes unterstreicht in besonderem Maße den verkehrsgünstigen Standort des Veranstaltungszentrums. Mit der geplanten Öffnung des Nordausganges Hauptbahnhof wird die Erreichbarkeit der Bürgerweide und des Veranstaltungszentrums noch erheblich verbessert.“ Nach Fertigstellung des Nordausganges galt dies nicht nur für die Bürgerweide, sondern in besonderem Maße auch für die DB-Flächen hinter dem Bahnhof. Sie wurden ab 1987 von einem kaum erwarteten Entwicklungsschub erfaßt.

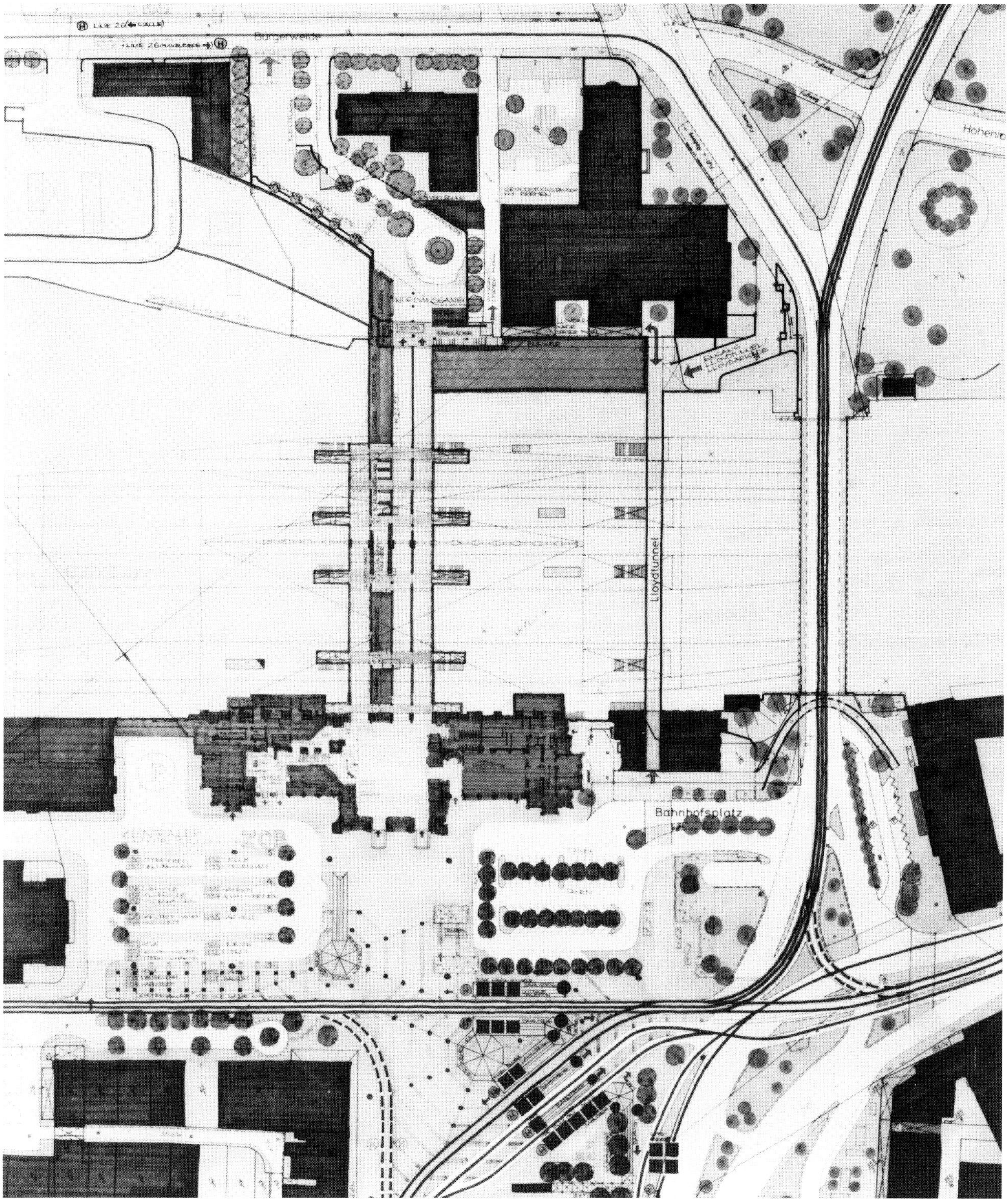

Bürgerweide
Lloydtunnel
Bahnhofsplatz
ZOB

Die Entwicklung begann mit der Absicht der Deutschen Bundesbahn, westlich des Ausganges Bürgerweide Flächen für die Errichtung eines Parkhauses zu veräussern. Fast parallel dazu äußerte die Stadtwerke AG Erweiterungsabsichten und erwarb dazu DB-Flächen östlich der Findorffstraße. Die mittlerweile umgestaltete Schlachthofstraße, jetzt Theodor-Heuss-Allee, hatte sich zu einer Adresse entwickelt und wirkte sich impulsgebend auf die angrenzenden Flächen aus. Anfang 1988 wurde das ehemalige Hapag-Lloyd-Hotel an einen privaten Investor verkauft.

Die Stadtgemeinde Bremen erkannte diese Aktivitäten als einmalige Chance zur Entwicklung der nördlichen Bahnhofsseite und reagierte mit einem zukunftsweisenden Gesamtkonzept. Tragender Gedanke des Konzepts war es, unter Ausnutzung des vorhandenen Nordausganges die Innenstadtentwicklung auf die nördliche Bahnhofsseite, wobei die Wegeachse City - Bahnhof - Bürgerweide das Rückgrat der Entwicklung bilden sollte.

Weil der Besitzer des Hapag-Lloyd-Hotels für neue Ideen offen war, eröffnete sich die Chance, zumindest planerisch über die Flächen und das Gebäude verfügen zu können. Daraus ergaben sich Impulse für ein völlig neues Entwicklungskonzept, das engen Bezug zur Bürgerweiden-Planung herstellte. Danach soll ein neues Empfangsgebäude auf der Nordseite zum Betreten des Bahnhofs einladen. Durch einen vorgelagerten Bahnhofsplatz in richtiger Zuordnung zur Theodor-Heuss-Allee soll das Gebäude ein „typisches Bahnhofsvorfeld“ erhalten, das in einer angenehm getstalteten Wegeachse zum Veranstaltungszentrum und zum Bürgerpark seine räumliche Fortsetzung findet.

Auf der Westseite des Platzes ist eine viergeschossige Randbebauung geplant, für die Nutzungen wie Hotel, Parkhaus, Läden bis hin zu Vorstellungen wie Großkino etc. diskutiert werden. Über eine bundesweite Ausschreibung der DB-Flächen (1 ha) hatten hier Anbieter (neben Abgabe eines Kaufpreisangebots) die Gelegenheit, Nutzungsvorschläge zu machen. Anfang 1989 entschieden sich Stadt und Deutsche Bundesbahn für Bremer Investoren. In Kooperation mit einem Architekten sorgte ein Angebot für Grundsatzdiskussionen über die derzeitige Gestaltung des Bahnhofsdurchganges. Ladeneinbauten, DB-Serviceangebote, Rolltreppen zu den Bahnsteigen und Veränderung der Durchgangshöhen sollen die Attraktivität des Bahnhofsdurchganges erheblich steigern. Darüber hinaus wurden die Tunnelbereiche mit der glasüberdeckten Eingangshalle des nordseitigen Empfangsgebäudes auf das engste verknüpft.

Alle Maßnahmen, die den Bahnhofsdurchgang attraktiver gestalten können, werden als notwendige Voraussetzung angesehen, die „Lebensfähigkeit“ der nördlichen Bahnhofsseite zu sichern: eine nicht unwichtige Verwertungsüberlegung, die Anlaß gab, private Finanzierungsbeteiligung anzubieten. Die Deutsche Bundesbahn griff Angebot und Anregungen auf und sagte sorgfältige Prüfung zu. Umfangreiche Untersuchungen wollen den Finanzbedarf ermitteln und die Möglichkeit einer privatwirtschaftlichen Beteiligung klären. Erinnerungen an die „große Lösung“ werden wach, jedoch mit einem wesentlichen Unterschied: Die Gleisbrückenfrage soll das Projekt zunächst nicht belasten. Der Tunnelausbau soll so eingerichtet werden, daß ein Austausch der Gleisbrücken zu einem späteren Zeitpunkt technisch möglich bleibt.

Zwischenbilanz

Der aktuelle Planungsstand läßt den vorläufigen Schluß zu, daß die „Vision“ Bremer Hauptbahnhof nur dann eine Realisierungschance besitzt, wenn eine private Beteiligung am Gesamtprojekt „Bahnhof“ gesichert werden kann. Der Schlüssel dazu ist das ehemalige Hapag-Lloyd-Hotel.

Eine gute Ersatzlösung zeichnet sich hier durch das nördliche Empfangsgebäude ab. Der in diesem Zusammenhang notwendige Grundstückstausch zwischen Stadt und Hotel-Eigentümer würde den Weg für einen neuen Bahnhofsplatz-Nord freimachen. Dem derzeitigen Verhandlungsstand nach bestehen hierfür gute

Chancen. Ebenso für die Ansiedelung eines bremischen Dienstleistungsunternehmens südlich der Theodor-Heuss-Allee (DB-Fläche). Für die wesentliche Randbebauungen des Bahnofsplatzes zeichnet sich, außer einem Parkhaus, noch kein klares Nutzungskonzept ab. Entscheidungen zur Attraktivitätssteigerung des Bahnhofsdurchganges stehen Mitte ´89 nach Vorlage der Untersuchungsergebnisse an.

Zum Stand Mai 1989 läßt sich folgendes feststellen: Das Ziel ist zwar in Sicht, aber noch nicht erreicht. Stadt, Deutsche Bundesbahn und private Investoren haben noch keine gemeinsame Basis erreicht, die das Projekt Bremer Hauptbahnhof auch im Detail als gesichert erscheinen lassen. Technische Unwägbarkeiten treten mit ihren finanziellen Auswirkungen hinzu. Nicht zuletzt werden Verwertungsüberlegungen und Rentabilitätsberechnungen den weiteren Projektverlauf nicht unwesentlich mitbestimmen.

Es bleibt zu hoffen, daß die Nordseite des Hauptbahnhofes sich nicht ausschließlich zum Shoppingcenter mit Gleisanschluß entwickelt, sondern an jene Faszination und architektonische Qualität anknüpft, die das Bild großer Bahnhöfe 100 Jahre geprägt hat.

Bildnachweis:
Foto W. Busch (1),
Landesbildstelle Bremen (9)
Alle übrigen Abbildungen: Planungsamt Bremen

Eröffnung des „Ausganges Bürgerweide“ am 11. Dezember 1987 durch die Umweltsenatorin Eva-Maria Lemke

Der alte Geestemünder Bahnhof. Die Anlagen der Geestebahn liegen hinter dem Gebäude. Das Bahnhofsgebäude wurde 1944 bei einem schweren Luftangriff zerstört.

Hans-Wolfgang Harden

Die Geestebahn Bremen - Bremerhaven

Als die Weser zu Beginn des vorigen Jahrhunderts immer stärker versandete, lief Bremen Gefahr, vom Seehandel abgeschnitten zu werden. Die Stadt kaufte daher mit Vertrag vom 11. Januar 1827 ein knapp 90 ha großes Gelände nördlich der Geestemündung für die Anlage eines Vorhafens vom Königreich Hannover. Hier, in der Nähe der Geestemündung, trat das Fahrwasser der Weser dicht ans östliche Ufer heran und bildete gleichzeitig eine sichere und geräumige Reede. Der künftige Hafen ließ im Winter Eisfreiheit erwarten, und das Wurster Fahrwasser der Wesermündung bot auch größeren Schiffen genügend Tiefe. Nach der Übergabe des Geländes im Mai 1827 begannen die Bauarbeiten für Hafenbassin und Schleuse. Am 12. September 1830 lief das erste Schiff, die amerikanische „Draper", in den neuen „Bremer Haven" ein.

Schon früh, noch vor der Gründung Bremerhavens, gab es erste Pläne für einen Bahnbau an die Unterweser, und auch der Staatsvertrag vom 14. April 1845 zwischen Hannover und Bremen über den Bau der Bahnlinie Wunstorf-Bremen sah bereits einen Weiterbau nach Norden vor:

„Daneben erklärt die freie Hansestadt Bremen schon gegenwärtig, eine etwaige Weiterführung der Hannover-Bremer Eisenbahn nach der Geeste auf ihrem Gebiet gestatten und thunlichst erleichtern, auch dem Bahnhofe bei Bremen eine solche Lage und Einrichtung geben zu wollen, daß jene Weiterführung der Hannover-Bremer Bahn zweckmäßig bewerkstelligt werden kann."

Sehr schnell hatte man in Hannover erkannt, welchen Glücksgriff die Bremer mit der Anlage ihres neuen Vorhafens getan hatten. Also suchte man selbst nach einem geeigneten eigenen Seehafen. Harburg schied als Standort aus; zu groß erschien die Konkurrenz Hamburgs. Stade lag nicht direkt am Elbfahrwasser, Emden und Leer waren zu weit abgelegen und hatten schlechte Verkehrsverbindungen zum Hinterland. Also entschied man sich 1847 für eine Neugründung in unmittelbarer Nähe Bremerhavens, auf dem Gelände südlich der Geeste: Geestemünde.

Nun wurde der Bau einer Eisenbahn nach Bremerhaven und Geestemünde unumgänglich. Mit Vertrag vom 28. Februar 1859 „... wegen Anlegung einer Eisenbahn von Bremen nach dem Ausflusse der Geeste" beschlossen Hannover und Bremen den gemeinsamen Bau der Strecke. Die Verhandlungen über die Linienführung hatten sich lange hingezogen, wichen die Vorstellungen beider Parteien doch stark voneinander ab. Bremen wollte die Bahn über Vegesack durch die wohlhabenden Dörfer der Osterstader Marsch bauen. Hannover bevorzugte eine Linie über Lesum, Scharmbeck und Beverstedt nach Geestemünde, wobei in Beverstedt eine Bahn nach Harburg abzweigen sollte; hoffte man doch, im Winter, wenn die Elbe wegen Eisganges nicht zu nutzen war, einen Großteil des für Hamburg bestimmten Seeverkehrs nach Geestemünde ziehen zu können und die Frachten den Hamburgern per Bahn vor die Tür zu fahren - gegen gutes Geld, versteht sich. Bremen schlug schließlich eine Trasse entlang der 1817-1839 gebauten Landstraße über Stotel

Der Bahnhof Loxstedt wurde 1862 in Betrieb genommen (Foto von 1905)

(spätere B 6) vor, bis man sich endlich auf einen Punkt zwischen Beverstedt und der Bremer Heerstraße, nämlich Stubben, einigte.

Die weiteren Vertragspunkte sahen vor, daß die Kosten zu gleichen Teilen von Hannover und Bremen zu tragen waren, mit Ausnahme der beiderseitigen Hafenanlagen. Als Endpunkt der Linie war Geestemünde festgesetzt; der Bahnhof sollte in unmittelbarer Nähe der im Bau befindlichen Hafenanlagen angelegt werden. Bremen hatte von dort, zum Teil auf eigene Kosten (ab Geesthelle einschließlich der Dreherbrücke), eine Verbindungsbahn („Zweigbahn") nach Bremerhaven zu bauen. Gleichzeitig mit dem Bau der Geestebahn wurde der Bau einer Nebenbahn von Bremen nach Vegesack vereinbart.

Die Kostenanschläge sahen vor:

1. Hauptbahn Bremen/Burgdamm - Geestemünde (61,8 km) 3 467 000 Rtlr
2. Zweigbahn von Burgdamm nach Vegesack (5,6 km) 699 000 Rtlr
3. Bahnhof Geestemünde 659 000 Rtlr
4. Verbindungsbahn Geestemünde - Bremerhaven (soweit auf gemeinschaftliche Kosten auszuführen 3,5 km) 113 400 Rtlr

Gesamt: 4 938 400 Rtlr

Somit entfielen auf jeden Vertragspartner vorgesehene Kosten in Höhe von 2 469 200 Rtlr. Und im wesentlichen ist dieser Kostenrahmen auch eingehalten worden.

Die Bauarbeiten begannen im Februar 1860. Der Baugrund war unproblematisch und größere Kunstbauten nicht erforderlich. Sand aus dem Durchbruch des Geestrückens bei Ritterhude, Osterholz-Scharmbeck, Oldenbüttel und Lübberstedt wurde für die Anlage des Unterbaus in den Niederungen verwendet. Ende 1861 war die Strecke soweit fertiggestellt, daß erste Materialzüge durchrollen konnten. Die Fahrpläne waren in Hannover bereits ausgearbeitet; der offizielle Eröffnungstermin wurde auf den 23. Januar 1862, 11 Uhr, festgesetzt. „Des Donners Wolken hingen schwer und Regen träufelt über unseren Häuptern", beschwerte sich der Lokalberichterstatter der Provinzial-

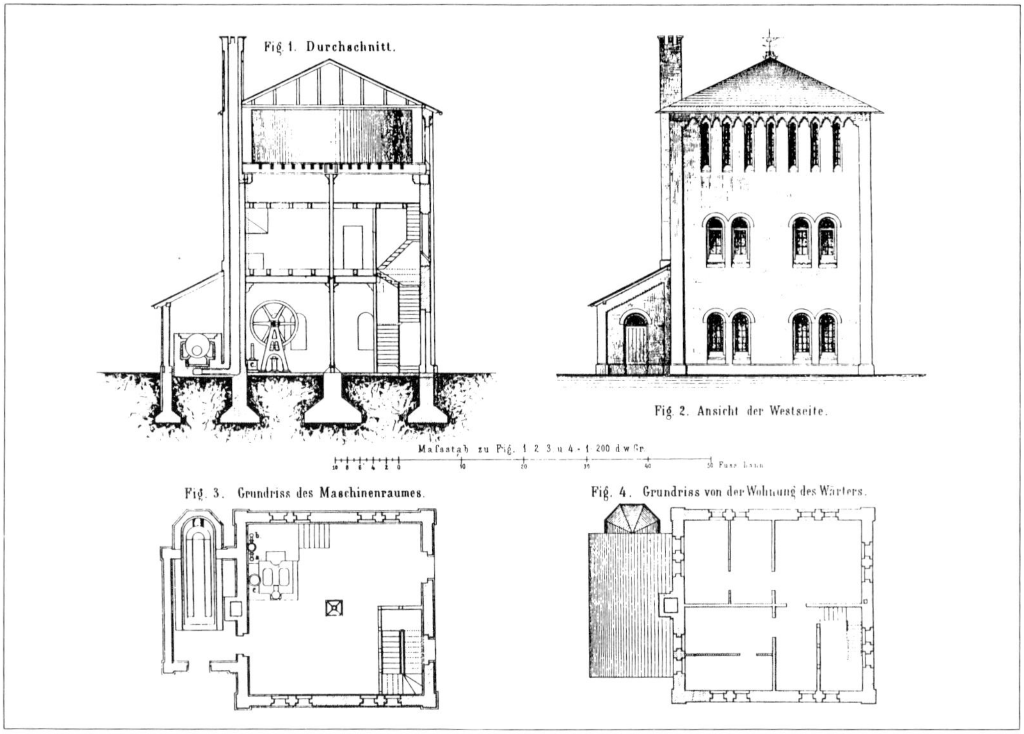

Wasserversorgungsanlage des Bahnhofs und Hafens in Geestemünde

zeitung am Eröffnungstag, tröstete sich aber mit dem üppigen Mahl, das der erste Geestemünder Bahnhofswirt Ebrecht hatte auffahren lassen: „Ein Glück wenigstens, daß man der alten deutschen Sitte, jedes irgend wichtige Ereignis durch ein Essen zu verherrlichen, treu geblieben ist."

Obwohl zweigleisig trassiert, wurde auf der Geestebahn zunächst nur ein Streckengleis verlegt; das zweite Gleis kam erst 1873-1876 dazu. Die Stationen Oslebshausen, Burg-Lesum. Ritterhude, Osterholz-Scharmbeck, Oldenbüttel, Stubben und Loxstedt hatten feste Bahnhofsgebäude erhalten, teils als einfache Zweckbauten (Loxstedt, Oldenbüttel, Ritterhude), teils als größere und architektonisch aufwendigere Baukörper (Stubben, Osterholz-Scharmbeck). Der Bahnhof in Geestemünde wurde als Kopfstation an der Ostseite des neuen Handelshafens angelegt. Die Gleisanlagen waren großzügig bemessen und ganz auf den zu erwartenden Warenumschlag im Hafen ausgerichtet. Es gab umfangreiche Güteranlagen mit Schuppen, Rampen und Ladestraßen sowie ein großes Werkstattgebäude mit Magazin und Wagenreparatur, außerdem Wagenschuppen, Lokomotivschuppen und -Behandlungsanlagen. Da der ursprüngliche Brunnen auf dem Bahnhofsgelände sehr schlechtes, für den Lokomotivbetrieb ungeeignetes Wasser lieferte, baute man schon nach kurzer Zeit an der südlichen Bahnhofseinfahrt eine neue Anlage, die auch das Wasser für die hydraulischen Krane (Druckwasserkrane) des Hafens lieferte. Der tägliche Bedarf für Bahnhof und Hafen lag bei 3 300 Kubikfuß.Die Gleise des Geestemünder Bahnhofs endeten an Drehscheiben vor dem Hauptkanal, der den Handelshafen mit dem Holzhafen verband. Das romantische Bahnhofsgebäude mit Rundbogenfenstern und -friesen war in Seitenlage angeordnet.

Durch die 1863 eröffnete Zweigbahn nach Bremerhaven geriet der Bahnhof in eine betrieblich äußerst ungünstige Keillage, und spätestens mit der Verlängerung der Geestebahn über Lehe nach Cuxhaven und Bederkesa und

Kohleverlade-einrichtung im Geestemünder Hafen

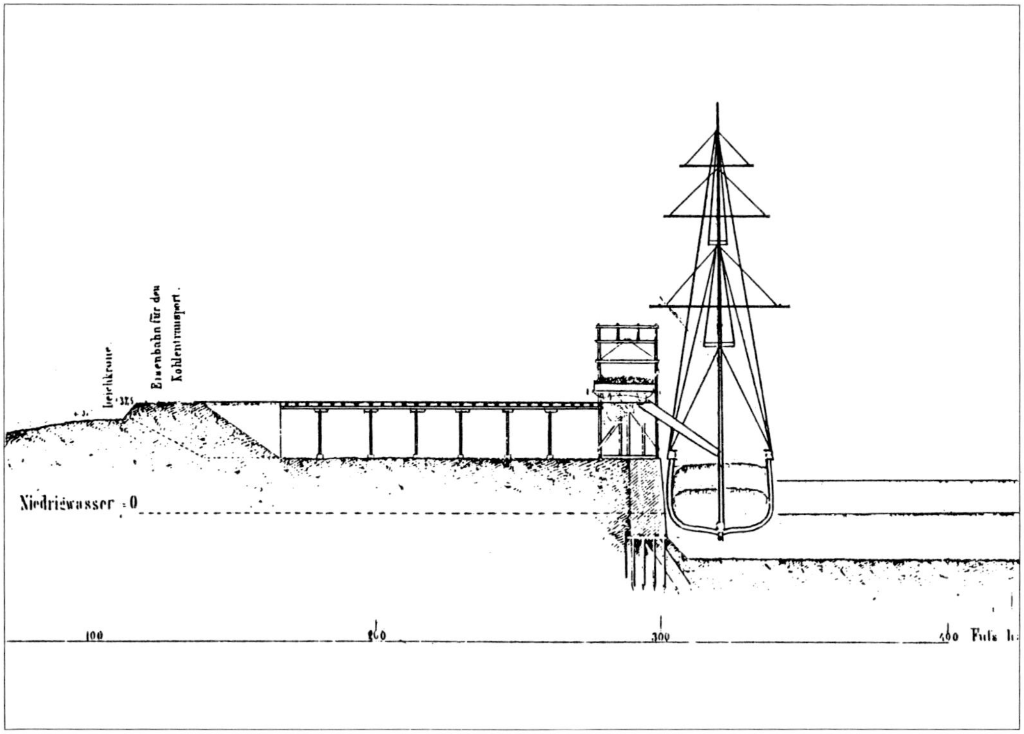

deren Eröffnung am 1. Juni 1896 wurde eine völlige Umgestaltung der Bahnanlagen in den drei Unterweserstädten dringend notwendig.

Dafür gab es mehrere Gründe:

- Die Hafenanlagen in Bremerhaven dehnten sich ständig weiter nach Norden aus (Kaiserhafen I 1876, Kaiserhafen II + III 1908/09). Die alte Zweigbahn konnte den stark angestiegenen Verkehr nicht mehr bewältigen.
- Die Zweigbahn bildete darüber hinaus mit ihren niveaugleichen Straßenkreuzungen ein unerträgliches Hindernis für den Verkehr.
- Der Personenbahnhof Geestemünde war dem steigenden Reiseverkehr nicht mehr gewachsen.

Wie unerfreulich sich die Verhältnisse auf dem Geestemünder Bahnhof entwickelt hatten, schilderte der Abgeordnete Dr. Brand, der ehemalige Landrat von Geestemünde, am 3. März 1904 vor dem Preußischen Abgeordnetenhaus:

„Der Geestemünder Bahnhof ist ein ehrwürdiges Gebäude aus alter Zeit; er wurde errichtet,

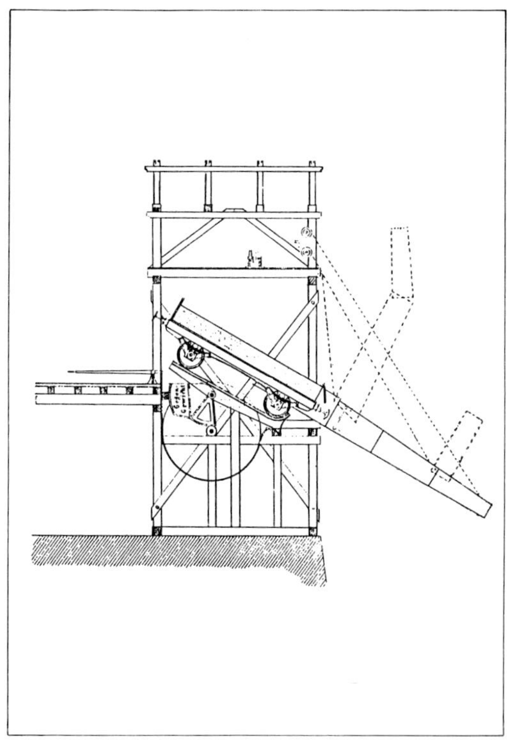

als die Bahn von Bremen nach Geestemünde gebaut wurde, also vor etwa 42 Jahren. So ist er geblieben, und seine Erbauer haben sicherlich nicht geahnt, daß sich auf ihm jemals ein Jahresverkehr von 320 000 Personen abquälen würde. Der Bahnhof ... genügt in keiner Weise den Anforderungen des Verkehrs. Keine Stadt in Deutschland mit 72 000 Einwohnern hat ein solches Monstrum von Bahnhof aufzuweisen. Meine Herren, wenn sie diesen Bahnhof mal sähen und die Verbindungsbahn nach Bremerhaven, die mitten hindurchführt, zahlreiche Straßenzüge abschneidet und den ganzen Güterverkehr zwischen Bremerhaven und dem Inlande, auch den ganzen Lokalverkehr zwischen Geestemünde, Cuxhaven und Bederkesa mit etwa 50-60 mehr oder minder langen Zügen täglich vermittelt, dann würden Sie sagen: Ja, die Geestemünder sind wirklich geduldige Untertanen."

Die Planung sah vor, den alten Personenbahnhof aufzugeben und die Strecke in Hochlage östlich an Geestemünde, Bremerhaven und Lehe vorbeizuführen sowie im Norden einen Verschiebebahnhof anzulegen, von dem aus eine bessere Anbindung der neuen Hafenteile möglich sein sollte. Diese Bauvorhaben sind bis 1914 dann auch verwirklicht worden.

Wulstorf erhielt ein neues Empfangsgebäude in Hochlage. Zwei Personenbahnhöfe wurden neu gebaut: Geestemünde-Bremerhaven (der heutige Bremerhavener Hauptbahnhof) mit einer zweischiffigen Bahnsteighalle sowie die Station Lehe. Der alte Geestemünder Bahnhof wurde stillgelegt und diente fortan als Güterbahnhof unter dem Namen Geestemünde-West. Der neue Geestemünder Bahnhof erhielt seinen Standort nordöstlich des alten in geringerer Entfernung von Bremerhaven, so daß er beiden Städten halbwegs günstige Verkehrsbedingungen bot.

Nördlich des neuen Leher Bahnhofs entstanden ein großer Abstellbahnhof, ein Bahnbetriebswerk und der Rangierbahnhof Spekkenbüttel, der sich sehr bald als gigantische Fehlinvestition entpuppte. Die alte Zweigbahn blieb bis Geesthelle als Gütergleis für die dortigen Werften (Rickmers, Tecklenborg) erhalten - sie ist erst 1987/88 abgebrochen worden.

Als die neuen Bahnanlagen fertig waren, wäre eigentlich eine große Einweihungsfeier angemessen gewesen. Aber am Vorabend des Ersten Weltkrieges wurden die neuen Bahnhöfe am 1. Juli 1914 sang- und klanglos in Betrieb genommen worden. Die „Nordwestdeutsche Zeitung" berichtete darüber mit Datum vom 2. Juli: „Der Bremer Zug 345 verließ um 3 Uhr 47 Min früh die Halle, nachdem der letzte Zug nachts noch in den alten Bahnhof eingefahren war. Die Abfertigung der Züge auf dem neuen Bahnhofe ist unter der Leitung des Herrn Vorstehers Wedemeyer ausgezeichnet von statten gegangen."

Einen Tag später hieß es über den Bahnhof Lehe: „Alle Züge auf der Hauptverkehrslinie haben jetzt ihren Ausgangspunkt und ihr Endziel in Lehe. ... In schmucker Gestalt sehen wir das neue Empfangsgebäude vor uns, ausgestattet mit allen Einrichtungen und Vorzügen zur Erleichterung des Verkehrs. ... Verwöhnteren Ansprüchen werden Privatfuhrwerke, Automobile, Gepäckträger, Dienstmänner und sonstige hilfsbereite Kräfte gerecht werden ..."

Die Geschichte der Geestebahn ist eng mit der des Norddeutschen Lloyd verknüpft. Seit der 3 000 Tonnen große Lloyddampfer „Bremen" am 19. Januar 1858 den Linienverkehr von Bremerhaven nach New York eröffnete, ist die Seestadt Ziel- und Ausgangshafen gerade für den Passagierdienst der großen Bremer Reederei geblieben. Der Zubringerverkehr auf der Geestebahn hat dabei eine bedeutende Rolle gespielt. Wie dringend man beim Lloyd auf die Fertigstellung der Bahnverbindung gewartet hatte, geht schon daraus hervor, daß der erste Zug auf der Geestebahn am 18. Januar 1862, fünf Tage vor der offiziellen Eröffnung, Passagiere und Effekten für den Dampfer „Hansa", der auslaufbereit im Neuen Hafen lag, brachte.

Um den Übergang der Reisenden von der Bahn zum Schiff und umgekehrt reibungslos herzustellen, verfuhr man jahrzehntelang nach folgendem Organisationsschema: die Passagiere wurden im Bremer Bahnhof abgefertigt.

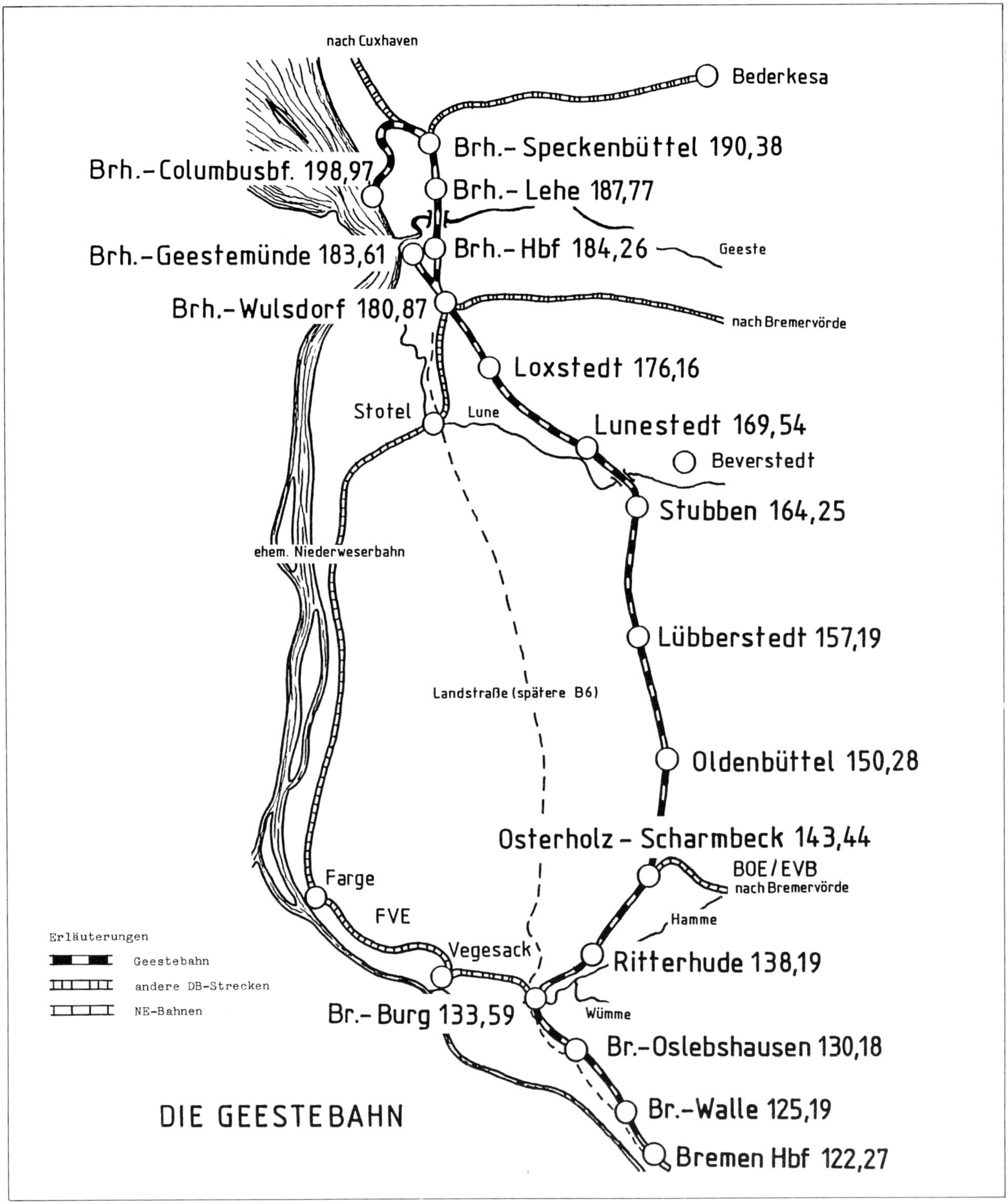
nach Cuxhaven
Bederkesa
Brh.-Speckenbüttel 190,38
Brh.-Columbusbf. 198,97
Brh.-Lehe 187,77
Brh.-Geestemünde 183,61
Brh.-Hbf 184,26
Geeste
Brh.-Wulsdorf 180,87
nach Bremervörde
Loxstedt 176,16
Stotel
Lune
Lunestedt 169,54
Beverstedt
Stubben 164,25
ehem. Niederweserbahn
Lübberstedt 157,19
Landstraße (spätere B6)
Oldenbüttel 150,28
Osterholz - Scharmbeck 143,44
BOE/EVB
nach Bremervörde
Farge
Hamme
FVE
Erläuterungen
Geestebahn
andere DB-Strecken
NE-Bahnen
Vegesack
Ritterhude 138,19
Br.-Burg 133,59
Wümme
Br.-Oslebshausen 130,18
Br.-Walle 125,19
DIE GEESTEBAHN
Bremen Hbf 122,27

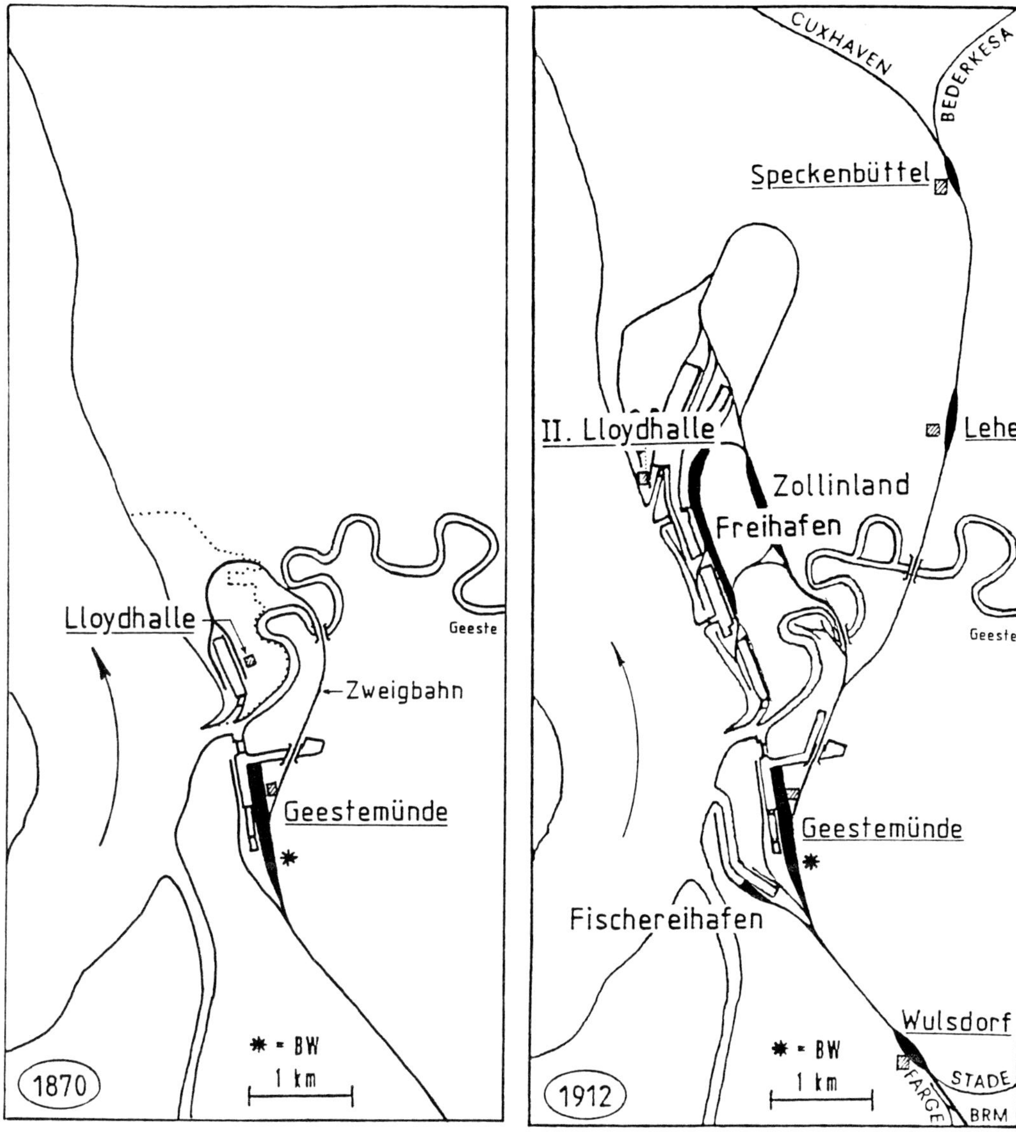

Die Entwicklung des Hafengebietes in Bremerhaven

Während der Bauzeit des jetzigen Hauptbahnhofs geschah dies in einem Güterschuppen des alten Cöln-Mindener Bahnhofs, ab 1889 im linken Flügel des Hauptbahnhofs. Das stetige Anwachsen des Verkehrs, räumliche Enge und vielfache Beschwerden der Passagiere führten dann zum Neubau einer Gepäckabfertigungshalle (Lloydhalle) neben dem Eisenbahn-Verwaltungsgebäude und 1914 zum Bau einer neuen Abfertigungsanlage an der Gustav-Deetjen-Allee. Die Lloydzüge fuhren nun nicht mehr ab Gleis 1 sondern ab Gleis 9/10. Die Eingangshalle des Hauptbahnhofs wurde so vom stoßweisen Massenandrang der Schiffspassagiere entlastet.

Schon vor der Jahrhundertwende liefen für den Lloyd-Verkehr Sonderzüge 1., 2. und 3. Klasse. Die Passagiere der Ersten Schiffsklasse und der Kabinenklasse fuhren dabei besonders komfortabel (Wagen der Bauarten „Hapag-Lloyd“). Für die Sonderzüge der Passagiere 3. Klasse wurden normale Wagen benutzt.

rechts: Reisekomfort der Zwanziger Jahre: Abteil eines Hapag-Lloyd-Wagens 1. Klasse

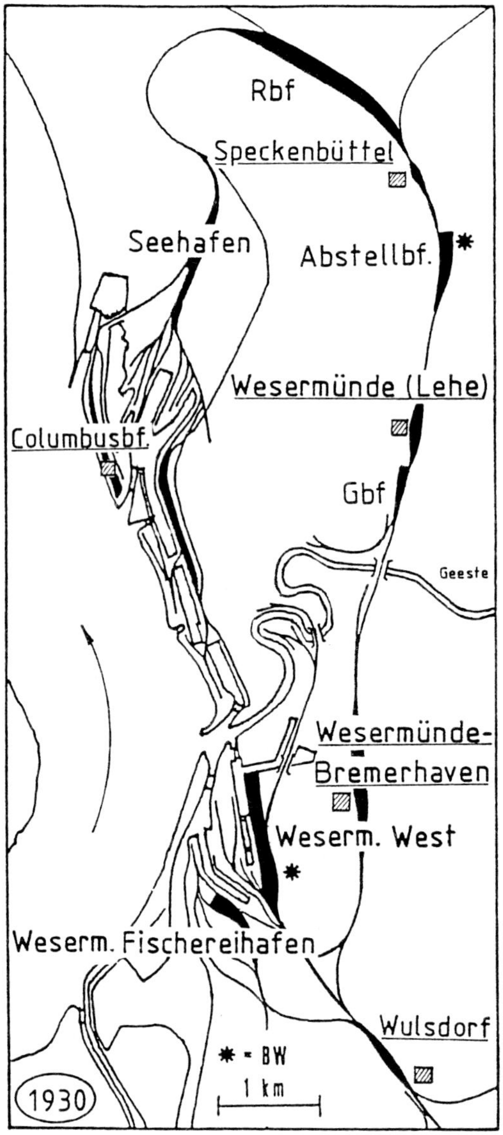

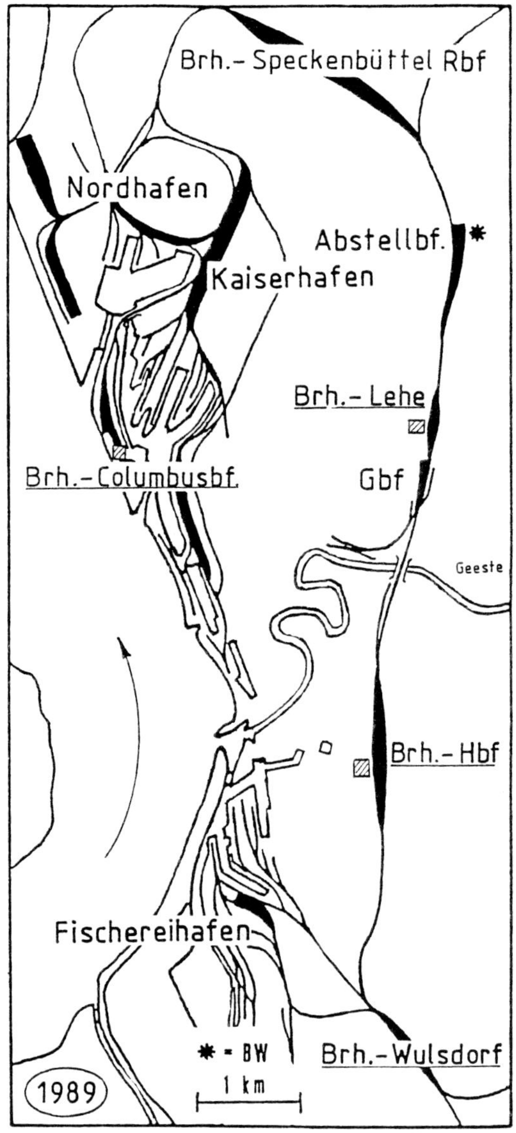

Für die Sonderzüge gab es ein besonderes Fahrplannetz (28 Züge verteilt auf 24 Stunden). Im Regelfall wurden drei Züge, je einer pro Wagenklasse, zu den Schiffsabfahrten im einstündigen Abstand gefahren: Zuerst die Zwischendeckpassagiere (3. Klasse), Ankunft drei Stunden vor der geplanten Abfahrt (*die* Leute konnten schließlich warten!), eine Stunde später fuhr der Sonderzug 2. Klasse, dann der 1.-Klasse-Zug. Daneben hat es auch Kurswagenläufe Berlin - Bremerhaven und reine Schlafwagenzüge 1. Klasse von Berlin aus gegeben.

Die Geestebahn heute: die enge Verbindung von Eisenbahn und Schiffahrt ist geblieben, aber es hat sich manches verändert. Geestemünde ist immer noch der Fischereihafen Nummer 1, aber der Kühl-Fischtransport auf der Schiene macht nur noch einen Bruchteil der früheren Mengen aus.

Auch der „Bahnhof am Meer" erinnert nur noch an längst vergangene Zeiten. 1928 als Ersatz für die Lloydhalle gebaut, 1944

34
WEGMA
183. 6.

03 145

Bremerhaven
Lloydhalle
Zollabfertigung

ausgebrannt, am 11. Mai 1952 (Fahrgastanlage I) und am 29. November 1962 (Fahrgastanlage II) wieder in Betrieb genommen, sollte der Columbusbahnhof zu den größten, schönsten und leistungsfähigsten Passagierhäfen der Welt zählen - heute legen hier nur noch einige Kreuzfahrt- und Seebäderschiffe an.

Andere Verkehre sind hinzugekommen. Der Container-Terminal „Wilhelm Kaisen“ ist die größte geschlossene Containeranlage auf dem europäischen Kontinent und wickelt rund 80 % des Container-Verkehrs auf der Schiene ab. Erzverkehr, Bananenumschlag und das Transportaufkommen der amerikanischen Streitkräfte sind weitere dicke Brocken im Hafenverkehr. Und schließlich hat sich Bremerhaven in den vergangenen Jahren zu einem der bedeutendsten Pkw-Umschlagplätze entwickelt.

Um den gewaltig gestiegenen Güterverkehr bewältigen zu können, wurde um Mai 1982 mit dem Neubau des Rangierbahnhofs Speckenbüttel begonnen. Im September 1985 war die Anlage, ausgerüstet mit modernster Technik, in Betrieb und, anders als ihr Vorgänger, nun ein voller Erfolg; denn der Bahnhof ist gut ausgelastet. Die letzte große Investition auf der Geestebahn war der Bau des neuen Zentralstellwerks „Bf“ in Bremerhaven Hbf. und seine Inbetriebnahme im April 1989.

Literaturhinweise:

G. Behrens, Geschichte der Stadt Geestemünde, Wesermünde 1928

M. Berger, Historische Bahnhofsbauten II, Berlin 1987

Buchholz, Der Hafenbau zu Geestemünde, Z. d. Arch. u. Ing.-Vereins f. d. Kgr. Hannover, Bd.XI, 1865

Die Entwicklung der bremischen Hafenbahn, in: Denkschrift über die Entwicklung der bremischen Häfen und Hafenbahnen, Hannover 1927

Deutsche Bundesbahn - Projektleitung für den Bahnhof Bremerhaven-Speckenbüttel der BD Hannover (Hrsg.), Bahnhof Bremerhaven-Speckenbüttel, Bremerhaven 1985

P. Engelbrecht u. a., Sonderzug Richtung New York, in: Hamburger Blätter für alle Freunde der Eisenbahn, 32. Jg., Hefte 1 und 8, Hamburg 1983

H. Gabcke, Bremerhaven früher und heute, Bremerhaven 1969

H.E. Hansen, Die Anfänge der Geestebahn, in: Niederdeutsches Heimatblatt, Nr. 332, Bremerhaven 1977

H.-W. Harden, Der Meilenstein von Geestemünde, in: Lok-Magazin, Nr. 155, Stuttgart 1989

Köpcke, Die Wasserleitung für den Hafen und Bahnhof Geestemünde, Z. d. Arch. u. Ing.-Vereins f. d. Kgr. Hannover, Bd. XIII, 1867

D. Lüder, Forschungen zum Eisenbahnwesen des Königsreichs Hannover nach den Beständen des Niedersächsischen Staatsaarchivs Hannover, Diss., Hamburg 1971

R. Martens, 125 Jahre Eisenbahn in Bremen, Bremen 1972

Norddeutscher Lloyd, Bremen, Jahrbücher 1911/12, 1912/13, 1925

Pischel, Die Reichsbahn und die staatliche bremische Hafeneisenbahn, in: Die Reichsbahn Hefte 34 u. 35, 1930

K.-D. Thuy, Die Geestebahn, Gifhorn 1987

Vertrag zwischen Preußen und der freien Hansestadt Bremen, betreffend den Übergang der Bremischen Eisenbahn auf den Preußischen Staat vom 30.Nov.1883

Welkner, Die Anlage hydraulischer Krahne und Aufzüge am Seehafen zu Geestemünde, Z. d. Arch. u. Ing.-Vereins f. d. Königreich Hannover, Bd.XII, 1866

Bildnachweis:

Archiv H.-W.Harden (1) (11) (13), Archiv E. Schweitzer (2), aus: Köpke 1867 (3), aus: Buchholz 1865 (4) (5), Zeichnung H.-W. Harden (6), Zeichnungen E. Schweitzer/H.-W. Harden (7 - 10), Deutsches Schiffahrtsmuseum Bremerhaven (12)

Dringende Warnung an auswandernde Mädchen.
Nimm im Auslande keine Stelle an ohne vorherige sichere Erkundigung!
Wende dich in Not und Gefahr an das Nachweisungsbureau für Auswanderer am Bahnhof oder an die Bahnhofsmissionarin (Georgstr. 22) oder auch an den Wirt!
Deutsches Nationalkomitee
zur internationalen Bekämpfung des Mädchenhandels (Bureau: Berlin W., Lützowplatz 14).

Karen Schniedewind
Jens Gartelmann

Von Krakau über Bremen nach New York
Geschichte der Auswanderer in Bremen

„Die Stadt Bremen ist eine sehr reiche Stadt, hier gibt es kein Holzhaus, auch keine Zäune. Jedes Haus sieht wie das schönste Schloß aus und die ganze Stadt steht auf einem Kanal, doch wie riesig die Stadt ist, das wissen wir nicht, denn sie ist riesig, als wir in die Stadt kamen, staunten wir über den Reichtum. Der Bahnhof hat seine anderthalb Werst, ganz unter einem Glasdach, beleuchtet mit Elektrizität und verschiedenfarbigen Lampen." (1)

So schilderte 1891 ein polnischer Auswanderer auf dem Weg nach Brasilien seine Eindrücke von Bremen, wo er vor der Abfahrt seines Schiffes mehrere Tage Aufenthalt hatte.

Als der neue Hauptbahnhof 1889 eröffnet wurde, war die letzte große Welle der deutschen Auswanderung fast schon beendet: Zwischen 1880 und 1893 verließen nochmals zirka 1,8 Millionen Deutsche das Land, hauptsächlich aus den ländlichen Gebieten im Nordosten des Deutschen Reichs. Danach sanken die Auswanderungszahlen deutlich.

Ab 1880 nahm aber die Auswanderung von Ost- und Südosteuropäern einen immer größeren Umfang an, und die Mehrzahl von ihnen verließ den europäischen Kontinent über Bremen und Bremerhaven - mehr als fünf Millionen in der Zeit von 1880 bis 1914.

So konnte Bremen die schon bestehenden Einrichtungen nutzen, und das Geschäft mit den Auswanderern nahm einen weiteren Aufschwung. Neben zahlreichen Herbergen und Gasthäusern gab es viele Geschäfte, die Auswandererbedarf verkauften (wie zum Beispiel Bettwäsche, Matratzen, Geschirr), so daß die Auswandererversorgung einen eigenständigen und blühenden Geschäftszweig in der Stadt bildete. Das schon 1851 auf Anregung der Handelskammer gegründete Nachweisungsbüro war eine wichtige Anlaufstelle für die Auswanderer; hier bekamen sie neben kostenlosen Informationen über preiswerte Unterbringung, die üblichen Preise für Ausrüstungen und vertrauenswürdige Geldwechsler auch Ratschläge für das Verhalten im Ankunftshafen; außerdem wurden Beschwerden der Auswanderer entgegengenommen.

Schon 1852 hatte das Nachweisungsbüro einen Vertrag mit einigen Bremer Gastwirten abgeschlossen, in dem Preise, Einrichtungsstandards und Aufnahmekapazitäten vereinbart wurden. Die Einhaltung des Vertrages wurde vom Nachweisungsbüro kontrolliert, und im Gegenzug wies es den Wirten Auswanderer zu. All dies führte dazu, daß Bremen als Auswandererhafen einen relativ guten Ruf genoß - und daß ein guter Ruf dem Geschäft immer förderlich ist, war allen Beteiligten klar.

Da die Durchwanderung von Ost- und Südosteuropäern durch Bremen nach 1889 zahlenmäßig ein weitaus größeres Gewicht hatte als die deutsche Auswanderung (schon 1886-1890 waren weniger als die Hälfte der Auswanderer Deutsche), konzentrieren wir uns im folgenden auf den Reiseweg, den diese Menschen bis zu ihrer Ankunft in Bremen hinter sich bringen mußten und ihren Aufenthalt in Bremen, bevor sie in Bremerhaven ihre Schiffe zur Weiterfahrt - meist in die USA - bestiegen.

Schon Jahre vor dem Beginn der massenhaften Auswanderung hatten Agenten ein weitverzweigtes Netz von Subagenten in den

Das Büro der Agentur Missler in der Nähe des Bahnhofes

Abwanderungsgebieten aufgebaut. Diese Agenten waren modernen Reisebüros vergleichbar: Sie verkauften nicht nur Fahrkarten für die Überfahrt zum Beispiel nach New York, sondern Tickets für die gesamte Reise - vom polnischen Dorf bis zum Einschiffungshafen und von New York weiter bis zum gewünschten Zielort. Allein in Galizien sollen Ende des 19. und Anfang des 20. Jahrhunderts 5.000 bis 6.000 Agenten tätig gewesen sein. (2)

Auch die Werbemethoden der Agenturen entsprachen durchaus modernen Standards. So wurde den Auswanderern gleich nach ihrer Ankunft in Bremen Briefpapier mit dem Kopf der Firma Friedrich Missler, einem Agenten, der eng mit dem Norddeutschen Lloyd zusammenarbeitete, überreicht, damit sie ihren Verwandten und Freunden einen (wie man hoffte) positiven Bericht über ihre bisherige Reise geben und die Agentur allen weiteren Auswanderungswilligen empfehlen konnten. (3)

1913 berichtete die Wiener Neue Zeitung darüber, daß die Agentur Missler zahlreichen Pfarrkirchen in Kroatien Uhren gespendet hätte, auf denen in großen Buchstaben auf die Agentur aufmerksam gemacht wurde. Wegen der Agententätigkeit kam es immer wieder zu Beschwerden der entsprechenden Regierungen, besonders im Hinblick auf die verbotene Anwerbung Militärpflichtiger zur Auswanderung. (4)

Hatten die Auswanderer nun ihre Fahrkarten bei dem Agenten gekauft und ihre lange und beschwerliche Reise angetreten, war das erste große Hindernis die Kontrollstation an der deutschen Grenze. Hier wurden zum einen die Pässe kontrolliert, die viele Auswanderer nicht besaßen, da ihre Beschaffung zeitaufwendig und teuer war - ihnen blieb nur der illegale Grenzübertritt. Zum anderen wurde überprüft, ob die Auswanderer über Fahrkarten verfügten und über ausreichende Geldmittel für die weitere Reise. Des weiteren wurde eine Gesundheitskontrolle durchgeführt, da die USA zunehmend kranken und mittellosen Menschen die Einreise verwehrte und sie auf Kosten der

Schiffahrtslinien hätten zurücktransportiert werden müssen. Nachdem Hamburg 1892 von einer Choleraepedemie erschüttert worden war, wurde besonderer Wert auf eine Desinfizierung der Auswanderer gelegt.

Von den verschiedenen Kontrollstationen an der Grenze ging die Reise in Sonderzügen weiter nach Ruhleben in der Nähe von Berlin, dem zentralen Sammelpunkt für alle Auswanderer aus Osteuropa. Erneut wurden Kontrollen, Untersuchungen und Desinfizierungen durchgeführt.

„In einem weiten, öden Feld gegenüber dem Hofe eines einzelstehenden Hauses, hielt unser Zug endlich an, und der Schaffner befahl uns, eiligst auszusteigen. Diese Ermahnung war unnötig, denn wir waren mehr als froh, nach der langen Gefangenschaft wieder ins Freie zu kommen. Alle stürzten zur Tür (...) Der Schaffner trieb uns erst in den einzigen großen Raum, den das Haus besaß, und dann in den weiten Hof hinaus. Dort empfing uns eine große Schar weißgekleideter Männer und Frauen; das Gepäck wurde ungeachtet seines Inhalts in einer Ecke des Hofes zusammengeworfen. Wir selbst wurden in einen engen Raum getrieben, wo ein großer Herd stand. Wir wurden ausgezogen, unsere Körper mit einer glitschigen Substanz eingerieben, die irgendetwas Schlimmes sein konnte; eine warme Dusche ging ohne vorherige Ankündigung auf uns nieder. Dann ging es in ein zweites kleines Zimmer, wo wir in Wolldecken eingehüllt sitzen und warten mußten, bis große, grobe Säcke hereingebracht und ihres Inhalts enleert wurden. Wir müssen uns unsere Kleider aus dem großen Haufen heraussuchen, halb blind vor Dampf (...) Ach, man wollte uns also doch nicht umbringen! Man bereitete uns nur auf die Weiterfahrt vor, indem man uns von allen erdenklichen Krankheitskeimen reinigte.“ (5) Diese Form der Desinfizierung war nicht nur eine entwürdigende Prozedur, sondern sie hatte für die Auswanderer auch etwas Bedrohliches, da man es nicht für nötig hielt, ihnen mitzuteilen, was mit ihnen passieren sollte.

Auswanderer um 1910

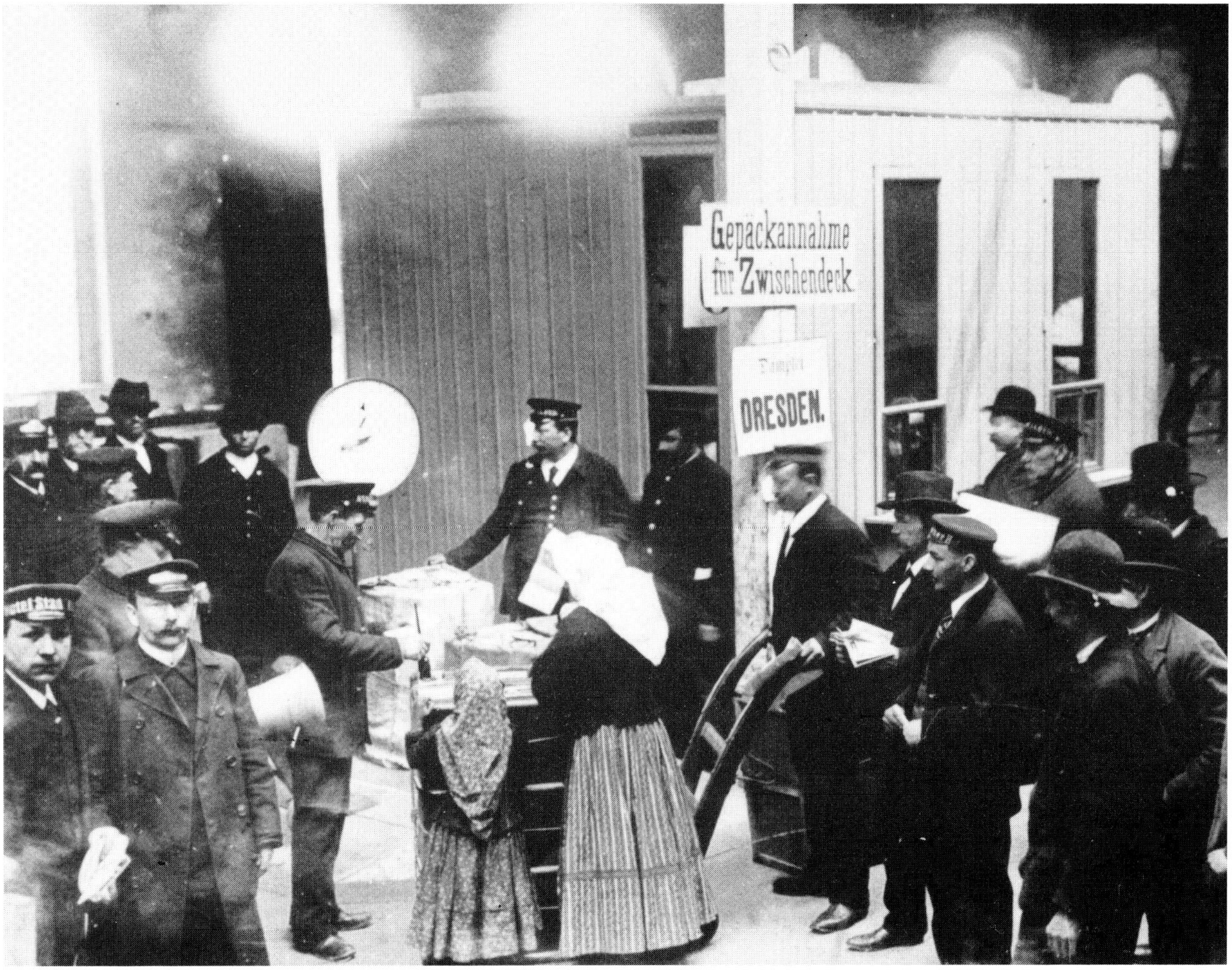

Das Gepäck der Auswanderer wird abgefertigt

Nun endlich konnten die Auswanderersonderzüge nach Bremen und Hamburg bestiegen werden. Es handelte sich um Waggons der 4. Klasse, in denen die Auswanderer zu ermäßigten Fahrpreisen transportiert wurden. Auf diese Weise wurde auch verhindert, daß die Auswanderer mit deutschen Reisenden in Kontakt kamen; angeblich hätte dies eine geschäftsschädigende Wirkung für die Bahn zur Folge gehabt. (6)

Im Jahre 1909 zum Beispiel trafen in Bremen 284 Sonderzüge mit 64.481 Personen ein; hinzu kamen 80.000 Menschen, die andere Züge benutzt hatten. (7) Da die Rückwanderungsrate unter den Ost- und Südeuropäern relativ hoch war, wurden die Rückwanderer ebenfalls in Sonderzügen in ihre Heimat zurückgebracht - im Jahr 1909 wurden 79 Sonderzüge zu diesem Zweck von Bremen aus eingesetzt. (8)

Ohne Unterbrechung dauerte die Bahnfahrt von der Grenze bis nach Bremen 25 1/2 Stunden. (9) Wird die Anreise zur Grenze und der Aufenthalt an den Kontrollstationen berücksichtigt, waren die Auswanderer schon mehrere Tage unterwegs, wenn sie schließlich in Bremen eintrafen. Trotzdem waren sie innerhalb kürzester Zeit aus kleinen Dörfern in Polen, Rußland oder Österreich-Ungarn in eine völlig andere Welt verschlagen worden. Wie im Eingangszitat deutlich wird, mußte Bremen ihnen

Auswanderer hinter dem Hauptbahnhof

Komitee der Auswandererwirte um 1907

riesig und reich vorkommen, kannten sie doch wahrscheinlich kaum größere Städte und lernten sie in Bremen auch nur die Gegend um den Hauptbahnhof mit den großen steinernen Bürgerhäusern kennen und gelangten nicht in die Arbeiterviertel. Auch im Hauptbahnhof trafen sich zwei Welten: im linken Gebäudeteil lagen das luxuriöse Fürstenzimmer und die einfachst eingerichteten Warteräume für die Auswanderer gegenüber.

Bei der Ankunft in Bremen stand den Auswanderern eine erneute Kontrolle, ärztliche Untersuchung und Desinfizierung bevor, wenn sie nicht nachweisen konnten, daß sie sich diesen Maßnahmen bereits unterzogen hatten. Noch am Bahnhof wurden sie den Wirten zugeteilt und von diesen in geschlossenen Gruppen in die für sie bestimmten Logierhäuser gebracht.

Bis zur Weiterfahrt nach Bremerhaven mußten die Auswanderer meist mehrere Tage in der Stadt untergebracht werden. Mit dem Anschwellen des Auswandererstroms aus Osteuropa entwickelte sich in Bremen eine Spezialisierung der Herbergen. So wurden zum Beispiel im „Hotel Stadt Warschau“ seit 1907 nur russische Juden untergebracht. Zirka 500 Personen konnten hier aufgenommen werden, in der Küche wurde koscher gekocht, und in der eigens eingerichteten Synagoge betreute ein Rabbi des Jüdischen Hilfsvereins die Auswanderer. (11)

Die Bremer Gasthöfe hatten einen guten Ruf. 1892 urteilte eine amerikanische Kommission, die die Gründe für die Auswanderung der Osteuropäer untersuchte und ihren Reiseweg verfolgte:

„Die Pensionen in Bremen übertreffen das bisher Gesehene an Sauberkeit, Bequemlichkeit und Komfort für den Einwanderer, wobei die Preise für die angebotenen Annehmlichkeiten ziemlich niedrig liegen.“ (11)

Obwohl die Stadt über viele private Gasthäuser verfügte, kam es immer wieder zu Engpässen: Turnhallen, Tanzsäle oder leerstehende Lagerhallen mußten kurzfristig als Notquartiere dienen. Abhilfe schafften die 1907 vom Norddeutschen Lloyd und von Missler errichteten Auswandererhallen (das vor einigen Jahren abgerissene Findorff-Krankenhaus). Insgesamt 3.600 Menschen konnten hier in der Nähe des Bahnhofs untergebracht werden.

Seit dem Bestehen einer Eisenbahnverbindung nach Bremerhaven (1862) mußten die Auswanderer nicht mehr die beschwerliche Reise auf Weserkähnen auf sich nehmen, die teilweise mehrere Tage gedauert hatte. Für die Reisenden war dies durchaus eine Erleichterung, für Bremerhaven bedeutete es allerdings, daß ihnen das Beherbergungsgeschäft von den Bremern wieder entzogen wurde.

Bis 1914 hielt der Strom der Auswanderer unvermindert an, kam während des Ersten Weltkriegs zu einem Stillstand und setzte dann in der Weimarer Republik wieder ein, ohne jedoch die Vorkriegszahlen wieder zu erreichen.

Quellenangaben:

1) Zitiert nach D. Hoerder, „Bremen als Auswandererhafen: Briefe polnischer Auswanderer 1890 und 1891“, Beiträge zur Sozialgeschichte Bremens, Heft 7, 1984, S. 157.
2) M. Just, Ost- und südosteuropäische Amerikawanderung 1881-1914, Stuttgart 1988, S. 48.
3) Hoerder, a.a.O., S. 140.
4) Just, a.a.O., S. 53.
5) Mary Antin, Vom Ghetto ins Land der Verheißung, Stuttgart 1914, S. 197.
6) Just, a.a.O., S. 63.
7) Ebenda
8) „Die Auswanderung über Bremen“, Jahrbuch des Norddeutschen Lloyd, S. 217.
9) Just, a.a.O., S. 64.
10) Förderverein Deutsches Auswanderermuseum, Bremen und Bremerhaven 1988, S. 14.
11) Just, a.a.O., S. 68.

Bildnachweis:
Alle Abbildungen: Staatsarchiv Bremen
außer: Archiv Beckmann (2)

Norddeutscher Lloyd.
POLSKIE BIURO.
РУССКАЯ КОНТОРА
MAGYAR
IRODA
CANCELARIA ROMANA
AMERIKA
F. Missler
F. Missler

DER GEPÄCKVERKEHR DES NORDDEUTSCHEN LLOYD

Annähernd zweihunderttausend Gepäckstücke seiner Passagiere hat der Norddeutsche Lloyd in jedem Jahre mit seinen Dampfern über Bremen zu befördern. Die meisten Menschen werden nicht imstande sein, sich ein Bild zu machen, welche Unsummen mühseliger Arbeit erforderlich ist, um die prompte Abfertigung dieser großen Anzahl Gepäckstücke zu gewährleisten und die sachgemäße Verladung der Tausende Kolli, die häufig mit einem einzigen Dampfer zu befördern sind, durchzuführen. Das zur Verladung mit den Dampfern des Norddeutschen Lloyd bestimmte „ausgehende" Passagiergepäck wird in der Regel vom Binnenlande als Eil- oder Frachtgut von den Eigentümern an die Gepäckabteilung des Norddeutschen Lloyd in Bremen voraus abgesandt. Der Versand muß so zeitig erfolgen, daß das Gepäck spätestens zwei Tage vor Abfahrt des Dampfers in Bremen eingetroffen ist. Das an die Gepäckabteilung in Bremen beförderte Gepäck wird dann für die in Betracht kommenden Dampfer geordnet und mit besonderen Zügen so rechtzeitig an Bord des betreffenden Dampfers befördert, daß der Passagier, wann und wo er an Bord kommt, es sofort zur Verfügung hat.

Die Abfertigung bildet nicht nur einen wichtigen, sondern auch einen recht komplizierten Teil des Llyodbetriebes, zumal auch nach dieser Richtung hin die Ansprüche der Reisenden gegen früher erheblich gewachsen sind. Daß sie heute in dem Maße erfüllt werden können, wie es tatsächlich der Fall ist, ist nur durch die organische Ausbildung dieses mit der Passagierbeförderung in engem Zusammenhang stehenden Zweiges des gewaltigen Lloydbetriebes möglich gewesen. Man muß sich vergegenwärtigen, daß es sich hier nicht wie meistens im Eisenbahnverkehr, um einzelne Gepäckstücke handelt, sondern daß überseeische Passagiere, insbesondere die für Monate und Jahre lediglich zum Vergnügen reisenden Amerikaner, in der Regel zahlreiche Kolli verschiedenster Art mit sich zu führen pflegen. Da ein Teil dieses Gepäcks für die tägliche Benutzung unterwegs bestimmt ist, müssen die Gepäckstückein den Kabinen selbst untergebracht werden. Andere Teile des Gepäcks, die auf der Reise gelegentlich verlangt werden, werden in den Gepäkkräumen der Schiffe so verstaut, daß die Passagiere täglich die Möglichkeit haben, sie leicht zu erreichen. Ein weiterer Teil des Gepäcks, der direkt für überseeische Häfen oder Inlandplätze bestimmt ist, wird regelrecht verstaut und kann so direkt weiterbefördert werden.

Um den steigenden räumlichen Bedürfnissen der Gepäckabteilung des Norddeutschen Lloyd nunmehr Rechnung zu tragen und um die im Laufe der der Zeit vielfach hervorgetretenen Mängel zu beseitigen, die sich durch die Abfertigung der überseeischen Passagiere auf dem Bahnhofe für den allgemeinen Verkehr in streigenden Maße bemerkbar gemacht haben, soll nunmehr gleixhzeitig mit der in Angriff genommenen Umgestaltung der bremischen Bahnhofsanlagen auch in dieser Bezeihung Wandel geschaffen werden und zwar durech die Aufführung eines Neubaus für die Gepäkkabteilung an der Nordseite des Bahnhofsgeländes.

(Auszug aus einer Broschüre des Norddeutschen Lloyd 1912)

Bahnhofsvorplatz um 1930

Wolfgang Decker

Bahnland Bremen
Die Entwicklung der Eisenbahninfrastruktur

Der herausragende 100. Geburtstag des neuen Empfangsgebäudes des Bremer Hauptbahnhofs und der 75. Geburtstag des Ausbesserungswerkes Bremen sind Anlaß, die Entwicklung der Eisenbahninfrastruktur dieses Raumes aufzuzeigen. Das soll in diesem Beitrag nicht nur rückblickend geschehen, die jetzige und soweit erkennbar auch die zukünftige Entwicklung sollen mit einbezogen werden.

Die Eisenbahn bahnt sich ihren Weg

Die erste Eisenbahnlinie, die 1847 von Hannover kommend Bremen erreichte, ist auf der *Karte 1* von 1852 dargestellt. Gut erkennbar ist, daß die Eisenbahntrasse mit dem Hannoverschen Bahnhof an die äußerste Peripherie der Stadt im Nordosten gelegt wurde, der Umfang der Gebäude für Personen- und für Güterverkehr sowie für die Unterhaltung der Anlagen und Fahrzeuge war auf ein Minimum beschränkt.

Bereits 13 Jahre später erkennt man auf der *Karte 2* von 1865, daß nicht nur der Hafen mit dem Weserbahnhof (1860) sowie die Strecken nach Vegesack (1862) und Bremerhaven (1862), sondern auch die im Bau befindliche Strecke nach Oldenburg (1867) angeschlossen worden waren. Der Umfang der für die Betriebs- und Verkehrsabwicklung erforderlichen Gebäude im Bereich des Bahnhofes war bereits erheblich erweitert, ebenso die Werkstattanlagen.

Nach weiteren 16 Jahren ist auf *Karte 3* von 1881 nun auch die Venloer Strecke von Osnabrück nach Hamburg (1873/74) erkennbar, insbesondere der „Venloer Bahnhof“ im Bereich der heutigen Stadthalle sowie die erste Drehscheibe mit einem Ringlokschuppen.

Die *Karte 4* von 1894 weist aus, daß die Eisenbahntrassen sich in den Bereich der neu entstandenen Hafenanlage vorgeschoben haben und eine Verbindungskurve von der Bremerhavener/Vegesacker Strecke zur Oldenburger Strecke erstellt worden war. Die Venloer Strecke war im nördlichen Vorfeld des Hauptbahnhofes verlegt worden. Das neue Empfangsgebäude, das 1889 eröffnet wurde, wird hier mit seiner geänderten Lage und seinem großzügigen Grundriß erkennbar. Dies ist eine der ersten Karten, in der das neue Bahnhofsgebäude dargestellt ist, einschließlich der neu erstellten, beziehungsweise verlegten Hallen für den Güterumschlag sowie der Lokstände mit nunmehr zwei Drehscheiben und Werkstätten und der nach Westen verlegten Einführungstrasse von Oldenburg.

In der Übergangszeit, als das neue Bahnhofsgebäude aus Gründen der größeren betrieblichen Leistungsfähigkeit sowie der gleichzeitigen Hochlegung der Bahn im gesamten Stadtgebiet in Höhe der verlängerten Bahnhofsstraße errichtet wurde, übernahm der „Venloer Bahnhof“ die wesentlichen Betriebs- und Verkehrsaufgaben. Mit der Hochlegung der Gleistrasse war ein Hindernis für den zunehmenden Straßen- und Fußgängerverkehr beseitigt, außerdem bestand bei Hochwasser der Wümme für die Gleisanlagen keine Überschwemmungsgefahr mehr. Provisorisch angebunden war der Hamburger Bahnhof nach Bremerhaven, Vegesack und Oldenburg über eine Verbindungsbahn (*Karte 5*).

Wesentliche weitere Meilensteine in der Entwicklung der Gleisinfrastruktur des Bremer

Karte 1
1852

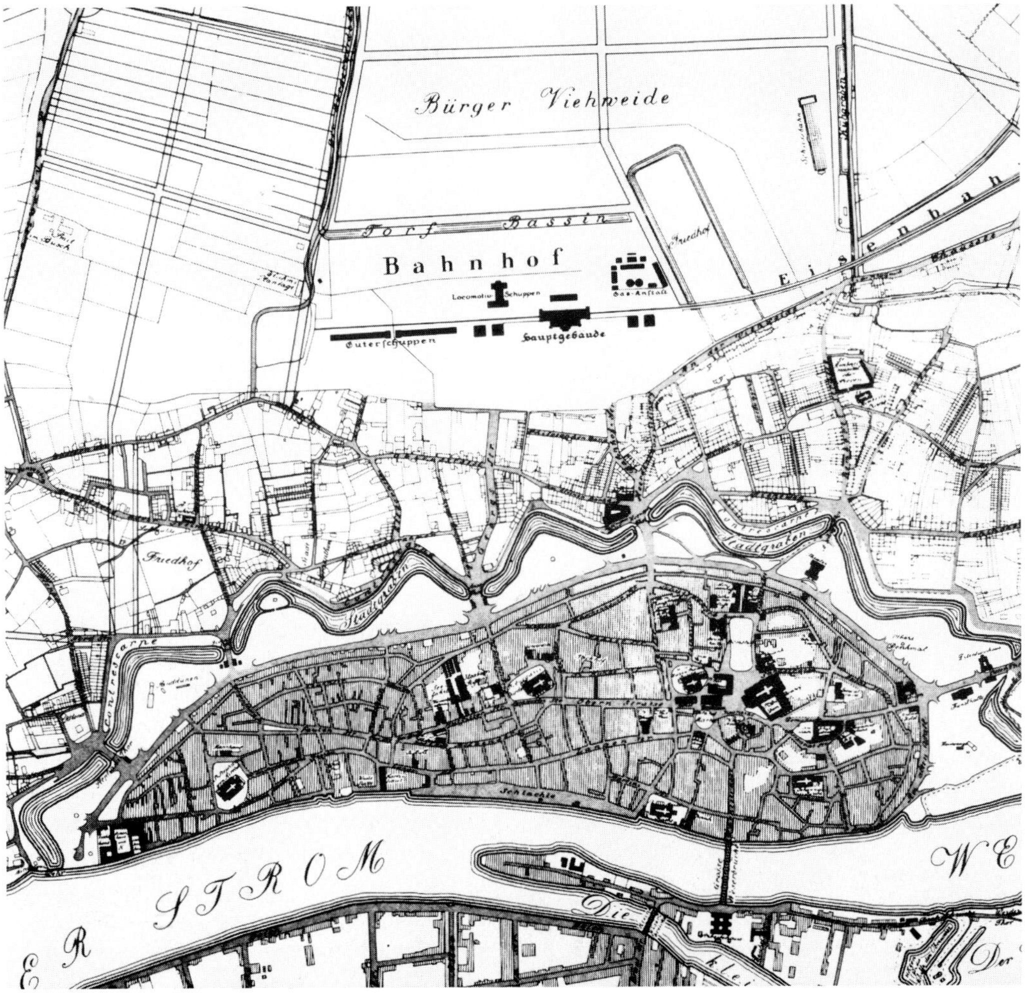

Karte 2
1865

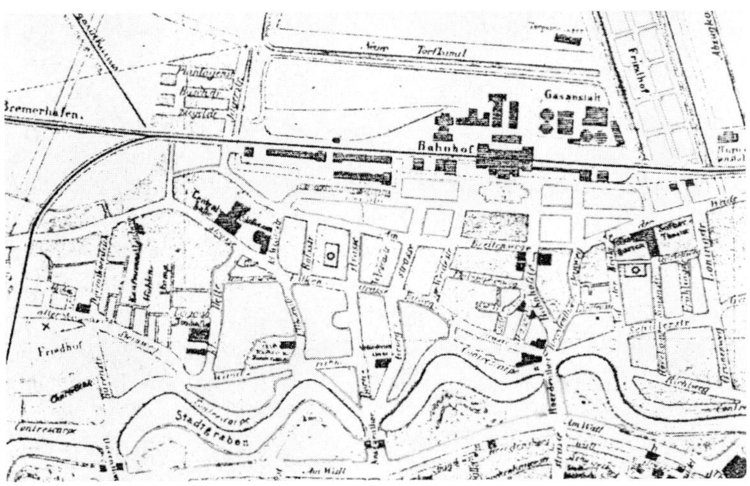

Karte 3
1881

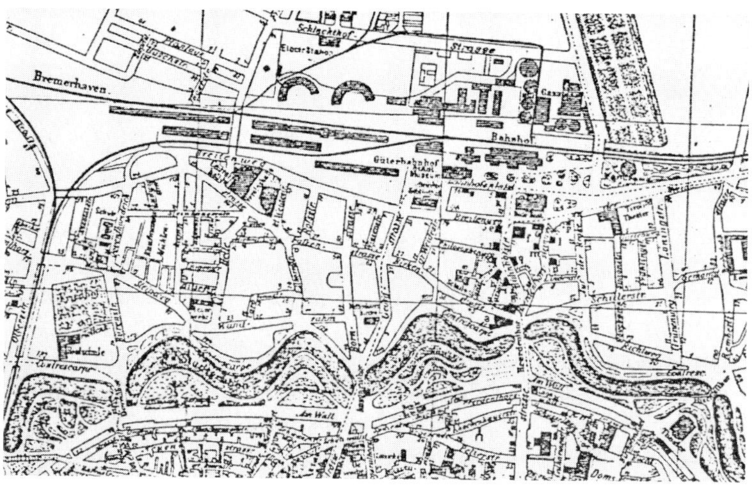

Karte 4
1894

Karte 5
Entwiclung des
Gleisnetzes 1847 - 85

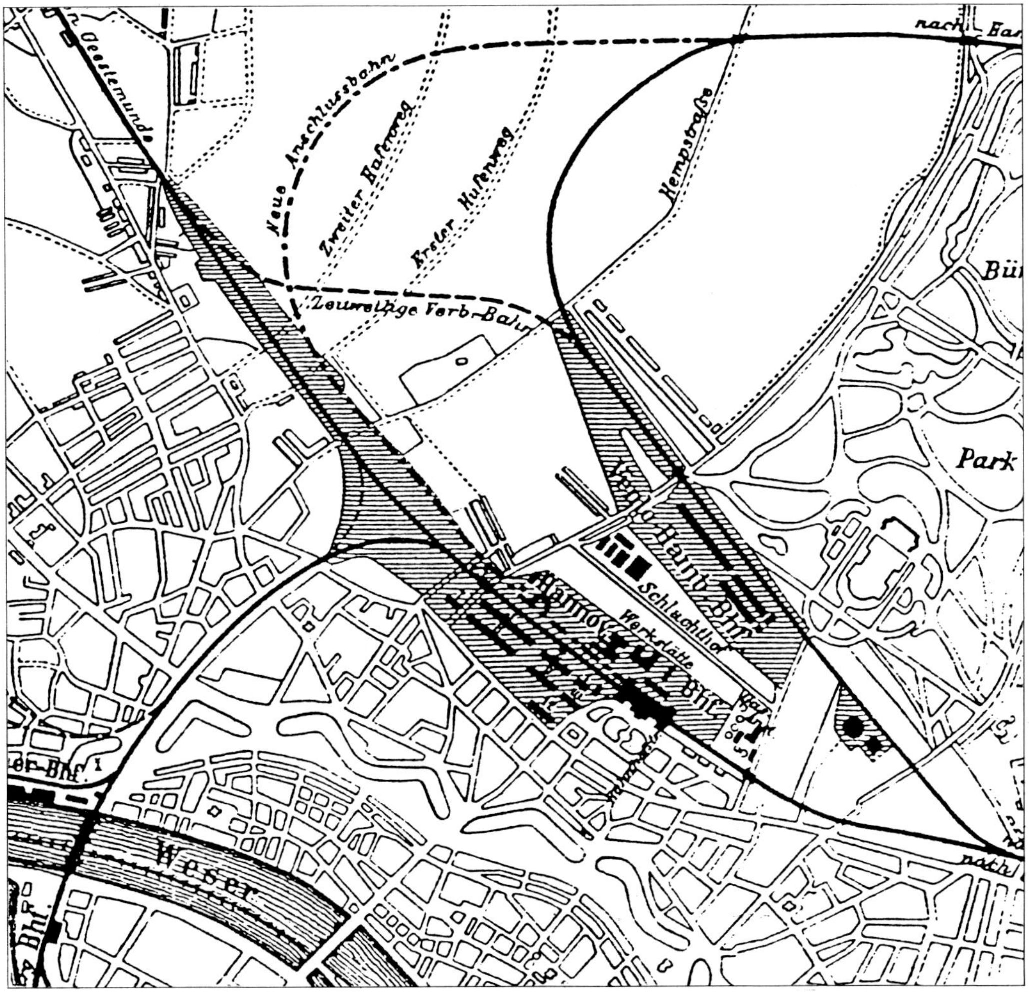

Raumes waren der weitere Ausbau der Hafeneisenbahn jeweils entsprechend der Fortentwicklung der Hafenanlagen, die Errichtung des Ausbesserungswerks in Sebaldsbrück (1914) sowie der Bau und die Inbetriebnahme des Rangierbahnhofs (Verschiebebahnhof) in Gröpelingen (1915). Durch die beengten Platzverhältnisse der Werkstätten im Bereich des Hauptbahnhofs, die ständig steigende Zahl an Fahrzeugen sowie die immer größeren Abmessungen und Gewichte der Fahrzeuge, war der Bau des Ausbesserungswerks erforderlich geworden. Die Ursache für den Bau des Rangierbahnhofs lag in den immer größer gewordenen Gütermengen der Häfen, die für die verschiedenen Ziele im Binnenland beziehungsweise in den Häfen zu sortieren waren. Außerdem sollte durch eine nördliche Anbindung der Häfen direkt aus dem neuen Rangierbahnhof heraus die südliche Hafenanbindung, die Weserbahn, vom Hauptbahnhof zum Weserbahnhof entlastet werden.

Die Entwicklung der Eisenbahninfrastruktur war, sieht man von der Hafeneisenbahn auf der linken Weserseite (Neustädter Häfen mit dem Bahnhof Grolland) und den Gleisanlagen im Bereich der Klöckner-Hütte einmal ab, im wesentlichen vor dem Zweiten Weltkrieg abgeschlossen.

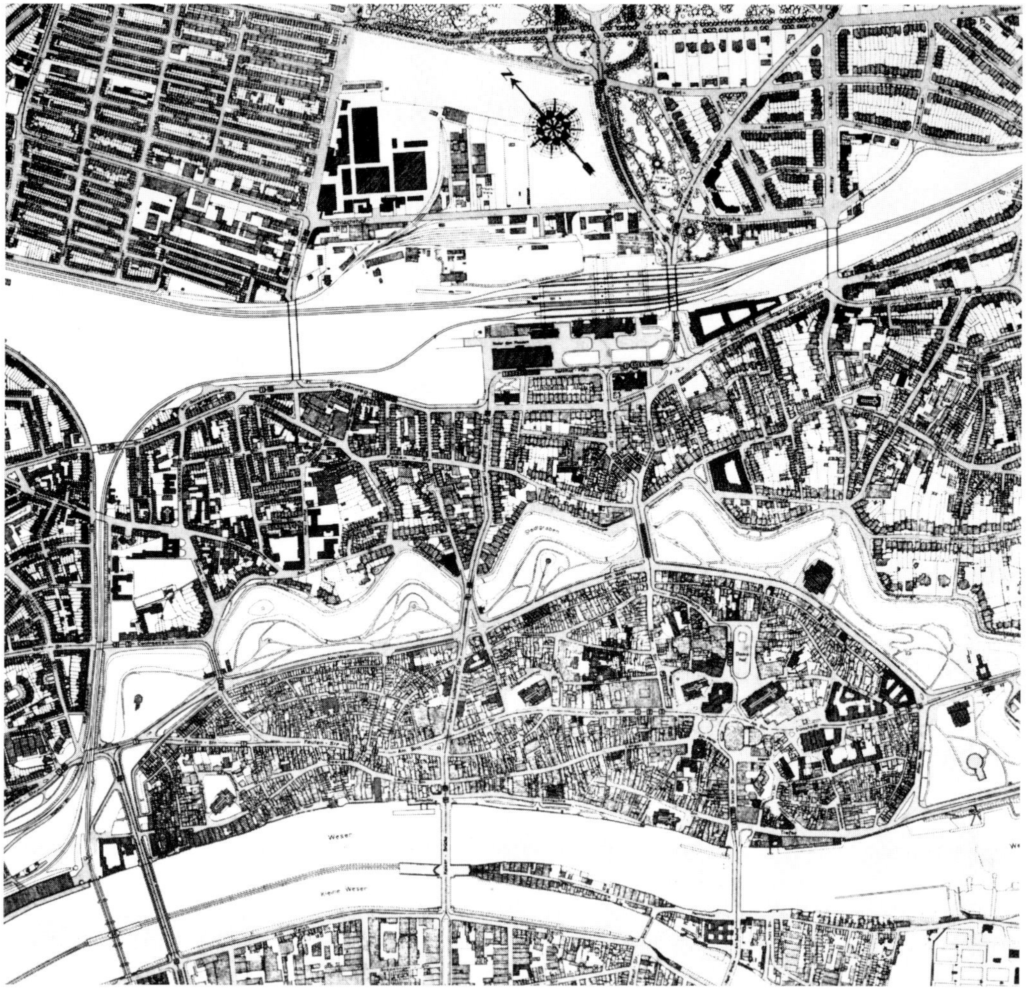

Karte 6
1938

Die Eisenbahn im Umbruch

Wie sich die Gleisanlagen des gesamten Bremer Raumes sowie speziell des Bereiches um den Hauptbahnhof zur Zeit darstellen, ist aus den *Karten 7 und 8* von 1972 und 1985 zu ersehen.

Der größte Teil des Güterverkehrs wird in dem Rangierbahnhof Bremen sowie dem Güterbahnhof des Bremer Hauptbahnhofs und den bremischen Hafenbahnhöfen Grolland, Zollausschluß und Inland abgewickelt, außerdem auf einigen großen Anschlußbahnen (z. B. Klöckner) und Gleisanschließern (z. B. Daimler-Benz). Der Personenverkehr konzentriert sich im wesentlichen, sieht man von den Haltestellen für den öffentlichen Personennahverkehr (ÖPNV) ab, auf den Bremer Hauptbahnhof. Mit wenigen Ausnahmen sind die Gleisanlagen bis heute ständig erweitert worden, eine Entwicklung, die sicher nicht einfach fortgeschrieben werden kann.

Die Eisenbahn in Bremen hält eine herausragenden Position im Güterverkehr. Die Bremer Häfen sind mit einem Schienenanteil von deutlich über 50 % des gesamten Hafenumschlags ausgesprochene Eisenbahnhäfen. Aber auch im Personenverkehr nimmt die Eisenbahn mit täglich fast 500 beginnenden, endenden und durchfahrenden Reisezügen und täglich knapp 60.000 ein- und aussteigenden Reisenden im Bremer

Karte 7
1972

Karte 8
1985

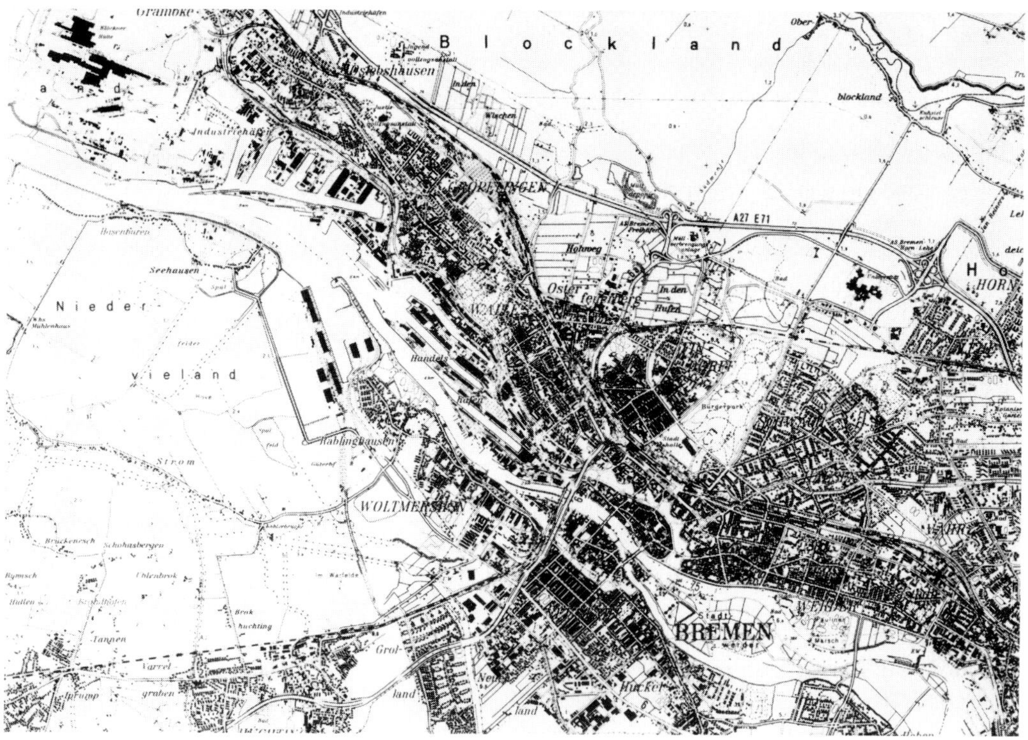

Hauptbahnhof eine herausragende Stellung ein.

Im Güter- wie im Personenverkehr hat es seit dem 2. Weltkrieg gravierende Strukturveränderungen gegeben. Vergleichbar zur Gesamtverkehrsentwicklung in der Bundesrepublik Deutschland hat, insbesondere durch die rasante Entwicklung des motorisierten Individualverkehrs und den umfassenden Ausbau des Straßennetzes, sich der Anteil des Eisenbahnpersonenverkehrs vom gesamten Personenverkehr auch in Bremen erheblich zurückentwickelt. Im Güterverkehr hat sich der Eisenbahnanteil im Bremer Raum, begünstigt durch die Häfen, im Gegensatz zur Gesamtentwicklung in der Bundesrepublik, gut behaupten können.

Um die heutigen Verkehrsanteile zu halten und möglichst ausbauen zu können, ist es erforderlich, sich auch weiterhin gegenüber Veränderungen offen zu zeigen, um letztlich noch wirtschaftlicher und marktgerechter als bisher Verkehrsleistungen anbieten zu können. Die Eisenbahn muß sich auf ihre eigentlichen Stärken besinnen: Transportleistungen dort anbieten, wo starke Verkehrsströme über große Entfernungen mit hoher Geschwindigkeit möglichst in Direktrelationen aufkommen. Die Sammlung und Verteilung kleinerer Verkehrsmengen in der Fläche, sei es im Personen- wie im Güterverkehr, ist, soweit nicht aus sozialer Verantwortung und politischen Gründen gefordert und bestellt (zum Beispiel beim öffentlichen Personennahverkehr auf der Schiene), anderen nachfragegerechteren Verkehrssystemen zu überlassen. Dies hat für die Infrastruktur der Eisenbahn zur Folge, daß nicht mehr benötigte Gleisanlagen und Gebäude konsequent aufgegeben und zurückgebaut werden und dort, wo durch Konzentration noch größere Verkehrsleistungen auf der Schiene entstehen, die Infrastruktur leistungsfähiger gestaltet wird.

Die Eisenbahn, ein Verkehrssystem mit Zukunft

Der Güterverkehr des Hafens wird sich zukünftig zunächst vermehrt auf die linke Weserseite verlagern. Nach der Neustrukturierung der Häfen auf der rechten Weserseite, insbesondere des Bahnhofs „Zollausschluß“, sind auch hier wieder deutliche Verkehrssteigerungen zu erwarten. Zug um Zug werden einerseits Gleiskapazitäten frei, andererseits werden in den Schwerpunkten des Umschlags leistungsfähigere Anlagen entstehen müssen. Mit der Konzentration auf die starken Verkehrsrelationen und die Wirtschaftszentren in Deutschland sowie in Europa wird, soweit man dies heute übersehen kann, der schnelle kombinierte Ladungsverkehr im wesentlichen über die in diesem Jahr eröffnete und weitgehend von der Stadtgemeinde Bremen finanzierte Anlage für den kombinierten Ladungsverkehr im Güterverkehrszentrum in Bremen-Niedervieland abgewickelt (*Bild 9*).

Der übrige schnelle Güterverkehr, unter anderem Intercargo und der gesamte Wagenladungsverkehr, wird langfristig ausschließlich über den Rangierbahnhof Bremen geführt. Für diesen Bahnhof besteht erheblicher Modernisierungsbedarf, sei es von der Gleisinfrastruktur, der Signal-, der Ablauf- wie auch von der Betriebsführungstechnik her. Es ist davon auszugehen, daß der Rangierbahnhof Bremen als einer der zukünftig etwa ein gut Dutzend Rangierbahnhöfe in der Bundesrepublik verbleibt und in absehbarer Zeit den zukünftigen technischen und betrieblichen Erfordernissen angepaßt wird. Dies dürfte auch zur Folge haben, daß eine modernisierte und leistungsfähigere Güterwagenausbesserung für den gesamten nordwestdeutschen Raum hier angesiedelt wird.

Mit der zur Zeit im Bau befindlichen neuen Reisezugwagenbehandlungsanlage beim Bahnbetriebswerk Bremen 2 unmittelbar südlich des Hauptbahnhofs Bremen ist sichergestellt, daß auch im Personenverkehr ausreichende leistungsfähige Wagenunterhaltungskapazitäten vorgehalten werden. Der Standort Bremen behält damit auch im Personenverkehr seine herausragende Bedeutung. Die Gleisinfrastruktur des Hauptbahnhofs ist für den Personenverkehr ausreichend bemessen. Eventuell zusätzlich erforderlich werdende Abstellkapazitäten für beginnende und endende Züge des Fernverkehrs in Richtung Süden stehen mittelfristig nach Verlagerung der Aufgaben für den schnellen

ROLAND Umschlagsanlage für den kombinierten Ladungsverkehr im GVZ Bremen

Güterzugverkehr aus dem Bereich des Güterbahnhofs zum Rangierbahnhof zur Verfügung.

Zur Verbesserung des öffentlichen Personennahverkehrs im gesamten Bremer Bereich sind bei etwa gleichbleibenden Zugzahlen in geringerem Umfang Anpassungen der Gleisinfrastruktur, in größerem Maße Anpassungen der baulichen Anlagen, wie der Bahnsteige, Treppenzugänge, Überdachungen usw., erforderlich. Im Zuge der angestrebten Aufnahme des City-Bahn-Verkehrs vom Hauptbahnhof Bremen zum Bahnhof Vegesack sind bereits konkrete bauliche Verbesserungen ins Auge gefaßt. Die Realisierung ist im wesentlichen abhängig von der Finanzierbarkeit dieser Maßnahme. Bei einer deutlichen Ausweitung der Zugzahlen sind in bestimmten Bereichen des Gleisnetzes im Raum Bremen zusätzliche Infrastrukturmaßnahmen erforderlich.

Zur Verbesserung der Infrastruktur sind neben der Konzentration der Anlagen und den notwendigen Rationalisierungsmaßnahmen auch Modernisierungen sowie Verbesserungen der Leistungsfähigkeit notwendig. So ist eine vollständige Modernisierung der Signalanlagen des gesamten Bremer Hauptbahnhofes mit seinen 10 alten elektromechanischen Stellwerken ins Auge zu fassen, ggf. unter Einbeziehung der bereits modernisierten Stellwerke im gesamten Bremer Raum zu einem Stellwerk. Unabhängig davon sind für die Strecke nach Hannover Überlegungen anzustellen, wie man mittelfristig die Streckengeschwindigkeit von zur Zeit 160 km/h auf zirka 200 km/h erhöht. Neben Kurvenbegradigungen und Aufhebung von höhengleichen Bahnübergängen wäre hier eine verbesserte Signaltechnik durch den Einbau eines Linienleiters vorzusehen, damit das geplante Hochgeschwindigkeitsnetz für 200 km/h nicht nur von Hamburg kommend in Richtung Westen gewährleistet ist, sondern auch in Bremen beginnend über Hannover und die weitgehend fertiggestellten sowie geplanten Neubaustrecken in Richtung Süden *(Karte 10)*. Die Strecken aus Richtung Bremerhaven und Oldenburg werden bereits heute teilweise mit einer auch langfristig ausreichenden Streckengeschwindigkeit von 160 km/h betrieben.

Etliche Brückenbauwerke im Raum Bremen, zum Beispiel Weserbrücke, Eisenbahnüberführung Hannoversche Straße, Kreuzungsbauwerk Vahr und Eisenbahnüberführung Findorffstraße sind in den letzten Jahren neu erstellt beziehungsweise vollständig renoviert worden. Unmittelbar bevor stehen größere Brükkenmaßnahmen an der Schwachhauser Heerstraße, der Hemmstraße und der Eisenbahnüberführung Smidts Park in Burg-Grambke. Mehrere höhengleiche Bahnübergänge sind bereits aufgehoben worden, im Bereich Oberneuland, Sebaldsbrück und Hemelingen werden weitere Maßnahmen folgen.

Die zentrale Bedeutung des Hauptbahnhofs mit seiner eindrucksvollen Fassade, seiner großzügigen Empfangshalle und seiner imposanten Bahnsteighalle wird durch zur Zeit angedachte beziehungsweise geplante Vorhaben weiter zunehmen. Mit dem Durchbruch des südlichen Bahnsteigtunnels in Richtung Bürgerweide wurde vor zwei Jahren ein erstes Signal gesetzt. Eine großzügigere Öffnung von der Stadtmitte durch den Hauptbahnhof in Richtung Bürgerweide mit einem neuen Bahnhofsvorplatz und neu gestaltetem Eingangsbereich sowie dem vor der Realisierung stehenden Veranstaltungszentrum im Bereich der Stadthalle ist im Gespräch. Die Planungen im gesamten Bereich des Ausgangs Bürgerweide haben inzwischen sehr konkrete Formen angenommen. Private Investoren, Stadt und Bundesbahn sind an einer baldigen, umfassenden Lösung sehr interessiert.

Für die Bundesbahn ist es wichtig, daß der Bahnhof im Schnittpunkt der verschiedenen

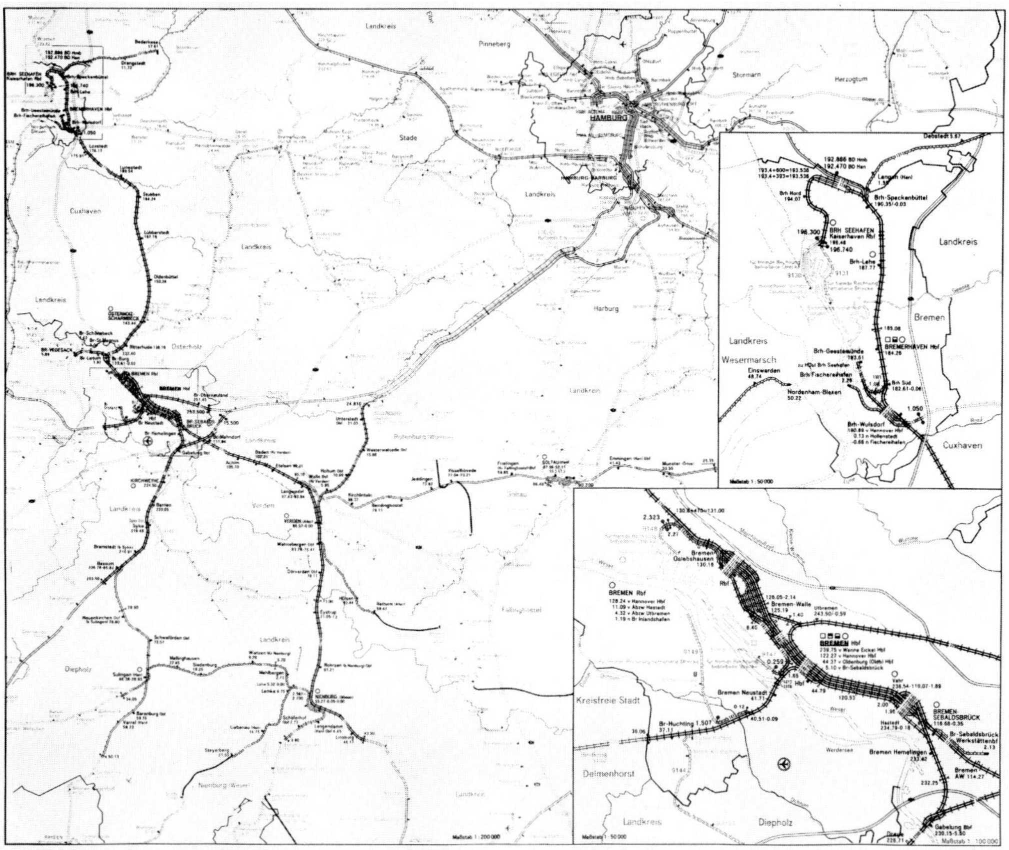

Karte 10

Karte 11

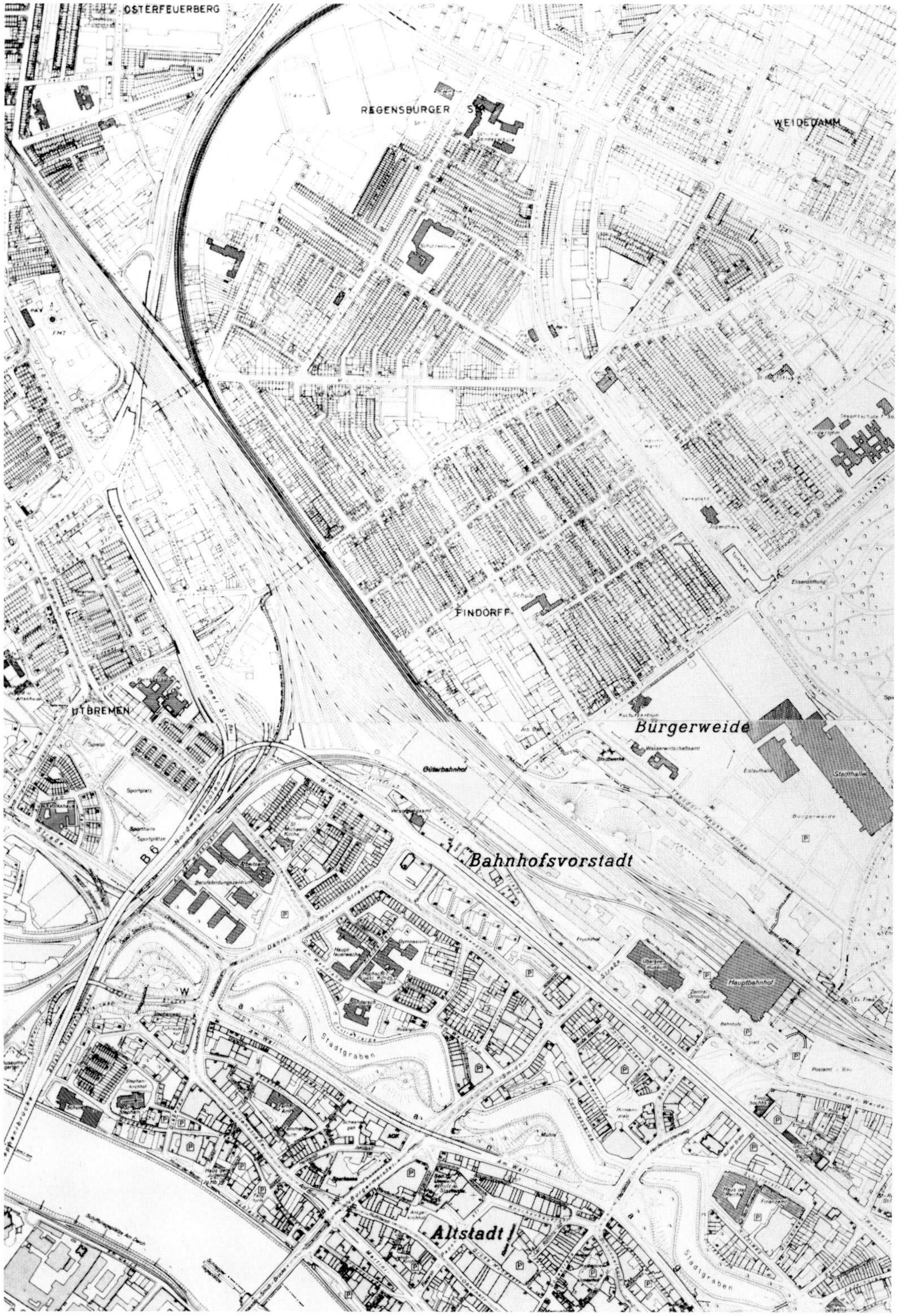
OSTERFEUERBERG
REGENSBURGER
WEIDEDAMM
FINDORFF
UTBREMEN
Bürgerweide
Güterbahnhof
Bahnhofsvorstadt
Hauptbahnhof
Stadthalle
Stadtgraben
Altstadt
B6

Verkehrsströme liegt und ein den heutigen Ansprüchen angepaßtes Umfeld bietet. Dazu ist es unter anderem erforderlich, entsprechend dimensionierte und gestaltete Vorplätze auf beiden Seiten des Empfangsgebäudes anzubieten und dem Eisenbahnreisenden, der mit dem Pkw ankommt, ein "Parkhaus am Bahnhof" mit Fußwegen von möglichst nicht mehr als 100 Metern vom Auto zum Zug.

Umfangreiche Servicebetriebe sollten das Angebot in dem umzugestaltenden Bereich ergänzen. Für den Reisenden wie für den Besucher des Bahnhofs, für die Bundesbahn wie für die Stadt, muß der Bahnhof ein breitgefächertes Dienstleistungsangebot bieten und ein attraktiver Treffpunkt in der Mitte der Stadt sein.

Mit der Veränderung der Verkehrsstrukturen, bedingt durch geänderte Marktanforderungen, neue Technologien, neues Umweltbewußtsein, neue politische, europäische Dimensionen muß sich auch die Infrastruktur der Bahn ändern.

Die Eisenbahn hat Zukunft - das haben die Entwicklungen der letzten zehn Jahre im In- und Ausland in jeder Hinsicht gezeigt. Diese Zukunft ist um so erfolgreicher, je mehr die Wettbewerbsbedingungen der einzelnen Verkehrssysteme aneinander angeglichen und transparent gemacht werden. Die vergleichbare anteilige Übernahme von Wegekosten durch die Benutzer sowie die Anlastung sämtlicher durch die Benutzer verursachten Kosten in den einzelnen Verkehrssystemen sind dabei wesentliche Eckdaten.

Die Eisenbahn steht heute in einem der größten Umstrukturierungsprozesse ihrer über 150jährigen Geschichte. Wenn es gelingt, dem Reisenden mit der Bahn ein attraktives Angebot zu bieten, angefangen vom Kauf der Fahrkarte in einem ansprechenden Umfeld Bahnhof über den Einstieg in den Zug mit komfortablem Wagenmaterial bis zu einem interessanten Preis, wird der Personenverkehr wieder Zuwachsraten erreichen und die möglichen Lösungen im Bereich der Infrastruktur sich um so schneller auch wirtschaftlich rechtfertigen. Die bereits heute auftretenden Engpässe im Straßen- wie im Luftverkehr dürften diese Entwicklung noch beschleunigen. Im Güterverkehr ist die Situation ähnlich. Ein zuverlässiger, schneller und sicherer Transport mit marktverträglichen Preisen ist die beste Voraussetzung für eine gute Auslastung der Infrastruktur.

Daß sich die Infrastruktur den sich ändernden Anforderungen anpassen muß, ist selbstverständlich. Eine Reihe von Schritten für eine Realisierung derartiger Maßnahmen im Bremer Raum sind eingeleitet, beziehungsweise sind bereits durchgeführt. Über der gesamten Thematik „Anpassung und Modernisierung der Infrastruktur" steht die Frage, was politisch gewollt ist, wie politisch entschieden wird und was unternehmerisch für die Bundesbahn machbar ist. Die Eisenbahn als sicheres, zuverlässiges, schnelles, umweltfreundliches und energiesparendes Verkehrsmittel bietet sehr gute Voraussetzungen, einen deutlich größeren Anteil an Transportleistungen als bisher zu übernehmen. In Bremen hat die Eisenbahn ihre Leistungsfähigkeit und Anpassungsfähigkeit in ihrer gesamten Entwicklung bisher unter Beweis gestellt. Weitere politische und unternehmerische Entscheidungen sind erforderlich, um das Verkehrssystem Schienenbahn noch besser nutzen zu können und den Standort Bremen mit seinen Anschlüssen an das nationale und internationale Gleisnetz noch attraktiver zu machen.

Literaturhinweise:

E. Schweitzer „Die Eisenbahn in Bremen" in: H. Roder (Hrsg.) „Verkehr in Bremen" Bremen 1987

J. Gartelmann: DieBremer Bahnhöfe, Diplomarbeit, Universität Stuttgart (Prof. Sulzer) 1987

Bildnachweis:

Kartenmaterial von der Kataster- und Vermessungsverwaltung der Freien Hansestadt Bremen und dem Staatsarchiv Bremen

Privatarchiv Wolfgang Decker (10)

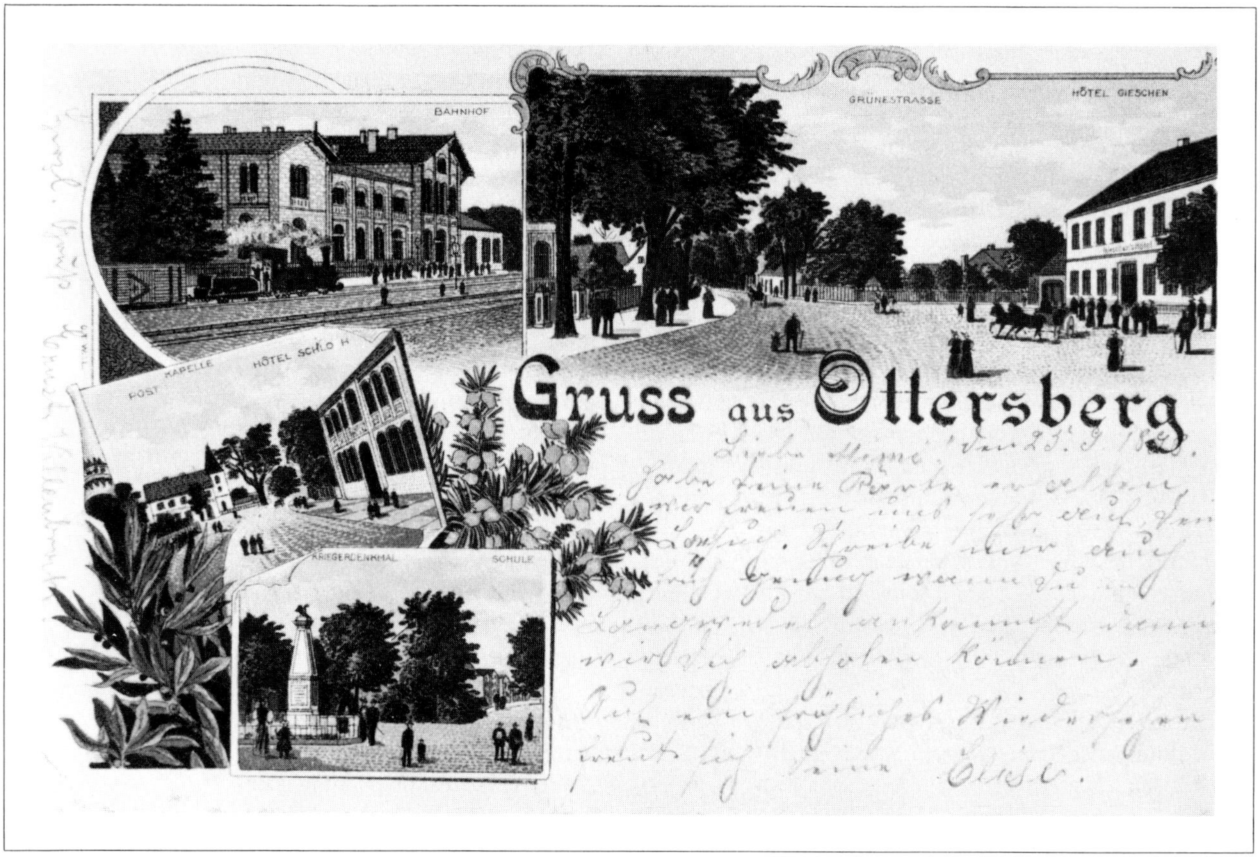
BAHNHOF
GRÜNESTRASSE
HÔTEL GIESCHEN
POST
KAPELLE
KRIEGERDENKMAL
SCHULE
Gruss aus Ottersberg

Rainer Pöttker

Der Kampf der Ottersberger
Die Strecke Bremen - Hamburg

In der Anfangszeit der Eisenbahn bedeutete ein Bahnanschluß für ganze Regionen steigenden Wohlstand und verbesserte Wirtschaftskraft. Fast jede Ortschaft, die von einer projektierten Eisenbahnlinie berührt wurde, bemühte sich um die Einrichtung eines Haltepunktes, und es löste großen Unmut und Protest aus, wenn die geplante Trassenführung aus politischen Gründen oder durch wirtschaftliche Zwänge geändert werden sollte. Gesuche und Bittschriften mit heute teilweise amüsanten Begründungen gingen an die Landesregierungen und Ministerien; sie zeigten aber auch die Hoffnung und das starke Bemühen der Betroffenen, in den Genuß der Eisenbahn zu kommen.

Große Erwartungen kam Ende der sechziger Jahre des vorigen Jahrhunderts in Ottersberg und Umgebung auf, als man vom projektierten Bau einer Eisenbahnlinie, der sogenannten „Paris-Hamburger Eisenbahn", erfuhr. Das im Eisenbahnbau und -betrieb erfahrene Privatunternehmen der Cöln-Mindener Eisenbahngesellschaft sollte die Planung übernehmen und den Bau durchführen. Dabei mußte zunächst die Linienführung von Osnabrück über Bremen und weiter nach Hamburg festgelegt werden. Man war sich lange Zeit nicht einig, wie man die Stadt Bremen anschließen wollte und wo der Weserübergang am günstigsten sei.

Allein im Streckenabschnitt Bremen - Rotenburg gab es unterschiedliche Vorstellungen und Interessen, die je nach Lage der Dinge eine nördliche Linie über Lilienthal - Wilstedt - Zeven oder eine südliche Linie über Ottersberg - Rotenburg - Fintel favorisierte. Die Zevener Linie fand mehr den bremischen Zuspruch. Denn der gewünschte Schienenweg verlief dann direkt über die Hansestadt, wenn auch mit Umwegen. Wenig Verständnis dafür brachten die Hamburger auf. Die erheblichen finanziellen Zuwendungen der Hansestadt an der Elbe sollten nicht noch durch weitere Kostensteigerungen vermehrt werden, und Hamburg sprach sich für den kürzeren Weg über Ottersberg - Rotenburg aus.

Entscheiden konnte in dieser für die Ottersberger Bürger äußerst wichtigen Angelegenheit allerdings nur der preußische Handelsminister und dieser Herr liebäugelte bis zum April 1870 gleichfalls mit der Zevener Linie. Er wollte insgeheim Bremens Bemühungen um die Uelzener Bahn (ab Langwedel über Visselhövede) unterstützen, denn die Hansestadt Bremen wollte diese Verbindung von Langwedel nach Stendal über Uelzen auf eigene Kosten bauen lassen. Man hätte dann über Uelzen eine kurze und schnelle Verbindung zur Reichshauptstadt Berlin erhalten. Aus militärischen und wirtschaftlichen Gründen war Preußen an diesem Vorhaben des bremischen Senats stark interessiert, zumal es für die aufstrebende preußische Stadt weder Risiko noch finanzielle Belastung darstellte. Wenn die Uelzener Bahn gebaut würde, so argumentierte man in Berlin, dann sei für die Rotenburger Gegend hinlänglich gesorgt.

Dieses rief einen Sturm der Entrüstung sowohl bei den Ottersbergern als auch in Rotenburg hervor. In einer leidenschaftlich und geschickt aufgesetzten Bittschrift beschworen der

Ottersberger Bürgermeister Uffelmann und eine Vielzahl Ortsansässiger den Handelsminister in Berlin:

„Ottersberg, im Februar 1870

An

das Königliche Hohe Staats-Ministerium für Handel, Gewerbe und öffentliche Arbeiten

zu Berlin

Die Fleckens-Gemeinde Ottersberg und die in deren Nähe befindlichen Land-Gemeinden bitten ein hohes Staats-Ministerium für Handel, Gewerbe und öffentliche Arbeiten ganz gehorsamst, die Paris-Hamburger Eisenbahn über Ottersberg legen zu lassen.

Dem hohen Staats-Ministerium überreichen wir diese Vorstellung ganz gehorsamst zur gnädigen Kenntnisnahme.

Seit einer Reihe von Jahren haben wir uns der festen Hoffnung hingegeben, daß die Paris-Hamburger Eisenbahn über Ottersberg gelegt werden würde, bis mit einem Male durch die Nachricht, es sei die erwähnte Bahn über Lilienthal, Zeven und Tostedt zu legen, diese Hoffnung auf das Tiefste erschüttert worden ist. Die Legung der Bahn über Lilienthal würde für den Flecken Ottersberg und die in der Nähe liegenden Ortschaften ein furchtbar harter Schlag sein, wodurch daraus sicherlich der Ort zur Bedeutungslosigkeit herabsinken würde.

Der Flecken Ottersberg hat schon seit undenklicher Zeit die Gunst genossen, die Hauptverkehrswege, besonders die Hauptstraße zwischen Bremen und Hamburg zu haben. Außerdem concentrieren sich an diesem Ort mehrere große Straßen, namentlich die von Verden, Zeven und Lilienthal. Aus diesem Grunde ist hier Handel und Gewerbe in stetem Aufblühen gewesen und daher besteht der größere Theil der hiesigen Bewohner aus Gewerbetreibenden.

Wird aber die Bahn nicht die bislang projectierte Linie über Ottersberg erhalten und dadurch, was unausbleiblich den Verkehr in eine andere Richtung ablenken würde, so müßten alle diese Gewerbetreibenden in eine sehr bedrängte Lage kommen und mit Schrecken ihrem Verderbnis entgegensehen.

Es ist eine absolute Unmöglichkeit, einen anderen Ersatz für die Nichtherlegung der Bahn zu gewähren, weil die Lage des Ortes nach für die sonst noch etwa anzulegenden Eisenbahnen, wie z. Bsp. die projectierte von Langwedel nach Uelzen demselben keinen Vorteil, vielmehr nur Schaden bringen könne.

Ottersberg hat einen so ausgedehnten Viehhandel nach Bremen und Hamburg hin, daß alljährlich mehrere tausend Stück fetten Viehes aller Gattungen nach den benannten Städten, besonders nach Hamburg ausgeführt werden.

Ebenso wird von hier eine große Menge von nicht fetten Schweinen nach Westphalen ausgeführt.

Alle diese Handelsgeschäfte und Gewerbe würden nun ins Stocken gerathen - sondern und das ist das Schlimmste - der hiesigen Gegend ganz entzogen werden, wenn die Paris-Hamburger Eisenbahn eine andere Richtung bekäme.

Auf die besondere Schwierigkeit des Baues einer Eisenbahn über Lilienthal, Zeven und Tostedt wollen wir uns nicht weiter einlassen, da dieser Umstand durch die Vermessung genügend erwiesen worden ist, sondern wir wol-

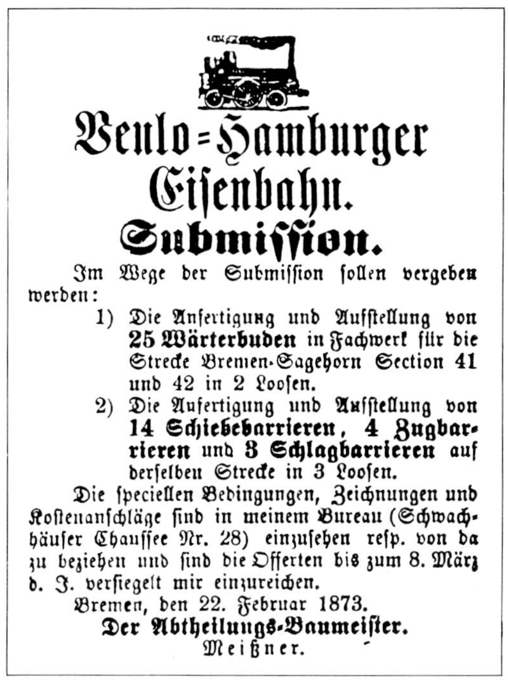

Venlo-Hamburger Eisenbahn.

Submission.

Im Wege der Submission sollen vergeben werden:

1) Die Anfertigung und Aufstellung von **25 Wärterbuden** in Fachwerk für die Strecke Bremen-Sagehorn Section 41 und 42 in 2 Loosen.

2) Die Anfertigung und Aufstellung von **14 Schiebebarrieren, 4 Zugbarrieren** und **3 Schlagbarrieren** auf derselben Strecke in 3 Loosen.

Die speciellen Bedingungen, Zeichnungen und Kostenanschläge sind in meinem Bureau (Schwachhäuser Chaussee Nr. 28) einzusehen resp. von da zu beziehen und sind die Offerten bis zum 8. März d. J. versiegelt mir einzureichen.

Bremen, den 22. Februar 1873.

Der Abtheilungs-Baumeister.

Meißner.

len nur hervorheben, daß die Linie über Ottersberg die volkreichste frequentierte, mithin die rentabelste ist. Dagegen ist die Gegend zwischen Lilienthal und Tostedt eine sehr öde und ärmliche.
Aller Wahrscheinlichkeit nach wird in nicht so ferner Zeit eine Eisenbahn von Geestemünde nach Harburg gebaut werden und wird dann diese Bahn einen Ersatz der Gegend von Zeven gewähren und würde zugleich diese Bahn nicht durch die Paris-Hamburger Bahn beeinträchtigt werden - was doch unausbleiblich ist - wenn die Letztere über Zeven gebaut würde.
Ein nicht außer Acht zu lassender Vortheil wird schon dem Bau der Eisenbahn über Ottersberg dadurch geboten, daß in der Nähe von Ottersberg die mächtigsten und unerschöpflichen Kieslager von vorzüglicher Qualität sind, welche der moorigen Gegend zwischen Lilienthal und Tostedt fehlen dürfte.
Aus diesem triftigen Gründen bitten ein Hohes Staats-Ministerium wir ganz Gehorsamst: gnädigst zu verfügen, daß die Paris-Hamburger Eisenbahn über Ottersberg gebaut werden."

Ein ähnliches Schreiben mit Datum vom 10. Februar 1870 erhielt auch das „Königlich Hochlöbliche Ober- und Präsidium der Provinz Hannover". Man beschrieb die traurige Lage der Fleckengemeinde Ottersberg. Der Ort sei schon seit einer Reihe von Jahren ein von Mißgeschicken furchtbar heimgesuchter Ort. Obwohl es der älteste Amts- und Gerichtssitz im ehemaligen Herzogtum Bremen gewesen sei, hätte die ehemalige hannoversche Regierung dessenungeachtet beides von Ottersberg weggenommen. Dadurch hätte der Verkehr über Ottersberg erheblich abgenommen, wodurch allmählich auch andere Einrichtungen abgezogen wären. Die Herbstschau hätte man nach Zeven verlegt, die Stadtsparkasse und die Vogtei wären eingegangen. Die Ottersberger wären so arg in Bedrängnis gekommen, daß sie schließlich nur mit den größten Anstrengungen den Lebensunterhalt verdienen könnten und da wolle man „von Staatswegen" die geplante Eisenbahn weit an Ottersberg vorbeiführen!
Die bewegten und bewegenden Klagen der Ottersberger hatten Erfolg. Am 16. April entschied sich der Handelsminister in Berlin dann für die Ottersberg-Rotenburger Linie unter zwei Bedingungen:
1. Voller Bahnanschluß Bremens
2. Von Rotenburg direkt nach Harburg.

Einer Güter-Verbindungsbahn von Rotenburg nach Syke zur Umgehung Bremens legte er nichts in den Weg. Zunächst verzögerte sich der Baubeginn - 1870 brach Krieg zwischen Deutschland und Frankreich aus.

Durch die unvorstellbar hohe Reparationsleistung, die aus dem 1871 besiegten Frankreich herausgepreßt wurden, gab es einen Kapitalboom in Deutschland, die sogenannnten „Gründerjahre". Das hatte auch Auswirkungen auf den Eisenbahnbau zwischen Bremen und Hamburg. 1871 begann die Cöln-Mindener Eisenbahngesellschaft mit dem Erwerb von Grundstücken bis in die Gegend von Tostedt, wobei die Linie ab Rotenburg auf Hamburg zu noch nicht endgültig beschlossen war.

Die Landspekulanten erhofften sich eine schnell verdiente Markt. Der größte Unsicherheitsfaktor zwischen Bremen und Rotenburg war der noch nicht genau festgelegte Weg in Richtung Hamburg. Besonders laut meldeten sich diejenigen zu Wort, die mit größeren Landverkäufen rechneten und sich ein gutes Geschäft ausmalten. Mit fortschreitendem Bahnbau stellte sich aber sehr zum Leidwesen der Landeigner bald heraus, daß die Gesellschaft nicht willens war, allzuviel Geld für Landkauf auszugeben. Wo die Kaufverhandlungen wegen zu großer Forderungen fehlschlugen, nahm die Bahn einen anderen Weg, weitab vom Dorf. So auch in Ottersberg.

Am 24. Januar 1873 berichtete der „Courier" aus Bremen: „Bei Sagehorn, Ottersberg wird rüstig gearbeitet und dürfte die Herstellung der Bahn von Bremen bis Rotenburg noch in diesem Sommer erfolgen. Die ganze Bahnstrecke Bremen - Hamburg wird vor Frühjahr 1874 nicht eröffnet werden können. Es werden seit dem ersten Auftauchen des Projekts der

Bekanntmachung.

Auf den Bahnhöfen der Strecke **Osnabrück-Bremen-Sagehorn** der Venlo-Hamburger Eisenbahn sollen **16 Weichenstellerbuden** hergestellt und die Ausführung derselben incl. Lieferung allen Materials im öffentlichen Submissionsverfahren vergeben werden.

Die speciellen Bedingungen nebst Kosten-Anschläge liegen in meinem Büreau, Schwachhäuser Chaussee Nr. 28, zur Einsicht aus und können von dort kostenfrei bezogen werden.

Offerten sind mit entsprechender Aufschrift versehen bis zum 20. d. M. versiegelt in meinem Büreau abzugeben.

Submittenten sind 3 Wochen an ihre Offerten gebunden.

Bremen, 9. September 1874.

Der Betriebs-Inspector.

Meißner.

Sagehorn um 1930

»Paris-Hamburger Bahn« durch die Gesellschaft mehr als 10 Jahre verflossen sein." Und so ist es dann auch gekommen. Angeblich durch verspätete Materiallieferungen und nicht vertragsgemäß gelieferte Lokomotiven (von denen eine Rangierlok den Namen „Ottersberg" führte) verzögerte sich die Eröffnung der durchgehenden Strecke von Bremen nach Hamburg auf Montag, den 1. Juni 1874. (Die Verbindung Osnabrück - Bremen bestand schon seit dem 15. Mai 1873.)

Man schrieb darüber im „Courier": "Am Montag, also am 1. Juni, fand dann die Eröffnung für das Publikum statt, aber die Direktion der Köln-Mindener Gesellschaft hatte es gar nicht der Mühe wert gehalten, dies in den hiesigen oder Hamburger Blättern anzuzeigen. Ebensowenig wurde der Fahrplan von der Direktion der hiesigen Presse zur Veröffentlichung übergeben. Diese Geringschätzung des reisenden Publikums verdient die schärfste Rüge und wir werden es nicht versäumen, uns nächstens weiter darüber auszusprechen."

So wird also die Eisenbahnverbindung Bremen - Hamburg sang- und klanglos (zumindest durch die Eisenbahngesellschaft) eingeweiht und Ottersberg hatte den heißersehnten Bahnanschluß - allerdings sehr vom Ortsmittelpunkt entfernt. Hier entstand der neue Ortsteil Bahnhof, für die Einwohner wurde die nahe Bahnlinie mehr und mehr lebensnotwendig, denn die Arbeitsplätze verlagerten sich zunehmend von der Landwirtschaft weg zum Industriestandort Bremen hin. Der Mensch wurde mobiler und nutzte bald die Eisenbahn, wenn auch die recht hohen Fahrpreise zunächst nur den etwas besser gestellten Leuten das Bahnfahren ermöglichten. Bahnfahren galt damals als etwas Besonderes! Viele der Fahrgäste mußten sich erst einmal an den ungewohnt forschen Ton der Schaffner gewöhnen. Diese rissen nach dem Einlaufen des Zuges die Wagentür auf und kündigten laut und vernehmlich an : „Ottersberg, 1 Minute".

Bildnachweis: Archiv R. Pöttker

Aufenthalts- und Materialhäuschnen in Kirchweyhe, erbaut 1872. Dieses Foto entstand kurz vor dem Abriß.

Rainer Pöttker

Der Eisenbahnbau in Syke

Der Bau der Eisenbahnen erfolgte in den Gründerjahren ohne den Einsatz von Maschinen. Es zählte die menschliche Arbeitskraft. Der fleißige Arbeiter konnte bei einer entsprechenden Tagesleistung bis 1 Taler und 10 Silbergroschen in die Tasche stecken. Das war weit mehr als das übliche Lohnniveau der Tagelöhner und Dienstboten. So blieb es dann auch nicht aus, daß sich die Arbeitssuchenden scharenweise auf die Zeitungsanzeigen hin bei den Schachtmeistern in Syke oder Kirchweyhe vorstellten.

Die mit der Baustelle in die Syker Gegend gekommenen Eisenbahnarbeiter stammten großenteils aus Polen, sie arbeiteten zu schlechteren Bedingungen als die Deutschen. Die polnischen Arbeiter mußten unter den primitivsten Verhältnissen leben. Ihre Unterkunft war meist nur eine Schütte Stroh auf der Diele eines Bauernhauses oder die kleinste Kammer eines Anbauern in der Nähe der Baustelle.

Da die meisten von ihnen weder Deutsch lesen noch schreiben konnten, mußten die einheimischen Quartiervermieter oftmals die Postanweisungen ins Heimatland ausstellen. Aber am Sonntag, ihrem einzigen arbeitsfreien Tag nach der mehr als anstrengenden 72-Stunden-Woche, sah man sie in langen Reihen dichtgedrängt in den Schanklokalen stehen, die Schnapsflasche in großen Zügen leerend. Leider hieß es nicht selten: „wie beim Bahnbau gewonnen - so zerronnen“.

Ein findiger Anbauer aus der Syker Umgebung, der ebenfalls beim Bahnbau arbeitete, verkaufte den Arbeitern den Schnaps verbotenerweise direkt am Bahndamm. Dies trug ihm die Entlassung aus dem Arbeitsverhältnis und eine Anzeige bei der hiesigen Landgendarmerie ein. Auch von Arbeitsunruhen und Betrügereien wird berichtet. Arbeitsniederlegung bedeutete nach der Arbeitsordnung sofortige Entlassung und keine weitere Einstellung im gesamten Verlauf der Eisenbahnbaustelle.

Am Sonntag fanden auch die Kinder gefallen an den Handkarren und Materialloren. Wenn die einzelen Schächte ohne Aufsicht waren, dann zog es die Kinder an und man rollte mit den Wagen in atemberaubender Geschwindigkeit auf dem provisorisch verlegten Gleis die nächste Gefällstrecke hinab. Dieses ging solange gut, bis ein diensthabender Schachtmeister die Bande verjagte oder der alarmierte Dorfgendarm sich pustend den steilen Bahndamm hinaufquälte und die Kinder bald seine Pickelhaube bemerkten und schleunigst das Weite suchten.

An den Hauptarbeitsstellen befanden sich zeitweise bis zu tausend Eisenbahnarbeiter. Aus Hemelingen wird berichtet, daß die Tanzvergnügungen dort furchtbar florierten und in den besonders von polnischen Arbeitern frequentierten Schenklokalen spielten „sehr zweideutige Schankmamsells, Harfenistinnen und Sängerinnen eine betrübende Rolle“. Man kann wohl annehmen, daß die Arbeiter aus dem Kirchweyher Raum und von der Brückenbaustelle an den arbeitsfreien Tagen flugs über die halbfertige Dreyer Brücke nach Hemelingen eilten und sich dort ins volle Vergnügen stürzten.

Auch von der Landbevölkerung kam nicht immer Zustimmung. Manche waren nicht mit den gezahlten Bodenentschädigungen zufrieden. Zum anderen wurden die Bewohner von in

Eine Arbeitskolonne der Reichspost, die für die Telegrafenleitungen entlang der Bahnlinie verantwortlich war. Das Foto entstand um 1920 bei Bramstedt (Syke).

Das Barnstorfer Empfangsgebäude der Hamburg-Venloer Eisenbahn mit den Bediensteten um 1900

„weniger als 10 Ruthen Entfernung" von der Bahnlinie stehenden Strohdachhäusern aufgefordert, die feuerfangende Bedeckung gegen eine Ziegeleindeckung auszutauschen.

Anfang 1873 war die Weserbrücke fast vollendet und bei schönem Wetter das gernbesuchte Ziel Bremer Ausflügler. Ein geschäftstüchtiger Gastwirt namens Nüstedt hatte sich vollkommen auf den sonntäglichen Besucherstrom eingestellt und überraschte die erlebnishungrigen und durstigen Spaziergänger mit einer „vortrefflichen Restauration". Der Bremer „Courier" berichtete am 2. April 1873 folgendes von der Dreyer Weser-Brücke: „Zur Eisenbahnbrücke bei Dreye machten in den letzten Tagen sehr viele Leute von hier aus einen kleinen Ausflug. Die milde Witterung war um so mehr geeignet, als die Wege trocken sind und man den Mangel an Schatten in den Feldmarken von Habenhausen, Arsten und Dreye jetzt noch nicht so empfindet, als in der späteren Jahreszeit. Von der Alt- oder Neustadt aus ist der Weg über den Werder nach dem Buntentorsteinweg und von hier über den Arster Damm jedenfalls sehr empfehlenswert. Über Habenhausen kann man vielleicht etwas eher über die Brücke kommen, aber die Wege sind holperiger. Auf Anfrage beim Wärter wird eine Erlaubnis zum Überschreiten der Brücke gewöhnlich nicht verweigert und ist dies zugleich der kürzeste Weg, um über die Marsch nach Habenhausen zu kommen."

In der Weser war ein großer dampfgetriebener Bagger im Einsatz. Er förderte Weserkies aus dem Flußbett und verlud ihn auf die in langer Reihe auf dem Brückengleis stehenden Güterwagen. War ein Zug voll, dann ging es an die Baustellen in Kirchweyhe oder Syke. Der gute Weserkies wurde zu der damaligen Zeit dringend als Bettungsgrundlage für eine einwandfreie Schienenverlegung benötigt.

Im Januar 1873 besichtigte der Chef der in Osnabrück ansässigen Bauverwaltung der Cöln-Mindener Eisenbahngesellschaft, der Oberbaurat Funk, die Strecke von Osnabrück nach Bremen. Die Strecke war zu diesem Zeitpunkt bis auf einige unbedeutende Kiesaufschüttungen nahezu fertiggestellt, aber an eine Eröffnung der Verbindung bis Bremen war trotzdem noch nicht zu denken. Denn das rollende Material, besonders die zunächst benötigten 60 Lokomotiven, waren zwar schon lange bestellt, aber die Lokomotivbauanstalten kamen gegen den Auftragsboom nicht an. So verzögerte sich aufgrund der Lieferschwierigkeiten die Streckeneröffnung. Die Presse sprach sogar von einer sogenannten „Schneckenbahn", und man rief nach einer staatlichen Untersuchungskommission für die unbegreiflichen Verzögerungen, denn die Gemeinden entlang der Strecke warteten mit großen Hoffnungen auf den ersten durchgehenden Zug.

Der erste, mit Girlanden bekränzte und mit wehenden Fahnen am Langkessel geschmückte Personenzug rollte am 15. Mai 1873 morgens um 6 Uhr vollbesetzt aus dem Bremer Hauptbahnhof heraus in Richtung Osnabrück. Der festliche Zug hielt auf allen Stationen, wurde überall gebührend empfangen und erreichte Osnabrück um 10 Uhr. Der gleichzeitig von Osnabrück abgefahrene Gegenzug erreichte Bremen um 10.30 Uhr. Auf dieser Eröffnungsrundfahrt wurden neben anderen auch die Stationen Barnstorf, Twistringen, Bassum, Syke, Kirchweyhe und Hemelingen eröffnet. Die Anlagen auf dem neuen „Hamburg-Venloer Bahnhof" in der Nähe des Bremer Bürgerparks waren allerdings nicht mehr rechtzeitig fertiggestellt worden, und so mußte man für drei Monate auf den Hannoverschen Bahnhof ausweichen.

Heute steht die Strecke mit der Ordnungsnummer 100 im Kursbuch der Deutschen Bundesbahn, wird im Eisenbahnerjargon „Norddeutsche Rollbahn" genannt, ist mit heute Tempo 200 bevorzugte Ausbaustrecke und wird auch zukünftig ihre wichtige Rolle als schnelle Verbindung zwischen dem Ruhrgebiet mit seiner Schwerindustrie und der großen Bevölkerungsdichte und den norddeutschen Häfen Bremen und Hamburg sowie Skandinavien behalten.

Bildnachweis:
Alle Abbildungen: Archiv W. Meyer

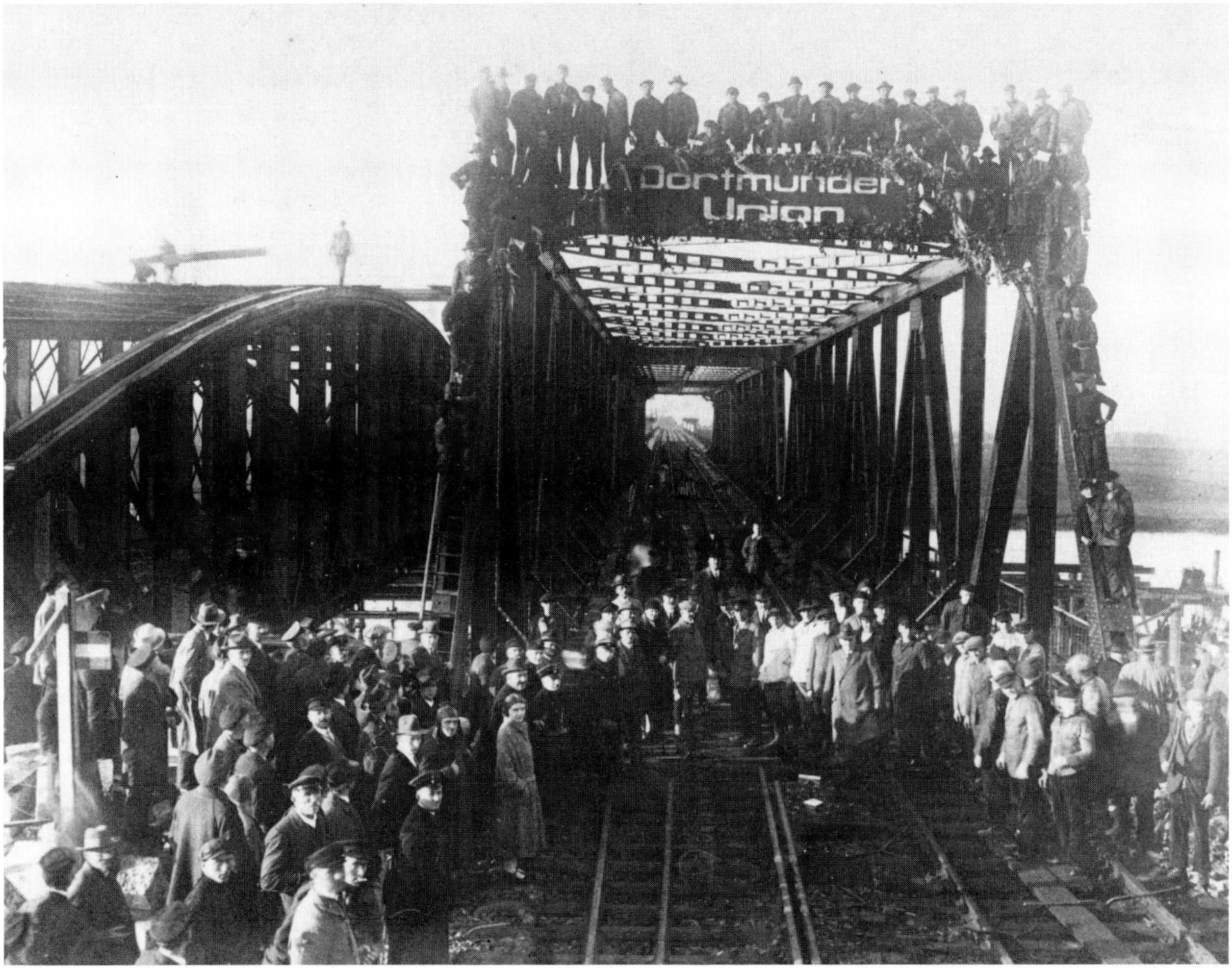

Die alte Eisenbahnbrücke bei Dreye (links) und die nahezu fertige neue Weserüberführung rechts im Bild

Wilfried Meyer

„An der Baustelle herrscht reges Treiben"
Die Eisenbahnbrücke bei Dreye

Südlich von Bremen überquert die Bahnstrecke Bremen - Osnabrück - Ruhrgebiet die Weser. Der Fluß, hier 185 Meter breit, bildet auch gleichzeitig die Grenze zwischen den Bundesländern Bremen und Niedersachsen.

Über 54 Jahre lang rollten unzählige Achsen von Personen- und Güterzügen der „Cöln-Mindener Eisenbahn", der „Königlich-Preußischen Staatsbahn" und der "Deutschen Reichsbahn" über die 1873 fertiggestellte Stahlkonstruktion hinweg. Drei große Bogen-Brückenelemente überspannten den Fluß, dazu kamen noch fünfzehn Flutbrückenteile, die den Überschwemmungsbereich von Deich zu Deich überwanden.

1927 entschloß sich die Direktion der Deutschen Reichsbahn, die gesamte Brücke gegen eine Neukonstruktion auszuwechseln. Die Waggons waren größer und damit schwerer geworden. Die Brücke wurde zu einem Sicherheitsrisiko und ihre Befahrbarkeit mußte eingeschränkt werden. Der Neubau stellte eine technischen Glanzleistung dar. Im folgenden geben Zitate aus dem„Allgemeinen Anzeiger" einen Eindruck von den Bauarbeiten.

„ **Dreye**, 27. Juli.1927 Der Neubau der Weserstrom- und Flutbrücken ist im vollen Gange. Hohe Baugerüste und Krane ragen weit über das Brückengeländer hinaus. An der Baustelle herrscht reges Treiben. Zwei Firmen von Ruf, die Gutehoffnungshütte und die Dortmunder Union, sind mit großen Kolonnen dabei, die Flutbrücken auszuwechseln und die Vorarbeiten für die Auswechslung der Strombrücke zu bewältigen. Ein Gehämmer und Getöse tönt dem im Zuge Vorbeifahrenden entgegen. Auf dem Weserdeich diesseits der Weser ist ein Maschinenhaus errichtet, in dem Kraftstrom für den Antrieb der Motoren und Krane erzeugt wird. Oft hört man von den Reisenden ein Schimpfen über die "bummelige Fahrt" über die Baustelle; aber rein gegenstandslos wird dieses Schimpfen, wenn man bedenkt, wieviele Menschenleben von der Betriebssicherheit abhängen, und daß der gesamte Umbau sich unter dem rollenden Rade abspielt. Ist es doch Tatsache, daß täglich über 200 Personen- und Güterzüge die Brücke passieren. Nur das Einrücken der oberen Brückenteile mit den neuen Schienen erfolgt an Sonntagen bei Außerbetriebsetzung eines Gleises... Die Kosten des gesamten Neubaues werden auf annähernd 2 Millionen Reichsmark geschätzt, eine Summe, für die 200 geräumige Einfamilienhäuser errichtet werden können.

Dreye, 12. Sept. Gestern vormittag wurde ein Bogen der im Umbau begriffenen Weserstrombrücke gegen einen neuen ausgewechselt. Alle Vorbereitungen waren getroffen, und nachdem der erste Personenzug von Bremen (6.20) die Brücke passiert hatte, wurden die beiden Gleise bis 11 Uhr gesperrt. Nachdem die Schienen, die die letzte Verbindung zwischen der Flut- und Strombrücke herstellten, gelöst waren, wurde zunächst der Brückenbogen, der schon auf einem kleinen Rollwagen stand, mittels einer Winde soweit herausgezogen, daß genügend Platz für den Einschub des neuen Brückenteils vorhanden war. Nachdem dieser Brückenbogen den Platz des ausrangierten eingenommen hatte,

Die Flutbrücke, aus 15 Teilen bestehend, wird ebenfalls ganz ausgewechselt

Jeder der drei alten Brückenbögen wurde in einem Schleppzug flußaufwärts nach Uesen gezogen und dort als neue Straßenüberführung montiert

wurde dieser sofort befestigt und durch Schienen mit den anschließenden Brückenteilen verbunden. Alsdann wurde mit schweren Lokomotiven die Belastungsprobe vorgenommen, die gut verlief. Der um 11.15 Uhr von Kirchweyhe kommende Personenzug konnte die Brücke bereits wieder passieren...

Dreye, 10. Okt. Im Umbau der Eisenbahnbrükke vollzog sich gestern morgen in Anwesenheit vieler Zuschauer der Schlußakt. Es wurde das dritte Stück der Brücke, und zwar das auf der Hemelinger Seite, durch elektrisch betriebene Winden herausgezogen und der neue Teil der Brücke im Anschluß daran hineingezogen. Dieser interessante Vorgang hat einen Zeitraum von nur ca. 20 Minuten beansprucht. Mit der Schienenlegung wurde dann sofort begonnen. Sechs schwere Maschinen standen für die Belastungsprobe auf der Hemelinger Seite bereit... Die alten Teile der Brücke werden nach und nach auf dem Wasserwege nach Uesen geführt. Der erste Teil wird bereits morgen transportiert. In Uesen wird die alte Brücke neu erstehen und dort einen neuen Verkehrsweg über die Weser bilden.

Dreye, 11. Okt. ...Da nunmehr das große Problem gelöst ist, gab die Baufirma „Dortmunder Union" gestern abend als Zeichen der Anerkennung für ihre Leute und für diejenigen, die sonst den Bau gefördert haben, ein Festessen beim Gastwirt Rügge...

Dreye, 12. Okt. Der erste ausgebaute Brückenbogen der Weserbrücke ist gestern nach Uesen auf 2 Kähnen abtransportiert. Die Fahrt verlief gut."

Für Uesen, einem Ortsteil der damaligen Kreisstadt Achim, war die Verlegung der Dreyer Brücke die Erfüllung eines lange gewünschten Projektes. Schon 1876 hatte die Bevölkerung dieses Raumes in Form einer Bittschrift an die „Hohen Häuser des Preußischen Landtages" um den Bau einer Brücke gebeten. Die nächsten festen Weserübergänge befanden sich in Bremen und Hoya, so daß lange Umwege in Kauf genommen werden mußten. Zwar bestand auch in Uesen eine Fährverbindung, doch jedes Hochwasser oder Eisgang auf der Weser beeinträchtigten diese Verkehrsverbindung.

1924 wurde schließlich die Entscheidung getroffen, die 17 Kilometer stromabwärts liegende Dreyer Eisenbahnbrücke als Übergang in Uesen zu verwenden. Doch noch drei Jahre gingen ins Land bevor auch die Finanzierung von 550.000 Reichsmark gesichert war. Die Arbeiten für die Fundamente und Strompfeiler brachte etwa 750 Erwerbslosen aus dem Raum Hemelingen und Achim für ein halbes Jahr Arbeit und Brot.

Leider erreichte die unter größten Anstrengungen und mit vielbeachteten technischem Können verlegte Brücke nur ein Alter von knapp 18 Jahren. Wenige Tage vor Kriegsende, am 15. April 1945 wurde sie von einem deutschen Sprengkommando völlig zerstört. Die Bevölkerung dieser Region hatte wieder keine Brükke. Es dauerte dann 6 Jahre bis zum 29. September 1951, bis eine neue Brücke eingeweiht werden konnte.

Bildnachweis:
Alle Abbildungen: Archiv W. Meyer

Der erste Bahnhofsvorsteher des Bremer Hauptbahnhofes Bernhard Töttcher (1886 - 1905)

Abfahrt des 1. Hanseatischen Infanterie-Reg. 75 anläßlich der Mobilmachung am 4./5. August 1914

Eine der ersten Elektro-Droschken auf dem Bahnhofs-vorplatz um 1910

Kriminalwache
Sanität

Die Belegschaft der „Sanitätswache" des Hauptbahnhofs 1914. Heute befindet sich hier die Bahnhofsmission.

Besuch des Reichs-arbeitsministers und Stahlhelmführers Seldte

NS-Propaganda zu einem Sportfest um 1930

Nach dem 91. Luftangriff auf Bremen am 4. Juni 1942. Der Bahnhof ist durch eine Straßenattrappe getarnt.

Wahl-Propaganda der NSDAP um 1936

Angriff auf Schnellzug Bremen - Osnabrück am 4. Mai 1944

Zwangsarbeiter reparieren durch Bombenangriffe zerstörte Gleisanlagen 1940

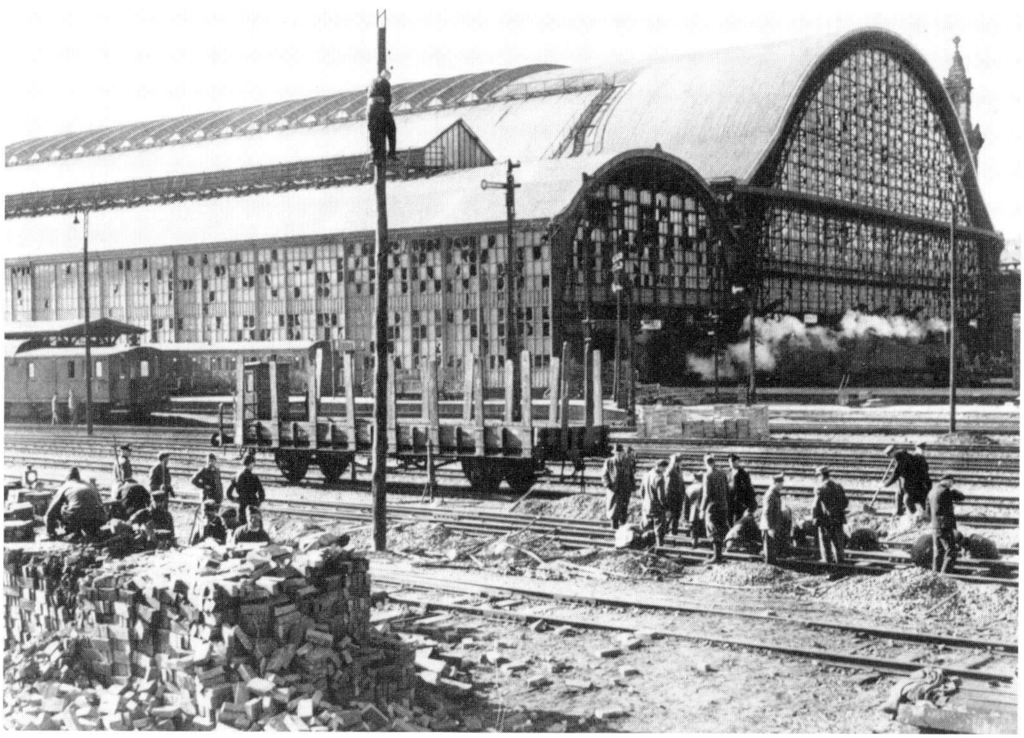

Der Hauptbahnhof nach dem 20. Luftangriff am 11./12. September 1940

Mit Volldampf nach Vegesack - Nahverkehr in den fünfziger Jahren

Günter Eggers

„Vorsicht an Gleis 1…"
Die Betriebsabwicklung im Hauptbahnhof

Nur wenige der prächtigen Bahnhofsgebäude aus der großen Zeit der Eisenbahn haben den Zweiten Weltkrieg so relativ unbeschadet überstanden wie das in Bremen. Sicherlich ist das Innere der Empfangshalle mehrfach umgebaut und der Zweckmäßigkeit und dem Zeitgeschmack angepaßt worden, aber die eigentliche Anlage des von Hubert Stier entworfenen Baus ist im wesentlichen erhalten.

Die große Bahnsteighalle reichte für den ständig wachsenden Zugverkehr bald nicht mehr aus. 1914 kam bereits mit zwei weiteren Gleisen die kleine Halle dazu, später dann noch die heutigen Gleise 9 und 10. Es stehen somit heute für die Betriebsabwicklung (einschließlich des Vegesacker Kopf- oder Pendelbahnsteiges) 10 Bahnsteiggleise zur Verfügung. Zur Vergrößerung der Kapazität sind die Gleise 5 und 6 noch durch eine „Beifahranlage" unterteilt, so daß dort mit jeweils zwei Zügen eingefahren werden kann. In jedes der 10 Bahnsteiggleise kann aus allen Richtungen eingefahren werden, mit Ausnahme der Richtung Oldenburg. Ein Vorzug, der sich bei Bauarbeiten oder Unregelmäßigkeiten besonders bezahlt macht. Nicht ganz glücklich ist der Verlauf der Gütergleise durch die große Bahnhofshalle, aber die Lage des Güterbahnhofs und des Rangierbahnhofs erfordern diese Linienführung.

Zu den Bahnsteiggleisen gruppieren sich die Anlagen der technischen Dienststellen sowie die Zugbildungs- und Abstellgleise. Auch der neue Postbahnhof, der bis 1990 fertiggestellt sein soll, gehört dazu. Zwischen den Richtungsgleisen Oldenburg und Bremerhaven schließt sich an den Personenbahnhof der Güterbahnhof mit 13 Hauptgleisen an. 60 weitere Gleise dienen der Zugbildung und der Bedienung der Zusatzanlagen. Hierzu gehören die große Umladehalle, die Freiladegleise mit Kopf- und Seitenrampen und einem Portalkran, die Privatgleisanschlüsse und die Gleise für die bahntechnischen Einrichtungen. Insgesamt beträgt die Länge der Gleise im Hauptbahnhof rund 94 Kilometer. Davon sind 65 Kilometer mit elektrischem Fahrdraht überspannt.

Der Bau eines Zentralstellwerks, von dem aus der gesamte Hauptbahnhof gesteuert werden kann, hat sich immer wieder verzögert. So wird auf den meisten der 10 Stellwerke noch nach der elektromechanischen „E-43-Technik" gearbeitet. Eine technische Besonderheit ist das „Stellwerk Bgm", das Hauptstellwerk des Güterbahnhofes. Es ist das größte, noch vorhandene „Vierreihen-Stellwerk" in Nordwestdeutschland. „Stellwerk Bhf" ist das Hauptstellwerk des Bahnhofes. Von hier aus werden die Einfahrten der Züge in den Bahnhof disponiert, hier werden die Bildschirminformationen des äußeren und inneren Melderinges verarbeitet (Vormeldungen über Verspätungen und dergleichen aus einem Bereich von rund 100 Kilometern) und von hier wird auch die Reisenden-Informationsanlage gesteuert.

Im Hauptbahnhofsbereich gibt es 64 Haupt- und 177 Sperrsignale, 343 elektrische und 84 Handweichen sowie 25 Gleissperren. Hierbei sind nicht berücksichtigt die zum Bremer Hauptbahnhof gehörende Abzweigstelle Utbremen und der Bahnhof Bremen-Oberneuland, der

1987 ein modernes Dr-S-60-Stellwerk erhielt.

Das ist - natürlich stark vereinfacht - die technische Grundausrüstung für die Durchführung der Züge. Wie viele es sind? Zunächst einmal die Reisezüge: an einen normalen Werktag sind es exakt 424. 124 Reisezüge beginnen in Bremen, 143 kommen hier an und 157 fahren mit Halt in Bremen Hbf durch. Bei etlichen von ihnen werden Wagen zugestellt oder abgenommen. 61 der 424 Züge sind EuroCity- oder InterCity-Züge.

Die Zahl der Güterzüge, die durch die Bahnhofshalle fahren, läßt sich nicht so genau angeben, da das Zugaufkommmen täglich großen Schwankungen unterworfen ist. Im Schnitt kann man jedoch von 220 Zügen täglich ausgehen. Präziser sind da schon die Angaben für den Güterbahnhof. 26 beginnenden Zügen stehen 38 endenden gegenüber und 35 Züge durchfahren den Güterbahnhof mit rangierdienstlicher Behandlung. Acht von diesen 99 Zügen gehören zum ICG-System, in dem im Nachtsprung Deutschlands Wirtschaftszentren in kürzester Fahrzeit verbunden sind. Jeden Tag, vor allem aber jede Nacht, gehen vom Güterbahnhof Bremen insgesamt 600 Wagen auf die Reise. In dieser „Zug-Auflistung" darf die Strecke vom Gröpelinger Rangierbahnhof zur Neustadt, der linken Weserseite, nicht vergessen werden. Sie verläuft am Rande des Güterbahnhofes und wird vor der Weserbrücke in die Strecke Bremen - Oldenburg eingefädelt. Diese Strecke wird durchschnittlich von 85 Zügen pro Tag befahren. Summa summarum kommen wir für den Bereich des Bremer Hauptbahnhofs also auf über 700 Zugfahrten rund um die Uhr.

Wer erbringt nun alle diese Leistungen auf dem Bremer Bahnhof? Es sind 160 Mitarbeiter im Stellwerks-, Aufsichts- und Informationsdienst, 130 Zugbegleiter, 103 Rangierer, 68 Bahnpolizisten und 18 Mitarbeiter im Reinigungsdienst. In der Fernschreibstelle sind 10 und in der Verwaltung 20 Personen beschäftigt. Die Zahl der Nachwuchskräfte schwankt im Jahr zwischen 15 und 25 Personen. Bei dieser Aufstellung ist zu berücksichtigen, daß der Verkaufs- und Ladedienst sowie jeglicher technische Dienst nicht in unser Aufgabengebiet fällt. Und wieviel Menschen besuchen innerhalb von 24 Stunden den Bahnhof? An einem normalen Werktag sind es 73000.

Bildnachweis:
G. Schmidt, Bremen (1)
Staatsarchiv Bremen (2)

Erich Ollenhauer (Mitte) auf dem Hbf Bremen 1963

Die „Billetterie" in der Eingangshalle

Joachim Adomeit

Reisezentrum Bremen Hbf
Kurs ´90 - Verkaufssystem des Personenverkehrs

Die erste Fahrkartenausgabe des Bremer Bahnhofs befand sich in der „Billetterie“, einem Häuschen in der Eingangshalle. Die Räume der Fahrkartenausgabe wurden im Laufe der Zeit immer wieder neu- und umgestaltet. Das heutige Reisezentrum ist mit Computern der neuesten Generation ausgestattet.

Bei der Deutschen Bundesbahn läuft die Umrüstung der Fahrkartenausgabe auf moderne Verkaufstechnik unter dem Namen „Kurs ´90“. Das steht für „Kundenfreundliches Reise-, Informations- und Verkaufssystem der 90er Jahre“. Zwei wesentliche Punkte zeichnen die neue Gerätegeneration aus:
1. Zusammenfassung der bisherigen Systeme für Fahrausweisverkauf (MOFA), manuellen Verkauf (Schrankschalter), Platzreservierung (EPA 80), Fahrplanauskunft (EFA) und Reisebüroverkauf (START) zu einem System.
2. Der Übergang des Fahrausweisverkaufs vom Offline- zum Online-System.

Bisher waren technische und organisatorische Unzulänglichkeiten die Ursache dafür, daß die Kunden Auskunft, Reservierungen, Fahrausweise für das In- Ausland an verschiedenen Schaltern erhielten. Heute können alle Leistungen an einem Schalter, dem Universalschalter, angeboten werden. Das neue Terminal arbeitet im Vergleich zur bisherigen Technik wesentlich schneller.

Die Vielfalt und Differenzierung der Angebote der Deutschen Bundesbahn machen es dem Verkäufer immer schwerer, den Kunden umfassend zu beraten. Durch die Komponente „best choice“ unterstützt das neue System den Verkäufer. Auf dem Bildschirm werden für eine gewünschte Personenzahl die Fahrpreise aller gültigen Angebote angezeigt. Der Kunde erhält somit zuverlässig das preisgünstigste Angebot. Aktuelle Informationen über Angelegenheiten des Verkaufs werden dem Verkäufer automatisch angezeigt.

Im Reisezentrum im Hauptbahnhof können jetzt folgende Leistungen angeboten werden:
- im Servicebereich: Fahrplan- und Tarifauskunft
- in der Reservierung: Sitzplätze, Plätze für Frau und Kind, für Schwerbehinderte, für Rollstuhlfahrer in den DB-Großraumwagen 2. Klasse, am Tisch im Großraumwagen 2. Klasse, Liegeplätze, Autoreisezug, Parken am Gleis, Zimmer in IC-Hotels, Mietwagen, Fähren und Touristik
- Fahrausweisverkauf für das In- und Ausland.

Die Deutsche Bundesbahn beabsichtigt eine Erweiterung ihres Angebotes: die „Kontingentierung“. Damit können bestimmte Angebote bezogen auf bestimmte Züge, Tage und Strekken kontingentiert verkauft werden.

Die elektronische Fahrplanauskunft umfaßt das Kursbuch der DB, Gesamtausgabe einschließlich Auslandsbuch. Sie trägt bei zur Verbesserung der Auskunftsqualität, des Kundenservice und der Entlastung der Mitarbeiter.

1990 wird die Deutsche Bundesbahn zur Ergänzung des Angebots im Bremer Hauptbahnhof völlig neue dialoggesteuerte Universalautomaten einsetzen. Hier können dann Fahrausweise für den Nah- und Fernverkehr, Platzreservierung, Tarif- und Fahrplanauskünfte vom Kunden selbst über den Bildschirm abgerufen werden. Die Zahlung erfolgt durch Münzen und Banknoten oder auch durch bargeldlosen Zahlungsverkehr mit EC-Karte oder Chipkarte.

Umsteigehilfe bei der Kinderverschickung um 1968

Sozialer Brennpunkt Bahnhof
Aus der Arbeit der Bahnhofsmission Bremen

Knotenpunkt Bahnhofsmission: hier laufen viele Fäden zusammen. Hier ist Warten und Hetze, hier ist Eile und Verweilen. Hier kommt ein Diabetiker, der sich eine Spritze geben muß. Hier kommt eine Mutter, um ihr Kind zu versorgen, ihm die Flasche zu geben und es zu wikkeln. Hier kommt eine Frau mit Kreislaufschwäche und bittet, die Angehörigen zu benachrichtigen, damit sie abgeholt wird. Hier halten sich regelmäßig auf der Durchreise Menschen auf, die an multipler Sklerose erkankt sind und in Bremen eine gezielte Behandlung erhalten. Ihnen und anderen körperlich und geistig Behinderten geben wir Umsteigehilfe.

„Die Bahnhofsmission hilft Menschen, die unterwegs in Schwierigkeiten geraten sind, und die sich selber nicht helfen können" - auf diese Kurzformel läßt sich die Arbeit der Bahnhofsmission bringen. Und was sind das alles für Schwierigkeiten. Da fehlt das Geld: Ein junger Mann in Lederkombination betritt die Bahnhofsmission. Großes Pech, das Motorrad ist kaputt und für das Abschleppen ist das ganze Geld draufgegangen. Es fällt ihm schwer, um Geld für eine Rückfahrkarte zu bitten. Wir wissen jedoch einen anderen Weg. Wir informieren die Angehörigen und die Fahrkarte wird am Heimatort des jungen Mannes eingezahlt. Er kann mit dem nächsten Zug heimfahren. Plötzlich schmeckt die Tasse Kaffee und eine Zigarette über die Maßen gut.

Sehr häufig müssen wir den Kontakt zu den Angehörigen herstellen: Eine Frau, zum ersten Mal aus der DDR in die Bundesrepublik gekommen, weint und ist tief verunsichert, weil sie nicht abgeholt wurde. Sie glaubt, sie sei unerwünscht. Wir versuchen sie zu trösten und lassen sie über Lautsprecher ausrufen. Die Verwandten stürmen in die Bahnhofsmission mit Riesenblumensträußen zur Begrüßung. Lachen und Weinen - und eine Spende für uns!

So einfach ist es meistens nicht, die Angehörigen herauszufinden: Die Bahnpolizei bringt einen geistig behinderten Mann. Wir sollen ihn bis zur Abfahrt des Zuges nach Rotenburg betreuen. Es stellt sich aber heraus, daß er gar nicht nach Rotenburg gehört. Kein Ausweis, keine Papiere, kein Namensschild in der Kleidung. Er ist seinem Betreuer davongelaufen. Er kann nicht schreiben und spricht sehr undeutlich. Bei Kaffee und Unmengen von Brot wird er ganz friedlich. Er sagt nur: „Will nach Hause". Aber wo ist das? Nach etlichen Telefonaten finden wir es heraus und ermöglichen seine Rückkehr in ein Heim in Hamburg.

Aber uns sind in der Beratung und Betreuung Grenzen gesetzt, und manchmal fehlt einfach die Zeit, die insbesondere psychisch Kranke für sich in Anspruch nehmen möchten. Vielfach können wir die Hilfesuchenden nur informieren und ihnen nach einer Erstberatung das Angebot machen, den Kontakt zu anderen kompetenten Sozialhilfe-Einrichtungen herzustellen. Oder wir benachrichtigen das zuständige Konsulat, fragen beim Hafen und Flughafen nach, erklären den Weg auf dem Stadtplan, suchen Bus- und Zugverbindungen heraus und...

Manchmal allerdings ist es schon mit einem ruhigen Gespräch und einem Telefonat getan: Ein Mann aus Verden kommt zu uns und bittet um eine Aussprache. Seit 1 1/2 Tagen irrt er nach einem Streit mit seiner Frau in der Stadt umher. Seit 21 Jahren ist er verheiratet. Er ist arbeitslos. Die Spannungen sind immer stärker geworden. Die Mitarbeiterin telefoniert mit der Frau, findet die richtigen Worte. Alles ist eingerenkt. Nachts um viertel nach eins fährt er nach Hause. Er bedankt sich tief bewegt.

Regelmäßig sind Arbeitsbesprechungen für alle Mitarbeiter und Mitarbeiterinnen angesetzt, bei denen die Probleme erörtert werden, die sich aus den verschiedenen Problemgruppen unserer Besucher ergeben. Es gibt hier aber auch Probleme zu lösen, die die Abhängigkeit von der Bundesbahn und der Bahnpolizei mit sich bringt. Die Zusammenarbeit mit diesen Institutionen ist aber freundlich und gut. Bei unseren Wünschen wird uns zuvorkommend geholfen. Die Mitarbeiter der Deutschen Bundesbahn helfen uns, wenn sich große Seniorengruppen angemeldet haben, denn oftmals sind mehrere der älteren Reisenden gehbehindert.

Ab und zu schaut auch die Bahnhofspolizei auf ihren Streifengängen bei uns herein. Das ist uns ganz lieb, denn wir liegen weit unten am Gleis 1. Und es ist gut zu wissen, daß wir nur ein Knöpfchen drücken müssen, um schnell Hilfe herbeizurufen. Zuviel polizeiliche Präsenz schafft aber auch Probleme: so mancher Gast der Bahnhofsmission meidet dann für die nächste Zeit unsere gastlichen Räume.

Die Funktion der Bahnhofsmission ist vielschichtig und jede der Mitarbeiterinnen leistet wertvolle Hilfe. Es gibt keine Spezialisierung, jede Arbeit muß von allen erledigt werden können. Und dazu gehört auch das Abwaschen und Putzen, oder das Schmalzauslassen für die vielen Brote, die von unseren Besuchern verzehrt werden. Das Alter der Helferinnen spielt kaum eine Rolle. Die junge Studentin geht dem Gleisdienst nach, kauft ein, und die ältere Bahnhofsmissionarin leistet ihren Beitrag bei Beratungen, Gespächen und Betreuung im Innendienst.

Die Station ist von 7.30 bis 20 Uhr besetzt. Daher werden immer Helfer jeglichen Alters

Russische Spätaussiedler in den Räumen der Bahnhofsmission in den sechziger Jahren

gesucht, die sich stundenweise für diese große soziale Aufgabe der Inneren Mission und Caritas zur Verfügung stellen. Meldungen nimmt die Leiterin der Bahnhofsmission Bremen entgegen.

Sie erreichen die Bahnhofsmission Bremen unter der Rufnummer: (0421) 31 34 83

Bildnachweis:
Alle Fotos: Bahnhofsmission Hbf Bremen

1859 gründet Dr. Kulenkampf eine private Herberge zur Heimat am Ansgarii-Kirchhof, die 1879 von der Inneren Mission übernommen wird.

1881 Gründung der Auswanderermission in Bremen

1889 Einweihung des zentralen Hauptbahnhofes in Bremen

1894 Beginn der evangelischen Bahnhofsmission durch Pastor Burckhardt in Berlin

1895 Beginn der katholischen Bahnhofsmission durch Pater Cyprian in München

24. Oktober 1897: Gründung der Bahnhofsmission in Bremen, die aus dem „Verein der Freundinnen junger Mädchen" hervorgegangen ist. Sozial gesinnte Bürgerfrauen kümmerten sich um Frauen und Kinder der Auswanderer und um alleinreisende Mädchen

1910 nach Umbau des Bahnhofsgebäudes Betreuung der Reisenden gemeinsam durch die evangelische und katholische Bahnhofsmission

1913 erhält die Bahnhofsmission ein eigenes Dienstzimmer. Während des Ersten Weltkrieges Betreuung der Verwundetentransporte. In der Inflationszeit besondere Probleme mit arbeitslosen jungen Frauen, die aus den landwirtschaftlichen Gebieten Deutschlands in die Großstädte kamen.

1922 wird das Frauenobdach in der Hansastraße eröffnet

1925 wird das Marthasheim für weibliche Obdachlose eröffnet

1927 Erwerb des Hauses am Dobben 112 für die Jugendarbeit der weiblichen Stadtmission durch Helen Graeber

nach 1933 Behinderung der Bahnhofsmissionsarbeit durch staatliche Stellen

1936 letzte Sammelerlaubnis für die Bahnhofsmission Bremen

Juli 1939 zwangsweise Übernahme der 350 Stationen in Deutschland in die NSV (Nationalsozialistishe Volkswohlfahrt)

1945 Neuaufnahme der Bahnhofsmission durch die Fürsorgerin Erika Poppe - Bahnhofsbunker als Übernachtungsheim der Inneren Mission eröffnet

1946 Beginn der Betreuung von Kindertransporten in die Schweiz

1948 Einrichtung eines Aufenthaltsraumes für die Helfer durch Spenden

1950 Betreuung von 20 000 Flüchtlingen aus der DDR

1955 Errichtung eines eigenen Häuschens auf Bahnsteig 1 für die Versorgung hilfsbedürftiger Reisender.Betreuung von DDR-Besuchern, Behinderten, Ausländern, Spätaussiedlern zum Lager Lesum.

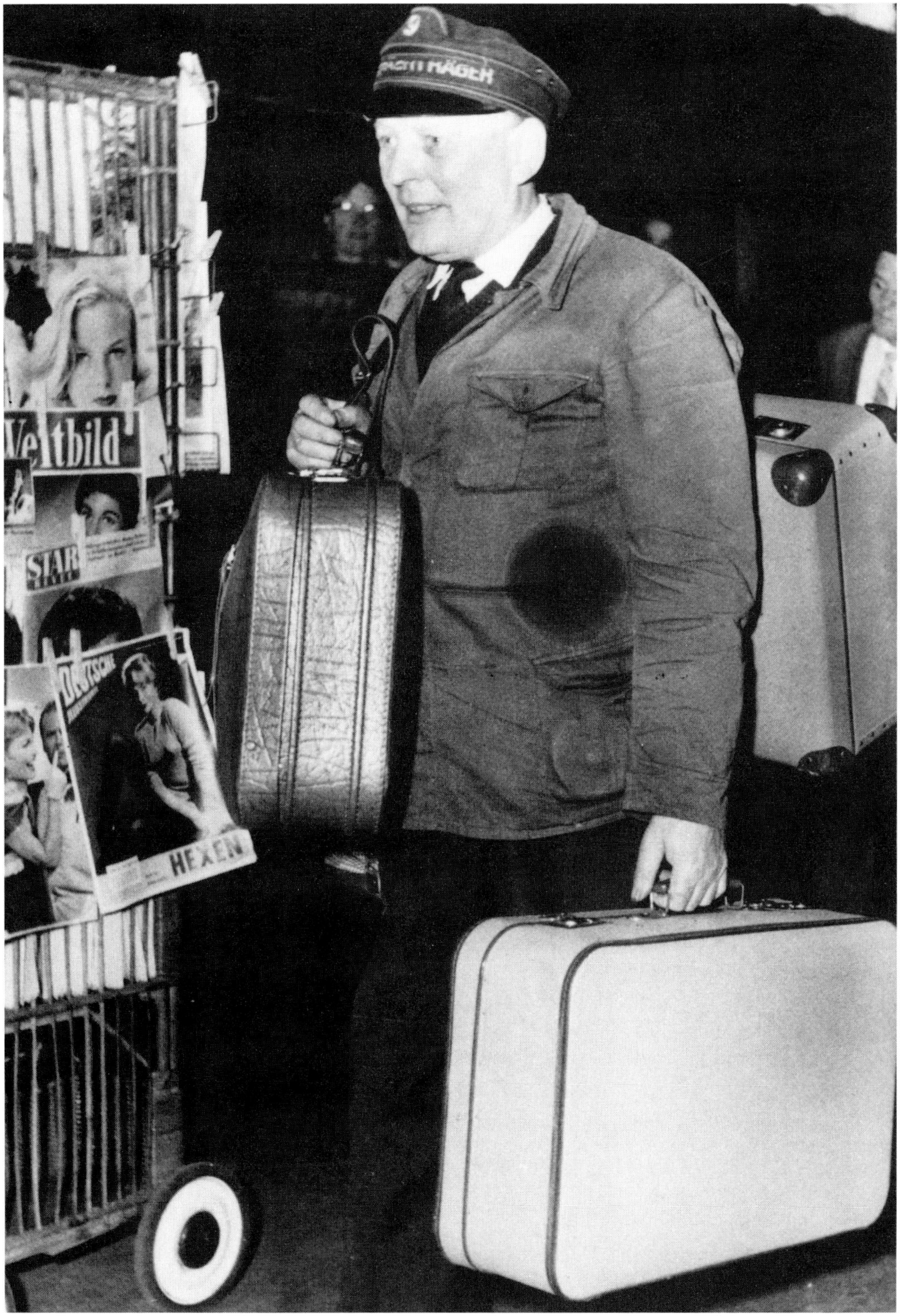
STAR
HEXEN

Johann Kück

100 Jahre Gepäckträgergemeinschaft und bahnamtliche Rollfuhr im Bremer Hauptbahnhof

Der Bahnhof feiert den einhundertsten Geburtstag. Mit ihm feiert die dort ansässige Gepäckträgergemeinschaft. Denn aus Anlaß der Eröffnung des neuen Hauptbahnhofes wurde am 26. September 1889 zwischen der Königlichen Eisenbahndirektion Hannover und der Gepäckträgergemeinschaft der erste Vertrag geschlossen. Und am 2. Oktober wurde im neuen Hauptbahnhof die Handgepäckaufbewahrung eröffnet und durch einen Vertrag der Gepäckträgergemeinschaft übergeben. Die jährliche Pachtgebühr betrug zunächst 400 Mark. Schon 1892 wurde sie auf 500 Mark erhöht, denn die Eisenbahnverwaltung merkte schnell, daß in der Aufbewahrung Geld zu verdienen war. So wurde in der Folgezeit in kurzen Abständen die Miete an die Einnahmen angeglichen. 1896 waren es schon 1 500 Mark. Und als nach dem Ersten Weltkrieg der Reiseverkehr sehr stark zunahm, stieg die Miete immer weiter. Allein 1924/25 von 5 400 auf 20 000 Goldmark.

Der gesamte Reiseverkehr lief damals über die Schiene. Handelsvertreter wollten ihre großen Musterkoffer in die Geschäfte gebracht haben. Auftretende Künstlergruppen wollten mit ihrem vielen Gepäck in die Varietehäuser. Die Nachfrage der Reisenden war groß, die Koffer direkt in die Hotels oder die Wohnungen gebracht zu bekommen. Die Gepäckträgergemeinschaft paßte sich der Nachfrage an und begann den Fuhrbetrieb, die „Bahnamtliche Rollfuhr", mit 4 großen zweirädrigen Handwagen, 2 Schlitten und 3 Pferdewagen.

Bei der Eisenbahn lief der Expreßgutverkehr an. Die Empfänger der Sendungen bestanden auf Zustellung. So wurde die Gemeinschaft von der Reichsbahnverwaltung beauftragt, die Zustellung und Abholung von Expreßgut zu übernehmen. Die Herren der Verwaltung wußten, daß sie in der Gemeinschaft einen zuverlässigen Partner hatten. Das Stadtgebiet wurde in 6 Zustellbezirke eingeteilt und durch 7 Gespanne bedient. 1945 sind in einer schrecklichen Bombennacht 7 Pferde in den Stallungen am Güterbahnhof umgekommen.

In Selbsthilfe wurden nach dem Kriege in den Ruinen Steine geputzt und alles wieder aufgebaut. Mit 4 Pferden und 3 alten Autos wurde der Fuhrbetrieb wieder aufgenommen. Es begann dann die große Auswanderungswelle nach Amerika und Australien. Die Gemeinschaft wurde von der Auswanderungsbehörde beauftragt, das ankommende Gepäck in das Auswandererlager nach Bremen-Lesum zu fahren. Im Schiffspassagierbetrieb herrschte in den ersten zehn Jahren nach dem Krieg Hochbetrieb. Mit den verschiedenen Schiffahrtslinien wurde vereinbart, daß bei der Ankunft an der Columbuskaje von der Gemeinschaft bis zu 25 Mann zur Abfertigung geschickt wurden. Wenn die „TS Bremen", „MS Europa", „SS America" oder „SS United States" am Columbus-Bahnhof anlegten, wurden im allgemeinen 1 000 Passagiere gelandet und auch wieder eingeschifft. Es fuhren Sonderzüge von Bremerhaven zum Bremer Hauptbahnhof. Hier halfen die Gepäckträger den Passagieren, mit ihrem Gepäck die Fernzüge zu erreichen. Ausgehende Passagiere konnten bereits in Bremen bei den Gepäckträgern ihre Koffer abgeben. In der Schiffskabine fanden sie dann schon ihr Gepäck vor. In den sechziger Jahren wurde der

1951 in der Bürgermeister-Smidt-Straße

1962: die drei letzten Pferden des bahnamtlichen Rollfuhrdienstes

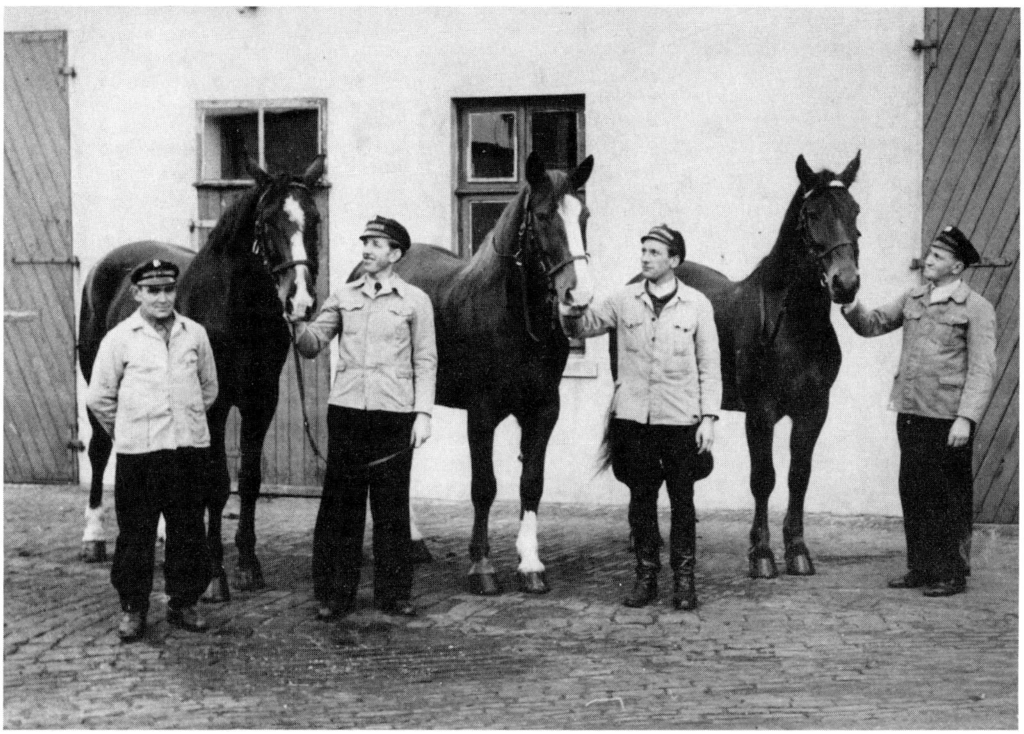

Gepäckannahme im Hauptbahnhof

Passagierverkehr in die USA fast ganz von Flugzeugen übernommen. Die Schiffe wurden jetzt im Kreuzfahrtgeschäft eingesetzt. Der Dienst der Gepäckträger bei Schiffsankunft in Bremerhaven wurde 1968 eingestellt. Nur der Trägerdienst in Bremen wurde weiter bei Schiffsverkehr wahrgenommen.

Im Speditionsgewerbe stieg die Nachfrage nach unseren Diensten rapide. Infolge der starken Industrialisierung zogen viele alten Firmen und gute Kunden von der Innenstadt in die Außenbezirke, denn hier konnten sie sich vergrößern. Weil sie jahrzehntelang von der Gepäckträgergemeinschaft im Rollfuhrgeschäft pünktlich und zuverlässig bedient wurde, bestanden sie auf weitere Geschäftsbeziehung. Die Gemeinschaft paßte sich den Wünschen an, investierte und vergrößerte ihren Fuhrpark entsprechend. Auf kleineren Bahnhöfen wie Bremen-Huchting oder Bremen-Neustadt, wurde der Expreßgutverkehr eingestellt. Auch hierdurch kamen neue Kunden.

Mit verschiedene Banken und anderen Firmen hat die Gemeinschaft seit vielen Jahren Verträge. Koffer mit Unterlagen für die Datenverarbeitung werden fast stündlich von ankommenden und abfahrenden Zügen abgeholt und zugestellt. 16 Fahrzeuge sind heute täglich im Rollfuhrgeschäft im Einsatz. Und heute wie vor hundert Jahren ist die Gepäckträgergemeinschaft, der übrigens ein aus den eigenen Reihen gewählter Obmann vorsteht, bestrebt, eine guten Kundendienst zu betreiben und möglichst alle Wünsche zu erfüllen.

Bildnachweis:
Archiv Weser-Kurier - Foto: M. Münzebrock (1), Archiv J. Kück (2) (3), Staatsarchiv Bremen - Foto: K. E. Schmidt (4)

Rainer Pöttker

Das Bundesbahn-Ausbesserungswerk Bremen-Sebaldsbrück
Arbeiter bei der Bahn

Links: Aufachsen einer Güterzuglokomotive

Eisenbahn - das ist zunächst einmal der gesamte faszinierende Bahnbetrieb auf der Schiene, das pulsierende Leben in den Bahnhöfen der Großstädte sowie leistungsstarke Lokomotiven vor tonnenschweren Güterzügen oder schnelle Intercity-Renner, die im Stundentakt Städteverbindungen herstellen - alles in allem funktionierende Technik und gewährleistete, selbstverständliche Sicherheit eines hochentwickelten Verkehrssystems.

Weniger auffällig und bekannt ist dagegen der technische Unterhaltungsdienst bei der Deutschen Bundesbahn, hier wird der für den Betrieb benötigte Fahrzeugpark gepflegt, gewartet und instandgesetzt.

Kleinere Reparaturarbeiten erledigen Werkstätten in Bahnhofsnähe, größere Schäden und Untersuchungen werden in den Ausbesserungswerken vorgenommen.

Am 1. April 1989 konnte das Bundesbahn-Ausbesserungswerk Bremen auf ein 75jähriges Bestehen zurückblicken. Das Werk ging aus der ehemaligen Hauptwerkstätte am Bremer Hauptbahnhof hervor, welche 1910 schon aus allen Nähten platzte.

Mangels Ausdehnungsmöglichkeiten im Hauptbahnhofsbereich plante und baute die Eisenbahnverwaltung ein neues, großes Werk auf die grüne Wiese und setzte es in die Feldmark der damals preußischen Landgemeinden Arbergen und Hemelingen.

Diese Ortschaften lagen im ehemaligen Altkreis Achim und somit gehörte der Landrat Roedenbeck auch zu den geladenen Ehrengästen bei den Eröffnungsfeierlichkeiten, wie man aus den noch vorhandenen Einladungsschreiben ersehen kann.

In Bremen kreuzten sich wichtige Hauptlinien des Eisenbahnbetriebes, und es bot sich für die Königlich-Preußische Eisenbahnverwaltung an, hier eines ihrer größten und leistungsfähigsten Werke einzurichten. Die Hauptaufgabe lag in der Unterhaltung der in großer Anzahl im Einsatz befindlichen Dampflokomotiven und Güterwagen. Die Belegschaft wuchs bald auf fast eintausend Beschäftige an, es war somit die größte industrielle Einrichtung im überwiegend ländlich strukturierten Altkreis Achim. Viele Einwohner der umliegenden Dörfer fanden hier ihr geregeltes Auskommen, der Einzugsbereich lag weit über Achim und Verden hinaus, auch aus Kirchweyhe, Osterholz-Scharmbeck sowie aus der Stadt Bremen zog es die Leute an, um in den Dienst der Eisenbahn zu treten. Viele spätere Lokomotivführer fingen im „AW Bremen“ eine Handwerkslehre an und bekamen hier ihren ersten Kontakt mit dem „rollenden Rad“.

Ein Bahnanschluß mit Güterexpedition schuf in vielen Städten die Grundlage für viele kleine und mittlere Handwerksbetriebe, sich zu industriellen Fertigungsstätten auszuweiten. Im wahrsten Sinne „bahnbrechend“ war die Eisenbahn in der Anfangszeit und den darauffolgenden Jahren auch in Bremen und Umgebung. Die zunächst in Hauptbahnhofsnähe gewachsenen Eisenbahndienststellen und später auch das neue Ausbesserungswerk prägten den Charakter ganzer Stadtteile. Rund um die Hallen und Gleisanlagen herum entstanden große Wohnsiedlungen für die Eisenbahnangehörigen. Diese

Eisenbahnerkolonien wuchsen zu gut funktionierenden Gemeinwesen zusammen. Nach einigen Jahrzehnten wohnten schon Generationen von Eisenbahnern einträchtig nebeneinander. Oftmals bekam der jüngste Sproß der Familie gerade erste Grundlagen der Eisenbahntechnik in der Lehrwerkstatt beigebracht, als sein Großvater in den wohlverdienten Ruhestand trat. Die ersten Spuren des Werkstättenwesens gehen bis in die Anfangsjahre des bremischen Eisenbahnbetriebes zurück, als der Schienenstrang von Hannover aus 1847 die Hansestadt erreichte. Schon die Entwurfszeichnungen der neuen Bahnhofsanlagen zeigen einen „Lokomotivschuppen mit Reparaturwerkstatt“, denn das rollende Material aus der Eisenbahnfrühzeit war sehr wartungsbedürftig und schadanfällig.

Diese Werkstatt bot etwa 40 - 60 Arbeitsplätze, eine zeitgenössische Beschreibung der „Hannoverschen Eisenbahnen“ sagt über die Reparatur-Werkstätten folgendes aus:

„Die Lokomotiven der hannoverschen Betriebsverwaltung sind der Hauptsache nach auf die Stazionen Hannover, Minden, Bremen, Hildesheim, Uelzen und Harburg, sodann auf die Trennungsbahnhöfe Lehrte und Wunstorf vertheilt. Da nun die Endpunkte der Bahnarme Minden, Bremen, Hildesheim und Harburg von dem etwa in der Mitte liegenden Central-Bahnhofe Hannover = 8 1/2, 16 1/2, 5 1/2 resp. 23 Meilen entfernt sind, so erschien es naturgemäß, auf dem Central-Bahnhofe Hannover eine große Hauptreparaturwerkstatt anzulegen und die übrigen Bahnhöfe mit entsprechenden kleineren Reparaturwerkstätten zu versehen. Demgemäß sind in Uelzen und Bremen, wo durchschnittlich 12 resp. 10 Maschinen stazioniert sind, Werkstätten mittlerer Art mit stehenden Dampfmaschinen von 6 Pferdekräften erbaut und können dort auch Reparaturen schwerer Art ausgeführt werden.

Auf den Bahnhöfen, wo nur eine Reservemaschine stazioniert ist (wie z. B. in Verden,

Der Lehrlingsjahrgang 1909 in den Werkstätten am Bahnhof

der Verfasser) bestehen die Reparaturwerkstätten einfach aus einer kleinen Schlosserwerkstatt mit Feilbänken, kleinen durch Menschenkraft bewegten Drehbänken und den nöthigen kleineren Werkzeugen."

Eine Dampfmaschine trieb über eine Transmissionswelle mit Übersetzungen einen großen Ventilator für die Schmiedefeuer und einige Schleif- und Drehmaschinen an, weiterhin lieferte der Kessel den benötigten Dampfdruck für den Dampfhammer. Aus dem zunächst ausschließlich auf Wartungsarbeiten eingerichteten „Reparaturschuppen" entwickelten sich im Laufe des rasant ansteigenden Bahnbetriebes bald richtige Fachwerkstätten, die sich neben der Instandhaltung auch an Umbauten heranwagten und in Zusammenarbeit mit den Lokomotivherstellern technische Verbesserungen an Lokomotiven und Wagen durchführten.

Leider sind die Personalbücher aus der Frühzeit der Eisenbahnreparaturwerkstatt nicht mehr vorhanden, aber die ersten Handwerker dürften Schmiede, Stellmacher, Tischler und Maler sowie Polsterer und Schuhmacher gewesen sein, wobei wahrscheinlich der überwiegende Teil als ungelernte Arbeiter vom Eisenbahnbau übernommen wurde. Wer gesund, arbeitswillig und gut beleumundet war, konnte mit einer Einstellung rechnen, so wird berichtet. Körperliche Schwerstarbeit bestimmte den täglichen Arbeitsablauf, denn Maschinen für das Anheben der tonnenschweren Schienenfahrzeuge gab es nicht. Die althergebrachten Windenböcke wurden durch Muskelkraft bedient, Löcher bohrte man von Hand mit der Brustleier und die mehr als zahlreichen Nieten aller Stärken schlug man mit Vorhammer und Stangenmeißel ab, wobei der schwache Schein von Ölfunzeln die Arbeitsstelle nur dürftig erhellte. Die meisten Arbeiter wohnten außerhalb der Stadt im angrenzenden Umland. Sie nahmen es auf sich, zwei Stunden und mehr bis zur Eisenbahnwerkstätte zu laufen, um pünktlich am Arbeitsplatz zu sein.

Werkstättenarbeiter um 1900

Kinder der Eisenbahnersiedlung

Reichsbahnausbesserungswerk Sebaldsbrück. Im oberen Bildteil die Siedlung.

Sonntags vor dem Siedlungshaus

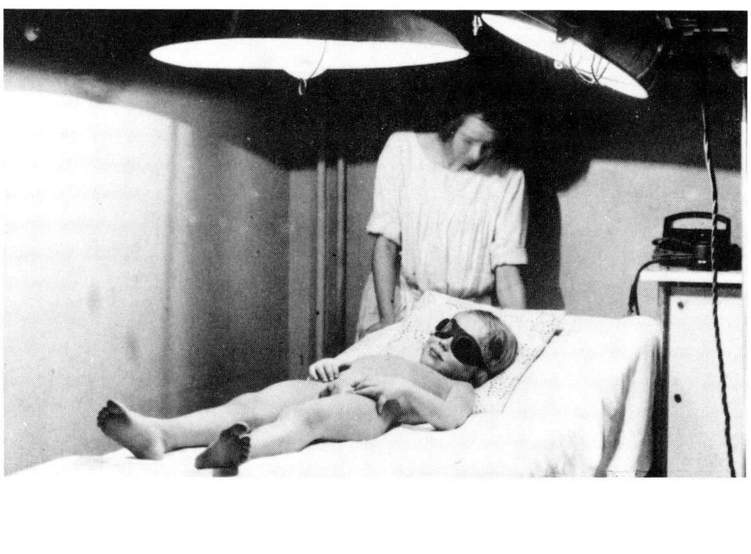

Auch die Angehörigen konnten die Sozialeinrichtungen des Ausbesserungswerks nutzen, hier die Höhensonne.

Die Kesselschmiede

Der Arbeitstag war lang, um 1850 wurde etwa 12 Stunden am Tag gearbeitet, einschließlich des Sonnabends. Diese schwere Knochenarbeit ruinierte die Gesundheit und trieb die Arbeiter in die langsam aufkommenden Arbeitervereine. Erst 1890 reduzierte sich die tägliche Arbeitszeit auf 10 Stunden, 1909 ging man auf 9 Stunden und 1918 schließlich war der 8-Stunden-Tag durchgesetzt, allerdings blieb bis 1960 der Sonnabend Arbeitstag.

In den ersten Jahren leitete ein „Obermaschinenmeister" die Werkstatt, dieser vereinbarte mit den Vorarbeitern die Höhe der Entlohnung für die geleistete Arbeit, denn ein einheitliches Tarifsystem existierte damals noch nicht. Nach fertiggestellter Arbeit erhielt der Vorarbeiter die vereinbarte Summe beim Werkskassierer; er verteilte nun das Geld nach eigenem Ermessen an seine Helfer, wobei sich jeder mit dem zufrieden geben mußte, was der Vorarbeiter ihm zugestand! Um die Jahrhundertwende verdiente ein Handwerker täglich etwa 3,50 Mark im Akkord. Wenn auch die Lebenshaltungskosten nicht sehr hoch lagen, so mußte er jedoch für den Erwerb eines Fahrrades, was damals als ein Statussymbol galt, immerhin den Lohn von zwei Monaten hinlegen!

Politische Aktivitäten unter den Eisenbahnern unterband man von „staatswegen" rigoros, die Betroffenen wurden im Deutschen Kaiser-

reich unverzüglich entlassen und bestraft. Die Anordnungsgewalt griff streng von oben nach unten durch, und bereits die ersten Dienstvorschriften verpflichteten den Beamten nachdrücklich zu unbedingtem Gehorsam gegenüber seinen Vorgesetzten. Nur so ist es zu verstehen, daß von den Eisenbahnern in Bremen keine oder nur geringe politische Denkanstöße ausgingen. Man wußte, wer man war und wo man hingehörte; alles stand fest und unverrückbar an seiner Stelle und ganz oben stand der Kaiser!

Jeder, der Eisenbahner werden wollte, mußte die eidesstattliche Erklärung abgeben, daß er sich zu Kaiser und König bekannte, nicht der sozialdemokratischen Partei angehörte und auch keine Zeitungen dieser Richtung las bzw. unterstützte. Die bei der Königlichen Eisenbahndirektion zu Hannover geführte „Acta über socialistische Bestrebungen betr. Arbeiter" enthält eine umfangreiche Zusammenstellung der unfreiwillig entlassenen Werkstättenarbeiter und Lehrlinge, oftmals wird als Entlassungsgrund „eine Beteiligung bei socialdemokratischen Bestrebungen" angeführt.

Am 20. Juni 1878 sandte der Minister für Handel, Gewerbe und öffentliche Arbeiten in Preußen ein Schreiben zur „besonderen Beachtung" mit folgendem Wortlaut an die „Königliche Eisenbahndirektion Hannover":

Ingenieur, Werkmeister und Arbeiter

Die Betriebswerkstätte kurz nach ihrer Eröffnung

„Die bedauerliche Thatsache, daß auch im Königlichen Eisenbahndienst beschäftigte Arbeiter sich schwerer Majestätsbeleidigungen haben zu Schulden kommen lassen, giebt mir die Veranlassung, der Königlichen Eisenbahndirektion zur Pflicht zu machen, darüber zu wachen, daß vor Annahme von Arbeiten, welche beamtenähnliche Stellungen ausfüllen, insbesondere bahnpolizeiliche Funktionen ausüben sollen, die hiermit betreuten Dienststellen auf sorgfältige und zuverlässige Weise sich über die sittliche und politische Führung der Anzunehmenden vergewissern, und falls in dieser Hinsicht irgendwelche Zweifel bestehen, sich vorher mit der Polizeibehörde in Verbindung zu setzen.

gez. Maybach"

Aus dem nächstgelegenen Ausbesserungswerk in Hannover-Leinhausen wird von einem drohenden Streik aus dem Jahre 1886 berichtet, zu dem es dann letztendlich wohl nicht gekommen ist. Die Verwaltung hatte mit dem Einsatz geeigneter Soldaten gedroht, welche die Arbeit übernehmen sollten.

Die Ereignisse bedrückten und bewegten die Arbeiterfamilien sehr und in einer Chronik des Werkes Leinhausen kann man nachlesen, welche Ängste Arbeiterfamilien ausstanden, die der „Majestätsbeleidigung" beschuldigt wurden oder weil sie angeblich mit der als „staatsfeindlich" erklärten sozialdemokratischen Partei „sympathisierten", Hausdurchsuchungen nach sozialdemokratischen Schriften mußten hingenommen werden. Zu dem Verlust des Arbeitsplatzes kam noch die Räumung der bahneigenen Wohnung dazu. So wurden die Arbeiter zur Anpassung erzogen und der Denunziation war während des „Sozialistengesetzes", welches von 1878 bis 1890 die Sozialdemokratie verbot, Tür und Tor geöffnet.

Als 1889/90 die sich in Deutschland ausbreitende Streikwelle mit kurzfristigen Arbeitsniederlegungen der Rangierer in Bremen und anderen Städten auch auf den staatswichtigen

Eisenbahnbetrieb übergriff, und sich im Frühjahr 1890 die ersten Anzeichen einer selbständigen Organisation der Handwerker in den Eisenbahnwerkstätten zeigten, schritt der preußische „Minister der öffentlichen Arbeiten", welcher damals umfangreiche Arbeitsniederlegungen für den 1. Mai befürchtete, mit unnachgiebiger Härte ein. Am 29. April 1890 forderte er die Eisenbahndirektionen auf, alle Arbeiter zu melden, „welche derartige offenbar sozialdemokratischen Zwecken dienenden Kundgebungen und Bestrebungen zu fördern suchen". Sie sollten „alsbald und für immer entlassen werden".

Diese oben geschilderten Ereignisse werden auch vor der Königlichen Hauptwerkstatt Bremen nicht Halt gemacht haben und beeinflußten die bremischen Werkstättenarbeiter. Andererseits tat sich in den Jahren 1885-89 im sozialen Bereich viel Positives. Nachdem bereits die Arbeiterpensionskasse ins Leben gerufen war, führte man am 22. Juni 1889 mit einer kaiserlichen Verordnung die Alters- und Invalidenversicherung ein, jeder Arbeiter mußte je nach Einkommen wöchentlich 14-30 Pfennig für die Invalidensicherung und 28-76 Pfennig für die Rentenzusatzversicherung der Eisenbahn einzahlen.

Die Eisenbahn kümmerte sich bereits frühzeitig intensiv um geeigneten Nachwuchs. Wenn man auch von einem geregelten Ausbildungswesen nach heutigen Maßstäben noch nicht reden konnte, so ist wahrscheinlich doch schon weit vor der Jahrhundertwende in der Eisenbahn-Hauptwerkstätte Bremen ausgebildet worden, die erste Nachricht von der Einrichtung einer Lehrwerkstatt stammt aus dem Jahre 1903. Auf ministeriellen Erlaß richtete die Eisenbahnverwaltung eine Ausbildungsstelle mit etwa 27 Feil- und Werkbänken sowie moderner elektrischer Beleuchtung ein. Die benötigte Energie erzeugte ein bahneigener Generator, der an die stationäre Dampfmaschine gekoppelt war und den Hauptbahnhofs- sowie Werkstättenbereich mit Strom versorgte.

Lehrlingswerkstatt

Aufdornen von Stehbolzen

Preßlufthämmer an Ausgleichsgewichten

Bohren der Stehbolzenlöcher

Sandstrahlen der Rauchkammer

Es sprach sich bald herum, daß man bei der Eisenbahn-Hauptwerkstätte Bremen etwas Ordentliches lernen konnte. Von Jahr zu Jahr bewarben sich immer mehr Schulentlassene um eine Lehrstelle. Allerdings konnte nicht jeder Bewerber in die Eisenbahnlehre treten. Folgende Voraussetzungen waren in den „Allgemeinen Bedingungen für die Aufnahme und Ausbildung von Handwerkslehrlingen in der Königlichen Eisenbahndirektion Hannover vom 16. Mai 1895" gefordert:

„Der Lehrling muß älter als 14 Jahre und jünger als 16 Jahre sein, nur ausnahmsweise können auch Lehrlinge im Alter bis zu 18 Jahren aufgenommen werden. Der Lehrling muß konfirmiert sein, die Elementarschule vollständig absolviert haben und vollkommen gesund und zur Ausübung des betreffenden Handwerks geeignet sein."

Es verstand sich von selbst, daß der Lehrling einen gesitteten und tadellosen Lebenswandel vorzeigen mußte, ein Abbruch des Lehrverhältnisses durch Verfehlungen des Lehrlings zog weitreichende Konsequenzen nach sich und schloß eine weitere Beschäftigung in den Werkstätten der Preußischen Staats- und unter Staatsverwaltung stehenden Privat-Eisenbahnen aus.

Während der 4jährigen Ausbildungszeit stand der Lehrling „unter der väterlichen Zucht des Vorstandes der Werkstätte", seinen Vorgesetzten und Lehrern war er zu unbedingter Folgsamkeit verpflichtet.

Den Berufsschulunterricht erhielten die Lehrlinge von besonders geschulten Ausbildern im Betrieb, der regelmäßige Werkschulunterricht war selbstverständlich. Die Eisenbahn erreichte schon Anfang des Jahrhunderts einen hohen Leistungsstand und war wegbereitend im gewerblichen Ausbildungswesen.

1895 gewährte die Eisenbahnverwaltung den Lehrlingen „zur Bestreitung des nothwendigen Lebensunterhaltes" einen anfänglichen Tageslohn von 50 Pfennigen, welchen dieselbe „entsprechend den Leistungen von Zeit zu Zeit angemessen erhöhen wird, so daß der Tageslohn bei Beendigung der Lehrzeit bis zu 1 Mark 50 Pfennig betragen kann." Den zehnten Teil des Verdienstes legte die Verwaltung fürsorglich als „Spargroschen" zurück und zahlte den Betrag nach Beendigung des Lehrverhältnisses aus. Während der Lehrzeit galt das Sparguthaben als Kaution für die Schäden, welche der Verwaltung durch die Schuld des Lehrlings entstanden.

Bei der Planung für die Hannover-Bremer Eisenbahn 1847 war zunächst an täglich zwei Personen- und Güterzüge in jeder Richtung gedacht worden. Dabei sollte ein Personenzug neun Wagen befördern. Die Güterzüge liefen gemischt und beförderten in drei Abteilwagen mit 2. und 3. Klasse die Passagiere. Weiterhin liefen neben den Gepäckwagen noch elf Güterwagen mit. Die Königlich Hannoversche Eisenbahndirektion beschaffte damals 14 Dampflokomotiven überwiegend englischen Fabrikats, 60 Personen- und über 100 Güterwagen. Die Dampfkessel der Lokomotiven brachten es auf einen Betriebsdruck von nur 4 bis 6 bar und leisteten nahezu 100 PS. Das reichte aus, um einen Personenzug mit neun angehängten Wagen auf die rasante Geschwindigkeit von etwa 40 km/h zu beschleunigen. Höhere Geschwindigkeiten waren lebensgefährlich, da die Wagen noch handgebremst waren.

Die anscheinend sehr geringe Kapazität der Werkstatt von 1847 erforderte schon neun Jahre später einen Neubau nördlich des Bahnhofs neben dem 1853 errichteten Lloyd-Gebäude. Historische Aufzeichnungen berichten von Schwierigkeiten. Die Eisenbahn-Deputation mußte die widerstrebende Bürgerschaft ausdrücklich mit dem Hinweis beschwichtigen, daß an den täglich über 100 Wagen, welche teilweise 80 Meilen und mehr gefahren seien, gerade in Bremen sich oft Schäden zeigten, die man an Ort und Stelle beheben müsse. Oder sollten die schadhaften Wagen leer nach Hannover zurück laufen, ohne einen Pfennig daran zu verdienen? Hier setzte sich natürlich das hanseatisch-kaufmännische Denken durch, und die Bürgerschaft kam um eine Zustimmung nicht herum. Bedingt durch den großen Auswandererstrom und das enorme Ansteigen des Güterverkehrs in Bremen und Bremerhaven

Die Hängebahn für den Materialtransport im Werk

vermehrte sich die Zahl der Betriebsmittel (Lokomotiven und Wagen) entsprechend. 1914 besaß die königl. Eisenbahndirektion Hannover 1.500 Lokomotiven! Aus dem „Lokomotiv-Schoppen mit Werkstatt“ war bis um die Jahrhundertwende eine mit modernen technischen Einrichtungen ausgerüstete Hauptwerkstatt geworden. Durch den hohen technischen Ausbildungsstand der 600 Mitarbeiter konnten die Dampflokomotiven total zerlegt, wiederhergestellt oder umgebaut werden.

Die baulichen Anlagen der Reparaturwerkstatt wurden ständig erweitert und fanden ihre räumliche Grenze zwischen dem Hauptbahnhof und der Schlachthofstraße. 1907 wurde es am Hauptbahnhof zu eng, und man mußte sich nach einem neuen Standort umschauen. Für eine entsprechende, erweiterungsfähige Anlage ließ sich im Stadtgebiet kein Platz finden, und es bot sich an, im benachbarten Hemelingen ein passendes Gelände von etwa 56 ha zu erwerben.

Der von der königlichen Eisenbahndirektion Hannover erstellte Bericht gibt ein Bild von den Aufgaben des Werkes und Gesamtkosten der Neuanlage, welche sich auf 9 300 000 Mark beliefen, wobei auf den Grunderwerb 552 000 Mark und auf die eigentlichen Baukosten 8 748 000 Mark entfielen. Selbst dem Minister für öffentliche Arbeiten ist anscheinend die Planung zu weitgehend gewesen, wie man aus einem Schreiben vom 27. Juli 1907 entnehmen kann.

Die Erbauung eines für jene Zeit ungewöhnlich großen Werkes im ehemaligen Altkreis Achim machte von der Grundsteinlegung im Jahre 1912 an gute Fortschritte und der erste Bauabschnitt, die Wagenausbesserungswerkstatt, konnte am 1. April 1914 eingeweiht werden. Den Sand zur Aufschüttung des Geländes lieferten die in der Nähe liegenden Uphauser Sanddünen. Ein Gleisanschluß bestand schon seit etwa 1908. Täglich belud ein dampfbetriebener Eimerbagger mehrere Züge. So verschwand der im Volksmund „Eisenbahnerberg“ (Heuberg) genannte Hügel in den Niederungen des Baugrundes.

Frauenarbeit während des Ersten Weltkrieges

An der Schmiedepresse

Der offiziellen Einladung zum 1. April folgte sehr viel Prominenz aus Bremen und dem Altkreis Achim: der gesamte Senat, das Direktorium des Norddeutschen Lloyd, der Landrat des Kreises Achim (Provinz Hannover) Roedenbeck, sowie die Gemeindevorsteher der betroffenen Gemeinden Hemelingen, Sebaldsbrück und Arbergen. Die Feier fand in der damaligen Fachpresse „Eisenbahn" mit den entsprechenden fotografischen Aufnahmen Würdigung.

„Einweihungsfeier am 1. April 1914: Um 3 Uhr brachte ein Sonderzug die Beamten und Arbeiter der alten Hauptwerkstätte Bremen nach Sebaldsbrück hinaus. Sie nahmen in der mit Tannengrün und Fahnen reich geschmückten Schiebebühnenhalle der neuen Wagenwerkstätte Aufstellung neben den bereits anwesenden Abordnungen der Bauarbeiten. Eine halbe Stunde später fuhr der Sonderzug ein, der die geladenen Gäste, die höheren Beamten der Direktion Hannover, an ihrer Spitze den Präsidenten Dr. Wesener und die der Bremer Eisenbahnämter und Bauabteilung, insgesamt 62 Herren, an die Stätte der Feier brachte. Das Wort ergriff zuerst der Vorstand der Bauabteilung Bremen, Regierungsbaumeister Meilicke, der nach einem kurzen Überblick über die dem Bau gestellte Aufgabe und ihre Durchführung den Schlüssel der Halle dem zweiten Redner, Regierungsbaumeister Wagler, übergab, der ihn als Vertreter der Werkstättenverwaltung entgegennahm mit dem Ausdruck des Dankes an alle am Bau beteiligten Personen und Firmen. Nach einem kurzen Abriß der Entwicklungsgeschichte des neuen Werkes schloß er mit der an den Herrn Präsidenten gerichteten Bitte, die neue Werkstatt für eröffnet zu erklären. Der Präsident Dr. Wesener gab in seiner Ansprache der Bedeutung des Tages Ausdruck und wandte sich an die Arbeiter mit dem Wunsche, sie möchten den guten Geist und das Vertrauen zu ihren Vorgesetzten aus den alten Bremer Räumen mit in die neuen Hallen übernehmen. Im Anschluß hieran erklärte der Redner die Werkstätte für eröffnet und brachte ein begeistert aufgenommenes Hoch auf den Kaiser an.

*Mitarbeiter-
versammlung
in der Lokhalle*

*Betriebsfeier
um 1939*

Folgen des Bombenangriffs am 26. September 1944

Es schloß sich ein Rundgang für die geladenen Gäste durch Werkstätte und Kolonie an, währenddessen für das Werkstättenpersonal, die Bauverwaltung nebst den Abordnungen der am Bau beteiligten Unternehmen ein Imbiß gereicht wurde.“

Um diesen Imbiß entspann sich kurz darauf ein Streit, der in die Kategorie „Klassenkampf“ eingeordnet werden kann. Die sozialdemokratische „Bremer Bürgerzeitung“ berichtete im April 1914:

„Lange Gesichter machten die Arbeiter und kleinen Angestellten, die zur Einweihung der neuen Eisenbahn-Hauptwerkstätte Sebaldsbrück-Hemelingen eingeladen waren. Diejenigen Eisenbahnarbeiter, die bisher nichts vom Klassenstaat und Klassenunterschied wußten oder nichts wissen wollten, konnten bei dieser Einweihung praktischen Unterricht genießen. Am Schlusse der Feier hat die Eisenbahndirektion den Eingeladenen einen Imbiß angeboten. Hierbei mußte selbstverständlicherweise die Bewirtung getrennt vorgenommen werden. Es geht doch nicht an, daß ein ‘hoher’ Beamter, ob er nun Regierungsbaumeister, preußischer Landrat oder Bremer Senator ist, mit Arbeitern oder kleinen Unterbeamten zusammen ein Butterbrot oder ein Glas Bier verzehrt. Nach dem Rundgang gingen die Honoratioren in die Sattlerei zur Tafel. Die Arbeiter und Angestellten erhielten liebevoll ein paar Blechmarken in die Hand gedrückt, wofür ein Butterbrot mit Leber- oder Blutwurst sowie ein Glas Bier zu haben war. Der Herr Präsident Dr. Wesener sprach bei der Eröffnung der Werkstätte den Wunsch aus, es möge zwischen Verwaltung und Arbeiterschaft immer ein gutes Verhältnis walten. Nun, es liegt an der Verwaltung. Sorgt die schon dafür, daß der Klassenunterschied gefördert wird, der Lohn sich in bescheidenen Grenzen bewegt, unterdrückt sie jede freiheitliche Regung der Arbeiter, dann muß es ja mit dem Teufel zugehen, wenn das gute Verhältnis nicht noch besser wird, als es jetzt schon ist? Nicht wahr?“

Man muß diese Zeitungsnotiz natürlich aus der Sicht der wilhelminischen Zeit vor dem Ersten Weltkrieg betrachten, und der Berichterstatter schilderte die Einweihungsfeier so, wie er es als jahrzehntelang verfolgter Sozialdemokrat gesehen und miterlebt hatte. Dieser Artikel brachte den „Verein gegen die Sozialdemokratie“ auf den Plan. Fein säuberlich ausgeschnitten auf ein Stück Papier geklebt, landete er als wichtige Dienstsache auf dem Präsidententisch. Weiter ist über diese Affäre nichts bekannt. Wahrscheinlich ging der Vorgang zu den Akten, denn es gab Wichtigeres zu tun.

Am Eröffnungstage nahm etwa die Hälfte von den 600 in der Hauptwerkstätte Beschäftigten ihre Tätigkeit im neuen Werk Sebaldsbrück auf. Die andere Hälfte blieb noch eine Weile in den alten Hallen am Hauptbahnhof tätig, denn die Lokomotivreparatur wurde erst zum 1. Oktober 1914 von Sebaldsbrück übernommen. Somit wurden wesentliche Teile der alten Hauptwerkstätte frei und für den Abbruch freigegeben, nur kleine Gebäudeteile im Randbereich blieben als Magazingebäude und Wohnungen erhalten. Die zurückgewonnenen Steine konnte sich der „Eisenbahner Bau- und Sparverein“ für den Bau neuer Wohnungen in der Kolonie Hemelingen abklopfen und zur Baustelle schaffen.

Die Sebaldsbrücker Neuanlage bestand zunächst aus zwei riesigen Hallen von je etwa 21 000 qm Grundfläche mit zwei großen Schiebebühnen und starken Krananlagen zum Heben ganzer Lokomotiven und Eisenbahnwagen. Diverse Nebengebäude wuchsen empor. Ebenso stand schon der heute noch das Gelände beherrschende Wasserturm.

Der Erste Weltkrieg zögerte die Fertigstellung und Erweiterung auf 1 200 Arbeitsplätze hinaus. Etwa ab 1920 konnte der Betrieb mit der geplanten Kapazität aufgenommen werden. Hier fanden überwiegend Menschen aus dem Altkreis Achim Arbeit. Aus wirtschaftlichen Gründen hatte jeder Eisenbahner noch einen kleinen landwirtschaftlichen Nebenbetrieb, der nach der 52stündigen Arbeitszeit (inkl. Sonnabend) den Feierabend beanspruchte.

Ochsengespanne zogen oftmals das Heu aus dem Bruch zu der kleinen Anbauerstelle, zu einem Pferdegespann reichte es nicht. Aber man war froh, einen Arbeitsplatz in der Nähe gefunden zu haben.

Das Ausbesserungswerk wurde in den folgenden Jahrzehnten häufig erweitert und hatte um 1950 die größte Belegschaft mit etwa 2 150 Mitarbeitern! Der Strukturwandel bei der DB von Dampf- auf Diesel- und E-Betrieb machte auch vor dem Bremer Ausbesserungswerk nicht halt. Die Umstellung fand von 1963 bis 1968 statt. Die letzte Dampflok verließ das AW 1968. Heute beträgt die Mitarbeiterzahl etwa 1 240 mit 240 Auszubildenden. Zum Unterhaltungsbestand gehören Diesellokomotiven bis 2800 PS, Kleinloks und Nebenfahrzeuge. Das Einzugsgebiet umfaßt etwa das Gebiet nördlich des Mains. Das Werk ist ebenfalls zuständig für die gesamte Schienenkranwagenaufarbeitung von 10 t bis 150 t, ebenso führt man Untersuchungen an Tiefladewagen und anderen Sonderfahrzeugen durch.

Verkauf des „Weser-Kurier“ in einem Kiosk in der Bahnhofstraße 1945

Kinderrückführungsaktion „Schwalbe“ bei einem Zwischenhalt in Bremen 1945

Durchreisende Heimkehrer werden auf dem Bahnsteig verpflegt

1946: „Bremen hat Zuzugssperre"

Dachdecker auf dem Dach des Bahnhofs 1950

Schwarzmarkt auf dem Bahnhofsvorplatz 1945

Bahnhofsrenovierung 1969

links: Frauen von US-Soldaten auf dem Weg in die neue Heimat

Kiosk in der Bahnhofshalle

Sonderschalter der Fahrkartenausgabe 1964

SPD-Wahlwerbung zur Bürgerschaftswahl 1955

„1964 - Elektrisch von Bremen nach Sizilien“

links: Busschaffnerinnen vor dem Übersee-Museum

Der US-Hoch-kommissar Conant und seine Frau zusammen mit Wilhelm Kaisen 1953

Bundespräsident Heinrich Lübke

Bundespräsident Theodor Heuss in Bremen 1957

Bundesverkehrsminister Seebohm eröffnet den elektrischen Zugverkehr 1964

TEE

Dr. Konrad Schultze-Gisevius

„Alle einsteigen!"
Die Rolle Bremens im Personenverkehr auf der Schiene

Nachkriegszeit und TEE-Zeit

Das Kriegsende 1945 und die Teilung Deutschlands haben die Bremer Verkehrsgeographie insoweit beeinflußt, als die direkte Verbindung nach Berlin über Uelzen - Stendal unterbrochen wurde, über die früher der Verkehr von der Reichshauptstadt nach Bremen, den ostfriesischen Küstenbädern und dem Marinehafen Wilhelmshaven ging. Statt dessen wuchs die Bedeutung der Strecke nach Hannover, mit der einmal das Eisenbahnzeitalter für Bremen begonnen hatte.

In den fünfziger und sechziger Jahren änderte sich der Zugfahrplan nur in kleinen Schritten. Das Prinzip war, gut besetzte Züge weiterfahren zu lassen, Züge mit schwacher Nachfrage auszulegen und neue Züge zu konzipieren, die oft aus schon bestehenden Teilleistungen entstanden. Einige Fahrzeiten wurden verschoben, um bessere Anschlüsse herzustellen, aber die Mehrzahl der D-Züge fuhr so wie schon seit Jahren. Der Fahrplan orientierte sich dabei stark an den technischen Möglichkeiten der Bahn, weniger am Markt.

1957 rollten die ersten TEE-Züge. Diese eleganten Dieseltriebwagen hatten nur die 1. Klasse und zielten daher auf den Geschäftsreiseverkehr. Für Bremen brachte der TEE schnelle, exklusive Verbindungen nach Basel und Mailand (TEE Roland), nach Wien (TEE Prinz Eugen), nach Kopenhagen (TEE Merkur) und nach Paris (TEE Parsifal). Die Züge waren in der äußeren und inneren Gestaltung erstmals ein Markenartikel, vom Fahrplan her waren es jedoch Einzelzüge.

IC 1971: Takt und Linie

Erst ab 1971 begann bei der Deutsche Bundesbahn ein neuer Zeitabschnitt, der Zwei-Stunden-Takt mit dem IC, ein lokbespanntes nationales Fernzug-System. Bremen lag an den Linien Hamburg - Bremen - Ruhrgebiet - München und Bremen - Hannover - Würzburg - München. In Hannover trafen die Bremer Züge mit denen von Hamburg zusammen, die dann über Frankfurt nach Basel weiterfuhren. Einige Züge tauschten in Hannover die Linien, so daß es auch direkte Züge Bremen - Basel gab. In dieses System wurden die noch bestehenden TEE eingefügt, die dann von den Endpunkten des IC-Netzes ins Ausland weiterfuhren. Für Reisende 1. Klasse waren die Fahrzeiten und der Reisekomfort damit sehr viel besser als zuvor. Aus Sicht der Bahn war nur nachteilig, daß die Wirtschaftlichkeit dieser Züge zu wünschen übrig ließ. Es ist eben doch nur eine Minderheit von Reisenden, die die höhere Qualität der 1. Klasse zu zahlen bereit ist.

Auch begannen der Bahn die Reisenden der 2. Klasse, die nach wie vor in den althergebrachten D-Zügen reisten, wegzulaufen, genauer gesagt, ins Auto umzusteigen. Die Bahn dachte daher über ein doppelklassiges System nach. Getestet wurde es auf der Strecke, auf der die Zahl der Reisenden in der 1. Klasse am geringsten von allen vier IC-Linien war, nämlich auf der Strecke Bremen - Hannover - München.

IC 1979: Jede Klasse - fast jede Stunde Bremen

1979 führte die Deutsche Bundesbahn mit einem bemerkenswerten Kraftakt den Ein-Stunden-Takt mit IC-Zügen 1. und 2. Klasse ein. Für die Mehrzahl der Reisenden sank die Fahrzeit auf einen Schlag um etwa 20 %. Dazu ein Fahrplanbeispiel (Fahrzeiten aus 1981): Der D-Zug 797 von Bremen nach Stuttgart brauchte knapp neun Stunden. Mit dem IC schaffte man es trotz Umsteigen in knapp sieben Stunden.

Bremen war damals im Fernverkehr recht gut versorgt. Auf der Strecke Hamburg - Ruhr kamen zwischen 7.00 Uhr und 21.00 Uhr stündlich IC-Züge durch Bremen. Über Hannover ging es sechsmal täglich nach München und zweimal nach Basel. So angenehm es war, ohne umzusteigen zur Isar, zum Main oder zum Neckar zu reisen, klafften doch im IC-Takt einige Lücken: Zu den durchaus wichtigen Abfahrtzeiten ab Bremen 7.00 Uhr, um 9.00 Uhr und um 15.00 Uhr fuhr kein IC Richtung Hannover - Süddeutschland. Die Ersatzverbindung per Eilzug war kläglich, selbst verglichen mit den 37 Minuten Umsteigezeit in Hannover heute beim Weg nach München. Die Bundesbahn hatte aus den Verkehrszahlen der siebziger Jahre den Schluß gezogen, Bremen nicht in den vollständigen Ein-Stunden-Takt einzubeziehen, sondern hatte von vornherein einige Züge nach Hamburg umgeleitet.

Etwas vereinfacht kann man die Bahnreisenden in zwei Gruppen einteilen: Die einen wollen schnell vorwärtskommen und dabei wenn möglich stündlich zur gleichen Zeit reisen können. Sie nehmen das Umsteigen in Kauf, wenn sie ohne Wartezeit am gleichen Bahnsteig in den Anschlußzug einsteigen können. Zu diesem Typ von Reisenden gehören in erster Linie Geschäftsreisende und junge Privatreisende. Die andere Gruppe von Reisenden möchte ohne Umsteigen ans Ziel kommen, auch wenn die Reise etwas länger dauert. Sie sind bereit, die Uhrzeit der Abreise vom Fahrplanangebot bestimmen zu lassen. Zu diesem Fahrgasttyp gehören die meisten Besuchs- und Erholungsreisenden, besonders aber Eltern mit Kindern, Behinderte und ältere Leute.

Der althergebrachte D-Zug entspricht eher den Interessen der zweiten Gruppe, der IC-Takt eher denen des ersten Typs von Reisenden. Innerhalb des Fernfahrplans der Jahre ab 1979 hat die Bahn grundsätzlich auf den Taktfahrplan gesetzt und viele D-Züge und Kurswagenverbindungen aus dem Fahrplan gestrichen. Ein gewisses Korrektiv im Interesse zum Beispiel der Senioren ist aber der Linientausch im IC-System. Konkret für Bremen bedeutet dies, daß die IC-Züge ab Bremen um 6.00 Uhr und um 11.00 Uhr nicht auf der Linie 4 nach München und Österreich, sondern auf der Linie 3 nach Basel/Schweiz fuhren. Dies ermöglichte die Fahrt von Bremen nach Frankfurt, Mannheim, Karlsruhe und Freiburg ohne umzusteigen.

„IC 79" war für die Deutsche Bundesbahn ein großer Erfolg, die Reisendenzahlen stiegen an. Der IC schaffte es als einzige Zuggattung, für die Bahn einen betriebswirtschaftlichen Gewinn zu erbringen.

Für Bremen gab es in den folgenden Jahren kaum Veränderungen. Aus Hamburg wurden jedoch Forderungen laut. Die touristisch wichtigen IC-Züge aus Norddeutschland, die über München hinaus gingen, sollten alle aus Hamburg kommen. Die Begründung war, Hamburg liefere hierfür das wesentlich größere Aufkommen. Dabei war schon damals Hamburg im Vergleich zu Bremen erheblich besser bedient: So fuhren 1981/82 16 IC-Züge ab Hamburg über Hannover nach Süddeutschland, davon vier weiter ins Ausland (Mailand, Zürich, Genf und Wien). Auch setzte auf dem Weg nach Bremen der IC-Takt erst nachmittags ein: Vom Süden kommend erreichte der erste Zug Bremen erst um 14.45 Uhr (IC Herrenchiemsee, ab Hannover 13.48 Uhr). Vorher hatten aber bereits vier IC-Züge den Hauptbahnhof Hannover Richtung Hamburg verlassen. Viele Bremer fühlten sich schon damals von der Bahn nicht gut behandelt.

IC 1985: Bremen von Süddeutschland abgehängt

Der radikale Bruch kam jedoch 1985, als die IC-Linie 4 vollständig nach Hamburg verschwenkt wurde. Es gab keinen IC mehr von Bremen über Hannover nach München oder nach Basel. Die Deutsche Bundesbahn begründete diesen Schritt damit, daß 78 Prozent aller Reisenden auf den Linien 3 und 4 aus Hamburg und Schleswig-Holstein und nur 22 Prozent aus Bremen und Nordwestniedersachsen stammen. Zum Ausgleich richtete die Bundesbahn eine eigene IC-Linie 4 A zwischen Bremen und Hannover ein mit gleich 14 Zugpaaren, die in Hannover am selben Bahnsteig Anschluß nach München und Basel hatten („WeserCity", „OldenburgCity"). Der Bahnvorstand schrieb dazu an Bremens Verkehrssenator: „Hierbei ist ergänzend erwähnenswert, daß das Umsteigen auf Großstadtbahnhöfen Bestandteil des IC-Konzeptes ist und nur so ermöglicht, mehr als 34 Städte im Stundentakt in jeder Klasse zu bedienen. Deshalb kann zwar subjektiv das Umsteigen in Hannover angeführt werden, objektiv jedoch ist es keine Verschlechterung."

In Bremen sah man dies anders. Man fühlte sich vom Fernverkehr abgehängt. Selbst mittelgroße norddeutsche Städte wie Braunschweig, Münster und Bielefeld hatten mehr indirekte Züge nach Süden als Bremen. Die Bahn verteidigte sich mit dem Hinweis auf den erstmals eingeführten durchgehenden Stundentakt zwischen Hannover und Bremen. Auch wurden Bremerhaven und Oldenburg alle zwei Stunden in die Bedienung eingeschlossen.

Das IC-Netze im Jahre 1985 berücksichtigte in unserer Region die Interessenlage der Reisenden mit wenig Gepäck viel stärker als bisher und vernachlässigte die andere Reisendengruppe völlig. Nach allgemeiner Ansicht war die Anbindung Bremens an Süddeutschland schlechter als je zuvor. Die kürzere Gesamtreisezeit etwa nach München hielten nur wenige für wichtig.

Bevor der Blick weiterwandert zur erkennbaren künftigen Entwicklung, soll der heutige Fahrplan auf drei wichtigen Strecken mit dem der Jahre 1939 (letzter Vorkriegsplan), 1964 (letzter Fahrplan der Dampflokzeit in Norddeutschland), 1977 (IC-Takt alle zwei Stunden), 1981 (IC-Stundentakt) und 1989 verglichen werden. Es sind nur die morgens nach

Sonderzug mit Lokomotive V 200 007 im Bremer Hauptbahnhof. Der angehängte Doppelstockwagen lief in den 50er Jahren im Städteverkehr zwischen Bremen und Hamburg

Süden fahrenden durchgehenden Züge aufgeführt. Für 1939 sind es auch Kurswagen und Umsteigeverbindungen, da es keine Züge von Bremen nach Basel gab. Nach München verkehrte lediglich ein Kurswagen.

Fahrplanvergleich 1939 - 1989 Bremen - Frankfurt - Basel

Jahr	Zug	Klasse	Bremen	Hannover	Frankfurt	Basel	Bemerkungen
1939	D 386	1. 2. 3.	10.56	12.36			umsteigen Hannover;
				13.25	18.22	23.15	Kurswagen Hamburg Basel
1964	F 44	1.	7.45	8.51	12.57	16.30	Roland
	D 184	1. 2.	7.54	9.25	14.38	18.55	Wilhemshaven-Zürich
	D 284	1. 2.	11.06	12.37	18.09	22.04	
1977	D 573	1. 2.	7.34	8.49	13.07	16.54	Basel Bad Bf
	TEE 75	1.	8.13	9.08	12.31	15.43	Roland nach Milano
	D 579	1. 2.	11.44	12.55	17.52	22.00	über Hameln
1981	IC 573	1. 2.	6.08	7.05	10.31	13.46	Roland
	D 791	1. 2.	7.12	8.23	12.55		nach Lindau
	IC 575	1. 2.	11.08	12.05	15.31	18.46	Kaiserstuhl
	D 797	1. 2.	11.36	12.47	18.04		nach Stuttgart
1989	EC 171	1. 2.	6.15	7.13	10.34	13.43	Rätia nach Chur

Fahrplanvergleich 1939 - 1989 Bremen - München

Jahr	Zug	Klasse	Bremen	Hannover	München	Bemerkungen
1939	D 113	1. 2. 3.	9.15	10.43	20.45	nur Kurswagen
1964	E/D 174	1. 2.	8.20	10.06	18.20	
1977	IC 183	1. 2.	6.01	6.57	13.05	Riemenschneider
	E/D 587	1. 2.	8.50	10.05	18.15	
	IC 185	1. 2.	10.12	11.08	17.35	Nordwind
1981	IC 181	1. 2.	7.08	8.05	14.45	Karwendel n. Seefeld
	IC 583	1. 2.	8.08	9.05	15.25	Linderhof
1989	IC 781	1. 2.	5.45	6.43	12.06	Spessart
	FD 1981	1. 2.	8.19	9.22	14.59	Königsee nach Berchtesgaden

1988: Die Nachteile der Neubaustrecke und der attraktive Rhein

1988 rollten die ersten Züge über die Neubaustrecke zwischen Fulda und Würzburg - der wichtigen Nord-Süd-Magistrale. Die Fahrzeit verringerte sich um 30 Minuten. Weil nun die DB den Umsteigeknoten in Würzburg (von Frankfurt und Hannover nach Nürnberg und München) beibehalten wollte, ließ sie den Umsteigeknoten Hannover „reißen". Seither fahren die IC-Züge von Hamburg bis Fulda im 30-Minuten-Takt und die Bremer Reisenden haben in Hannover zwar direkten Anschluß an die Züge nach Frankfurt - Basel, müssen aber auf den IC nach München 37 Minuten warten. Diese Veränderung wurde in Bremen scharf kritisiert. Gleichzeitig strich die Bahn ersatzlos die letzten herkömmlichen D-Züge, die von Bremen über Hannover nach München, Stuttgart und Lindau fuhren. Ihre Verkehrsbedeutung für Reisen in den Süden war wegen der langen Fahrzeit nicht mehr groß, aber für Fahrten zu mittelgroßen Städten und zur Strecke Kassel - Gießen - Frankfurt - Darmstadt - Heilbronn waren sie von Bedeutung.

Für den Fahrplan 1988 gelang es dem Senator für Häfen, Schiffahrt und Verkehr, in Verhandlungen mit der Deutschen Bundesbahn wenigstens einen attraktiven zusätzlichen Zug zu erreichen, Bremens ersten FD, den Fernexpreß FD 1981 „Königssee" nach München - Berchtesgarden. Er verläßt Bremen um 8.19 Uhr und erreicht München schon um 14.59 Uhr. Noch nie hat ein Zug die 757 Kilometer von Bremen nach München schneller zurückgelegt. Der Zug fährt nämlich über die Neubaustrecke, hat nur moderne Wagen (um die Neubaustrecke nutzen zu können) und hält zwischendurch kaum. Wegen seiner kurzen Fahrzeit und wegen des Komforts ist er auch für den Geschäftsreiseverkehr attraktiv.

Hinter München wird der „Königsee" dann langsam und hält bis Berchtesgarden noch dreizehnmal. Der Zug hat auch Kurswagen nach Klagenfurt und Zell am See. Der „Königsee" ist bei den Bremern sehr beliebt, was wiederum beweist, daß die Forderung nach durchgehenden Zügen doch berechtigt ist.

Ebenfalls 1988 bekam auch die IC-Linie 1 Hamburg - Bremen - Ruhrgebiet für Bremen eine neue positive Bedeutung: Sie wird von Köln statt nach Frankfurt nunmehr über Mainz und Mannheim nach Stuttgart geführt. Damit gibt es zwischen Bremen und Mannheim - Stuttgart eine Art von Halbstundentakt abwechselnd über Köln direkt und über Hannover mit Umsteigen. Die Fahrzeiten über Köln sind nur unwesentlich länger. Obwohl der Weg über Köln weiter ist, hat die Bahn auf Wunsch Bremens den Fahrpreis egalisiert.

An dieser Stelle einige Bemerkungen zur Strecke Hamburg - Bremen - Ruhrgebiet. Mit ihr hat Bremen keine Probleme, weil zwischen den großen Ballungsgebieten Hamburg und Rhein-Ruhr viele Reisende unterwegs sind. Es ist wahrscheinlich die am stärksten befahrene Fernverkehrsstrecke der Deutschen Bundesbahn. Freitag und Sonntagabend rollt hier alle 20 Minuten ein Fernzug. Internationale Züge gibt es Richtung Frankreich, Belgien, Niederlande und Dänemark. Mit dabei ist der EuroCity „Merkur" nach Kopenhagen, der schon zu TEE-Zeiten fuhr.

Die Gegenwart: Im Frühtau nach Bayern und in die Schweiz

Im Sommerfahrplan 1989 tauchen zwei neue Fernzüge auf der Bremer Abfahrttafel auf: der IC „Spessart" (ab 5.45 Uhr) nach München und der EuroCity „Rätia" (ab 6.15 Uhr) nach Basel - Chur. Während der „Spessart" in Bremen eingesetzt wird, kommt der „Rätia" schon von Hamburg (wie auch der FD „Königsee").

Mit den beiden neuen Zügen erfüllt die Deutsche Bundesbahn Forderungen nach direkten Verbindungen nach München und in die Schweiz, die von Kammern, Parlament, Gewerkschaften, Presse und Verkehrssenator immer wieder gefordert wurden. Abzuwarten bleibt, ob die frühe Abfahrtszeit angenommen wird. Allerdings beginnen die ersten IC und EC in Hamburg, Dortmund, München und Köln ihre Fahrt auch schon deutlich vor 6.00 Uhr morgens. In der Gegenrichtung kommen Züge

Der ET 403 fuhr als 1. -Klasse-IC zwischen Bremen und München an einem Tag. Er war die modernste Triebwagen-konstruktion der DB mit Tempo 200. Heute fährt er für die Lufthansa zwischen Düsseldorf und Frankfurt.

Der "InterCity Experimental" wurde 1985 das erste Mal in Bremen vorgestellt. Das Foto entstand 1988 bei einer Fahrt im Rahmen der Internationalen Verkehrsausstellung in Hamburg

von München und von Basel um Mitternacht in Bremen an.

Eine bessere Zukunft?

Für die nächsten Jahre stehen wiederum tiefgreifende Veränderungen an. Die Neubaustrekke und der InterCity-Expreß (ICE) zwingen die Bahn, den Fernfahrplan in der gesamten Bundesrepublik bis 1995 völlig umzurangieren. Daneben wird schrittweise das InterRegio-System eingeführt. Es ersetzt den langsamen und spartanisch ausgestatteten D-Zug und ist dem InterCity-System bei der Wagenausstattung sogar überlegen.

Anstelle der jetzigen InterCity-Linie 4 A wird eine InterRegio-Linie Bremerhaven - Bremen - Hannover - Hildesheim - Bad Harzburg im Zwei-Stunden-Takt eingerichtet. Gleichzeitig wird eine weitere InterRegio-Linie Emden/Wilhelmshaven - Oldenburg - Bremen - Hannover mit gleicher Frequenz geschaffen. Bis zur Einführung des InterRegio-Verkehrs auf diesen Strecken bleibt die InterCity-Linie Bremerhaven/Oldenburg - Bremen - Hannover unverändert bestehen.

Die Fahrzeit Bremen - Hannover im InterRegio bleibt trotz eines zusätzlichen Haltes in Nienburg unverändert. Die Verbindungen nach und von Emden / Wilhelmshaven - künftig jeweils alle vier Stunden - werden erheblich schneller und komfortabler.

Eine Anmerkung zu den Strecken: Die Fahrpläne der Züge über Oldenburg nach Wilhelmshaven und Emden scheinen die Bremer nie besonders interessiert zu haben. Lediglich die Verbindung mit Groningen kommt von Zeit zu Zeit in die Diskussion. Zu hoffen ist hier, daß ein oder zwei durchgehende schnelle Züge oder Triebwagen die ungenutzten Möglichkeiten erschließen, auf kurzem Weg in die Niederlande zu kommen.

Ab 1991 werden mit Einführung der ersten ICE-Linie die beiden Linien von Hamburg über Hannover nach Süden wieder in kurzem Abstand hintereinander herfahren. Damit verschwindet das Ärgernis der 37 Minuten Wartezeit in Hannover auf dem Weg nach München. Für etwa 1992 plant die Deutsche Bundesbahn zwei oder drei IC-Zugpaare in Tagesrandlage zwischen Bremen und München einzusetzen (ab Bremen 6.00 Uhr, 8.00 Uhr und gegebenenfalls 10.00 Uhr). Die Deutsche Bundesbahn erwägt für etwa 1994, Bremen in das InterCity-Expreß-System unmittelbar einzubinden mit je vier ICE-Direktverbindungen von Bremen über Hannover nach Stuttgart und nach München. Diese Züge sollen Bestandteil der dritten ICE-Linie sein, die abwechselnd ab Bremen und ab Braunschweig nach Süden fährt und sich in Fulda mit der von Hamburg kommenden ICE-Linie trifft. Der Linientausch in Fulda führt dann zu Direktzügen nach Nürnberg - München und nach Frankfurt - Stuttgart - München.

Wenn dieses Konzept verwirklicht ist, kommen Bremer Reisende zu jeder Stunde mit Umsteigen zu allen IC-Systembahnhöfen und alle zwei Stunden mit durchgehenden schnellen Zügen in den Süden. Auf der Schnellfahrtrasse Hamburg - Bremen - Münster - Köln fehlen dann nur noch durchgehende Hochgeschwindigkeitszüge nach Brüssel, Paris und London.

Bildnachweis:
Foto L. Knull (1), Foto U. Huckfeldt (2) (4),
Foto Jochen Mönch (3),

Nahverkehr in den fünfziger Jahren: „Jan Reiners"-Kleinbahn und Straßenbahnen in Findorff

Gerald Sammet

Ein Bahnhof, um den sich alles dreht
Ein Plädoyer für eine veränderte Verkehrspolitik

Rolf N. fährt Bahn, VBN-Fahrausweis im Jahresabonnement, täglich ab Bremen-Lesum 8.08 Uhr. Der Bremer Hauptbahnhof wird nach einer knappen Viertelstunde erreicht, denn in Spitzenzeiten ist die Zugfolge auf einen zehnminütigen Zeittakt verdichtet. Der Anschlußzug der City-Bahn nach Nordenham wartet schon am gegenüberliegenden Gleis. Zwei frühere Kolleginnen von N., die jetzt für eine Kartonagenfabrik in Heidkrug tätig sind, wechseln den Zug. Die von Farge kommende S1 fährt weiter nach Verden; am Haltepunkt „Funkschneise" verläßt Rolf N. seine Bahn. Der Hauptbahnhof mit seinen pastellfarbenen IC-Zügen, der graugrün lackierten City-Bahn und den orange-weißen S-Bahn-Waggons liegt sieben Minuten zurück, ein undeutliches, zum Repertoire der täglichen Gewohnheiten des Rolf N. gehörendes Bild. Die kurze Strecke vom Bahnhof Lesum zu seiner Wohnung am Krankenhaus Friedehorst wird der Ingenieur in der Entwicklungsabteilung eines Elektronikkonzerns spätnachmittags mit seinem auf dem Park & Ride-Platz des Verkehrsverbunds abgestellten Auto zurücklegen, denn heute ist ein regnerischer Tag. Meist aber benutzt er für diesen Weg das Fahrrad. Sich mit eigener Hand durch die Verkehrswirrnis über B 74, Blocklandautobahn oder Hafenrandstraße zu bewegen, fiele ihm nicht mehr ein.

In anderen Großstädten wär´s eine Selbstverständlichkeit, für Bremen jedoch ist der schnelle Weg des Rolf N. leider nur ein Entwurf. Ein Entwurf, der obendrein wenig geliebt wird, denn erstens kostet so ein Schnellbahnsystem eben Geld, das derzeit nur dem Straßenbau zugeführt wird, und zweitens hat man sich verkehrspolitisch mittlerweile zwar darauf verlegt, dem öffentlichen Verkehr Priorität einzuräumen, aber nur, indem man den Autoverkehr behindert, ohne für schnelle Alternativen zu sorgen. Schnelle Alternativen, erst recht in einer Großstadt von der Ausdehnung Bremens, bietet nur der Schienenverkehr.

Die Folgen dieser Verkehrspolitik, die im Zweifelsfall alles so beläßt, wie es ist, kann man am Hauptbahnhof besichtigen. Der wäre, in einem großzügig ausgelegten städtischen Verkehrsnetz der ideale Verknüpfungspunkt für Nahschnellverkehr, Straßenbahnen, Umland- und Stadtbusse. Leidlich funktioniert sie auch, diese an sich unumgängliche Konzeption, nur: Wer fragt sich noch, welche Fußwege von einem Anschluß zum nächsten beispielsweise auf einer Fahrt mit der Linie 25 vom Krankenhaus St.-Jürgen-Straße und weiter mit der DB nach Sagehorn oder Ottersberg zurückgelegt werden müssen. Einen Vorzug hat die Sache: Man wird auf dem Weg über den verschwenderisch weitläufigen Bahnhofsvorplatz manches Detail an der prachtvollen Fassade des Gebäudes entdecken - vorausgesetzt, daß man nicht in einen der in Bremen nicht eben seltenen Regenschauer gerät. Schön wär´s, sagt man sich dann und schaut einigermaßen neiderfüllt auf das Vorbild anderer Städte, die das Problem mit direkten Zugängen und Verbindungen, deutlichen Hinweisen und regensicheren Passagen schon in den sechziger und siebziger Jahren aus der Welt geschafft haben. Bremens Hauptbahnhof schaut dagegen ein wenig verloren aus in seinem hundertsten Jahr. Man hat ihn einfach

Am 26. Mai 1967 fährt die erste E-Lok nach Vegesack

stehenlassen, nur leider nicht aus Respekt vor seiner eigentlich integrierenden Architektur. Er wurde schlicht vergessen, weil es der Stadt, deren Schienenstrecken er verknüpft, bis heute nicht gelingt, sich als eine Einheit zu begreifen. Nach außen fällt ihm die Aufgabe leicht, die Wege von Hannover, Köln, Hamburg, Oldenburg und Bremerhaven zusammenzuführen. Dagegen ist es fast unmöglich, über ihn von, zum Beispiel, Bremen-Blumenthal nach Dreye zu kommen. Man hat dem Hauptbahnhof bis heute nicht die Chance gegeben, auf dem Gebiet seine Funktion zu erfüllen.

Daß das nicht immer so war, daß es Pläne gab, die den Bremer Hauptbahnhof auch im Binnenverkehr zum Zentrum schneller, regelmäßiger bedienter Verkehrswege gemacht hätten, haben, so scheint es, selbst die Experten aus ihrem Gedächtnis gelöscht. Dabei hätten sie, den Zusammenbruch des vom Auto getragenen Individualverkehrs vor Augen, allen Grund, sich der Projekte zu erinnern, die der Senat vor nicht einmal zwei Jahrzehnten entwerfen und in Details fast schon bis zur Bau- und Betriebsreife ausführen ließ. Ein sich ergänzendes Netz von S- und U-Bahnen hätte nicht nur die unsinnige, nervtötende und doppelt teure Konkurrenz öffentlicher und privater Verkehrsmittel auf den Straßen aufheben können. Auch der Stadt selbst wäre erspart geblieben, was sich mit jedem Jahr deutlicher zeigt: Weil es, unter dem Gesichtspunkt der Verkehrsinfrastruktur, letztlich gleichgültig bleibt, ob man Bremen oder Niedersachsen zu seinem Lebensschwerpunkt macht, zieht es immer mehr Einwohner ins Umland, wo wenigstens Mieten, Baupreise und Steuersätze günstiger liegen. Das Bremer Verkehrsnetz verfehlt die integrierenden Aufgaben, die in einem Stadtstaat notwendiger als anderwärts wären. Dort, in Großstädten wie München, Stuttgart oder Köln, werden, wie ein Blick in den Immobilienteil der Tageszeitungen zeigt, Wohnungen nach ihrer Lage zu den Schnellbahnlinien gesucht.

Um beim Bremer Hauptbahnhof zu bleiben: Man hätte ihm in seinem hundertsten Jahr eine bessere als die stiefmütterliche Behandlung gewünscht, die die Verkehrspolitiker der Stadt ihm zukommen lassen. Der vernünftigste der von ihnen verworfenen Planungsvorschläge sei daher an der Stelle wenigstens zur Besichtigung noch einmal freigegeben. Wäre es nämlich nach einem von der Technischen Universität Hannover für den Bremer Senat erstellten Gutachten gegangen, der Hauptbahnhof behauptete heute wie selbstverständlich eine Schlüsselstellung als Knotenpunkt dreier S-Bahn-Linien: S 1 Farge - Verden, verknüpft im Stadtgebiet mit S 2 Osterholz-Scharmbeck - Rotenburg (Wümme) auf dem Abschnitt Bahnhof Burg - Abzweig Vahr, und S 3 Delmenhorst - Twistringen mit Übergangsmöglichkeit auf alle Linien im Hauptbahnhof. Der sinnvolle und durchaus zu realisierende Plan war nach weniger als einem Jahrzehnt am Ende: Einmal lag´s an den Finanzen der Bahn, zum anderen wurden vom Senat die Planungsarbeiten für die S 1 im Abschnitt Farge - Vegesack in den siebziger Jahren gestoppt und die Mittel dem Straßenbau gutgeschrieben. Der 1967 eingerichtete elektrische Taktbetrieb auf der Strecke Hauptbahnhof - Vegesack ist seither das einzige Relikt von Plänen, die mit dem Projekt einer City-Bahn auf diesem Abschnitt jetzt zögernd wiederbelebt werden.

So wird Bremens Hauptbahnhof dem, was er für den Fremdenverkehr leistet, im Binnenverkehr derzeit kaum gerecht. Neue industrielle

Schwerpunkte in den östlichen Stadtteilen verlangten eigentlich nach einer die Stadt integrierenden Verkehrskonzeption; als Verknüpfungspunkte in einem leistungsfähigen Netz waren Bahnhöfe dieser Größenordnung ja einmal gedacht. Freilich: aus betriebstechnischen Gründen könnte der Hauptbahnhof diese Aufgaben nur erfüllen, wenn es gelänge, den Güterverkehr durch den Bau einer Umgehungsbahn aus dem Stadtgebiet zu verlagern. Auch der Umbau der Gleisanlagen im Bahnhofsbereich, der ein Zusammenführen der S-Bahn-Linien an einem Bahnsteig ermöglichte, wurde bereits in verschiedenen Varianten geplant. Eine Pointe am Rand: Das leidige Problem Concordia-Tunnel, damals in seiner ganzen Tragweite noch nicht vorauszusehen, sollte mit einem S-Bahn-Halt an der Schwachhauser Heerstraße mit Übergang zur Stadtbahnlinie 1 aus der Welt geschafft werden.

Pläne von gestern, die allerdings, nimmt man das Schlagwort vom „ökologischen Stadtumbau" einmal ernst, noch immer ihre Berechtigung hätten. Einstweilen ist am Hauptbahnhof alles ein bißchen am Ende; wer zum Beispiel von Lesum ins Hemelinger Industriegebiet will, bleibt auf die langsamen Fahrzeuge der Bremer Straßenbahn angewiesen, die für die kürzere Strecke ab Hauptbahnhof mehr als die doppelte Fahrzeit benötigen. Mit durchlaufenden Zügen auf der Hauptmagistrale ließe sich da jetzt schon Abhilfe schaffen, vorausgesetzt, dieses Angebot würde durch die Neueinrichtung von Haltepunkten zwischen Schwachhauser Heerstraße und Mahndorf/Hemelingen ergänzt. Der schnelle Weg des Rolf N., vorerst nur ein Entwurf, geriete ein Stück näher an den Bereich der Realität.

Vom Hauptbahnhof her, von seiner zentralisierenden, einigenden und verteilenden Funktion ausgehend daher dieses Plädoyer für eine neue, gründlich veränderte Verkehrspolitik. Was vor hundert Jahren keiner voraussehen konnte: daß Bremen zu einer Großstadt mit, das Umland eingerechnet, fast Millionenbevölkerung heranwachsen könnte, sollte endlich auch den Verkehrsplanern einleuchten. Ein Vorzug großer Städte ist der, daß sie ihren Bewohnern Mobilität in weitem Umfang ermöglichen. In Bremen, einer Stadt, der es nur unter Mühen gelingt, sich aus den Fesseln ihrer auf das mittelalterliche Kerngebiet fixierten Traditionen zu lösen, müßte allerdings erst einmal begriffen werden, um welches Terrain es bei einem künftigen Gesamtverkehrsplan überhaupt geht. Die von Gewerkschafts- und Naturschutzverbänden in jüngster Zeit präsentierten Vorschläge haben da noch keinen Fortschritt gebracht: sie beschränken sich, wiewohl namentlich Ökologen das Denken in vernetzten Systemen für sich beanspruchen, auf Korrekturen am Netz der Bremer Straßenbahn AG. In einer Stadt, deren räumliche Ausdehnung vierzig Kilometer in der Distanz übersteigt, wäre es jedoch vordringlich, schnelle, betriebstechnisch vom motorisierten Straßenverkehr getrennte Verbindungen einzurichten. Das alte, vom Staub verkehrspolitischer Nachlässigkeit bedeckte S-Bahn-Projekt bietet immer noch die Diskussionsgrundlage, mit der allein eine ernsthafte Konkurrenz zum Individualverkehr aufgebaut werden könnte. Mit der für 1991 projektierten City-Bahn Hauptbahnhof - Vegesack ist ein Anfang gemacht, der nicht Alibi, sondern Anstiftung zur Suche nach weiteren praktikablen Lösungen sein sollte. Nur dann könnte auch dem Hauptbahnhof einmal die Rolle zufallen, die ihm bis heute im Binnenverkehr fehlt: die einer innerstädtischen Drehscheibe auf kurzen Wegen von einem zum anderen Ende der Stadt.

Bildnachweis:
Archiv R. Habel (1), Staatsarchiv Bremen (2)

Hermann Frese

Güterwagen müssen in Gröpelingen umsteigen
Der Rangierbahnhof Bremen

Wer mit der Eisenbahn von Bremen nach Vegesack oder Bremerhaven fährt, blickt zwischen den kleinen Haltepunkten Walle und Oslebshausen durch das Zugfenster auf eine ausgedehnte Bahnanlage mit einer Vielzahl von Gleisen und Betriebsgebäuden. Lange Güterwagenschlangen kriechen über das Gewirr der Schienenstränge dahin. Bei Dunkelheit erhellt eine Unzahl von Neonleuchten dieses umfangreiche Verkehrsareal, den Bremer Rangierbahnhof.

Rangierbahnhöfe sind die großen Sortierschüsseln des Eisenbahngüterverkehrs, und so hat dieser Bahnhof in Gröpelingen Sammler- und Verteileraufgaben für die Wirtschaftszentren Bremen / Bremerhaven und den Weser-Ems-Bereich mit seinen zahllosen Hafen-, Umschlags- und Industrieanlagen zu übernehmen. Rund um die Uhr wird gearbeitet, gerade in den späten Nachmittags-, Abend- und Nachtstunden herrscht hier Hochbetrieb, vorgegeben durch die Struktur des Güterzugfahrplans, der natürlich nach den Wünschen und dem Bedarf seiner Frachtkunden ausgerichtet ist. Lediglich an den Wochenenden und Feiertagen ruht für wenige Stunden der Rangierbetrieb.

Nach Eröffnung der Hannover-Bremer Bahn 1847 übernahm zunächst der von Bremen finanzierte und gebaute Hauptbahnhof neben dem Personenverkehr auch die Abwicklung des Güterverkehrs. Allerdings wuchs dieser rasch sehr stark an und die Stadt Bremen sah sich gezwungen, die Bahnanlagen laufend zu erweitern, um den steigenden Bedürfnissen Rechnung zu tragen.

Als dann ab 1860 mit dem neu erstellten Weserbahnhof die erste Umschlagsanlage vom Schiff zur Eisenbahn in Betrieb ging und die Geburtsstunde des späteren Eisenbahnhafens Bremen schlug, dann in der Folgezeit weitere Bahnstrecken von Geestemünde, Oldenburg, Uelzen, vom Ruhrgebiet und von Hamburg nach Bremen gebaut wurden, konnte der Hauptbahnhof den Güterverkehr nicht mehr bewältigen. So plante man 1873 einen kleinen Rangierbahnhof in der Utbremer Feldmark vor Walle und errichtete bis 1889 den heutigen Güterbahnhof zwischen Kastanien-, Münchener und Utbremer Straße. Nach dem Zollvereinsanschluß Bremens und Bau des Freihafens I im Jahre 1888 erlebte die Hansestadt einen beispiellosen wirtschaftlichen Aufschwung zur Großstadt, zum Welthafen und bedeutenden Industriestandort, der auf den Eisenbahngüterverkehr selbstverständlich nicht ohne Auswirkung blieb. Erweiterungen der Bahnanlagen wurden erneut zwingend notwendig. Auch stellte der wachsende Militär- und Marineversorgungsverkehr zum neuen Flottenstützpunkt Wilhelmshaven den Bremer Güterbahnhof vor kaum noch lösbare Probleme. Daher beauftragte der Minister für öffentliche Arbeiten in Berlin mit Erlaß vom 16. März 1899 die Königliche Eisenbahndirektion Hannover, Erhebungen über die Ausgestaltung des Personen- und Güterbahnhofs Bremen zu machen und eventuell einen neuen Verschiebebahnhof außerhalb der Stadt vorzusehen.

Das Ergebnis der folgenden Untersuchungen sah drei Ausbaumaßnahmen vor:

1. Bau von besonderen Güterzuggleisanlagen zwischen Hemelingen sowie Sebaldsbrück und Oslebshausen und Anhebung der Gesamtstrecke zwischen diesen Bahnhöfen und dem Bremer

Hauptbahnhof zur Schaffung von niveaufreien Straßenkreuzungen.
2. Ausbau des Personenbahnhofs und Umbau des Güterbahnhofs sowie Verschwenkung der Gleise Bremen - Bremerhaven mit Neueinrichtung eines Haltepunktes in Walle und Verlegung des Haltepunktes Oslebshausen.
3. Neubau eines Verschiebebahnhofs im Blockland mit Verbindungsbahn zur Hamburger Strecke.

Wegen der schwierigen Geländeverhältnisse im Blockland plante man eine Rangierbahnhofsneuanlage am Rande des Ortsteils Walle. Während der Planungzeit von 1900 bis 1906 kam es in diesem Bereich jedoch zu erheblichen Bodenspekulationen und so wich man schließlich doch in das angrenzende Wiesengelände des Blocklandes aus. Hier ergaben sich große Probleme in Bezug auf die mangelnde Tragfähigkeit des moorigen Untergrundes sowie die drohende Überflutung durch den hochwasserführenden Wümmefluß, da die vorgesehenen Flächen sehr tief lagen. In den Jahren 1908 - 1912 wurde der Neubau der Güterzuggleise von der Abzweigung Hastedt bis zum Bereich des neuen Verschiebebahnhofs sowie die Anhebung aller Streckengleise zwischen Sebaldsbrück und Bremen Hauptbahnhof vollendet. Die Umgestaltung der Personen- und Güterbetriebsanlagen des Hauptbahnhofs dauerte von 1907 bis 1914.

Nachdem die Stadt Bremen sich im Vertrage mit der Königlich Preußischen Eisenbahn vom 20. September1906 verpflichtet hatte, gegen die Übereignung aufzulassenden Bahngeländes einen Zuschuß von 2 190 000 Mark zum Ausbau des Rangierbahnhofs zu geben, konnten die Arbeiten in Angriff genommen werden. Dazu mußte zunächst die Bahnstrecke Bremen - Geestemünde, die im Bereich der Stadtteile Walle, Gröpelingen und Oslebshausen nahe der Heerstraße verlief (die Trasse ist heute der Grünzug im Bremern Westen), zwischen Osterfeuerberger Ring und Ritterhuder Heerstraße nach Nordosten verschwenkt werden. Am 17. Februar 1914 wurde das neuerbaute Gleis Bremen - Geestemünde, am 27. Februar 1914 die Gesamtstrecke mit dem verlegten Haltepunkt Oslebshausen, der um eine Güterabfertigung mit öffentlicher Ladestelle erweitert worden war, und dem neugeschaffenen Haltepunkt Walle feierlich eröffnet.

Parallel dazu liefen die Arbeiten am Bau des Verschiebebahnhofs auf Hochtouren. Seit 1910 war die Firma Philipp Holzmann, Frankfurt/ M., damit beschäftigt, das Planum der Bahnhofsanlage zu erstellen. Dazu mußte in dem Wiesengelände auf den zirka 930.000 qm des geplanten Rangierbahnhofs stellenweise eine bis zu fünf Meter dicke Torfschicht ausgekoffert werden. Aufgrund der geforderten Hochwassersicherung und um Tragfähigkeit herzustellen sowie die nötigen Gleisgruppen zu schaffen, mußte anschließend Füllboden in Stärke von 0,50 - 4,50 m aufgebracht werden. Die dazu erforderliche Sandmenge von zirka 1,8 Millionen cbm wurde mit einer besonders verlegten Lorenbahn von Ritterhude sowie per Waggon von Sagehorn und aus dem Raum Uphusen herangefahren. Mit der Gleisverlegung konnte man 1913 beginnen, auch mit der Errichtung der Hochbauten. Trotz Verzögerung durch den Kriegsausbruch 1914 konnte mit Einfahrt des ersten Zuges aus Richtung Oldenburg um 11 Uhr vormittags endlich am 15. Juli 1915 die damalige Preußische Staatsbahn den Teilbetrieb im „Rangierbahnhof Blockland“ (Bezeichnung während der Bauzeit) aufnehmen. Die endgültige Inbetriebnahme des jetzt „Bahnhof Bremen R“ genannten und in allen Betriebsunterlagen verzeichneten Rangierbahnhofes Bremen erfolgte schließlich am 1. Oktober 1915.

Nach sechsjähriger Bauzeit war unter verantwortlicher Leitung und Überwachung durch die Königliche Eisenbahndirektion Hannover sowie die Bauinspektion Bremen 1 mit einem Kostenaufwand von zirka 15 Millionen Mark (einschließlich Streckenverlegung) eine vorbildliche Betriebsanlage geschaffen worden, die, in ihren Grundzügen unverändert, auch heute nach fast 75 Jahren ihre Aufgaben als Sammler- und Verteilerknoten im Bereich Bremen / Bremerhaven, Weser-Ems voll erfüllt. Die Gleisanlage des Bahnhofs ist in 3 Gruppen,

Gleisbremser an den hydraulischen Hemmschuh-auswurfbremsen. Baujahr 1926 und heute noch, als einzige Anlage in Deutschland, in Betrieb.

die Einfahr-, Richtungs- und Ausfahrgruppe gegliedert. Für die heutigen 10 Einfahr-, 43 Richtungs- sowie 18 Ausfahrgleise hatten die Planer bereits die Trassen vorgesehen, jedoch zunächst nur 6 Einfahr-, 26 Richtungs- und 5 Ausfahrgleise fertiggestellt. Für die Bedienung der Weichen und Signale waren 10 Stellwerke errichtet worden, die mit den Nummern I-X bezeichnet und mit elektro-mechanischer Technik der Bauform S & H 1912 ausgerüstet waren. Das bedeutete, daß Weichen und Signale mittels Motor umgestellt wurden und die Fahrstraßen mechanisch und elektrisch verschlossen werden mußten. Am Ablaufberg waren zum Vorbremsen der abrollenden Waggons drei Büssing-Hemmschuhauswurfbremsen installiert worden.

Der Bremer Rangierbahnhof wird als einseitiger Flachbahnhof (eine Hauptrangierrichtung, kaum Gefälle in den Gleisgruppen) bezeichnet. Ihm wurden ein Bahnbetriebswerk für die Dampflokbehandlung und -stationierung sowie eine kleine Güterwagenausbesserung und Waschanlage angegliedert.

Das Prinzip der Rangiervorgänge bei der Zugauflösung sowie der Zugbildung ist von 1915 bis heute stets das gleiche geblieben. Nach Ankunft eines Zuges in der Einfahrgruppe dreht ein Rangierbediensteter die Schraubenkupplung zwischen den Einzelwaggons lang

Im Ablaufstellwerk „Bva"

und trennt die Bremsschlauchverbindungen. Dann entlüftet er die Bremsen der Fahrzeuge und fertigt den Rangierzettel, eine Zerlegeliste für den Zug. Eine Rangierlok, früher eine Dampflok der Baureihe 94, heute eine Diesellok der BR 291, drückt die Wagenschlange nun langsam die Steilrampe eines Ablaufberges hinauf. Hier werden Wagen in verschiedene Richtungen von einem Rangierer getrennt, indem er mittels einer langen Holzstange die Kuppelkette aushängt und die Wagen rollen mit eigener Schwerkraft den Hügel hinunter. Vorgebremst mit der Gleisbremse werden sie nach Vorgabe im Rangierzettel über Weichenbündel in die riesige Gleisharfe der Richtungsgruppe eingelassen und dort von sogenannten Hemmschuhlegern mit einem auf die Schiene gelegten „Bremsklotz", dem Hemmschuh, zum endgültigen Stillstand gebracht. Die nach neuen Zielen geordneten Waggons werden dann wieder zusammengehängt und von einer anderen Rangierlok in die Ausfahrgruppe vorgezogen. Hier überprüfen wagentechnische Beamte den betriebssicheren Zustand der Fahrzeuge sowie der Bremsen, es werden Aufschreibungen über Zusammensetzung und Bremsverhältnisse des Zuges vorgenommen, und schließlich kann der neugebildete Güterzug, bespannt mit einer Diesel- oder Elektrolok, den Rangierbahnhof Bremen verlassen.

Die Zerlegezeiten der Zugeinheiten am Ablaufberg bestimmen maßgeblich die Leistungsgrenze eines Rangierbahnhofs, der höchstmögliche Wagenausgang ist die Meßzahl seiner Leistungsfähigkeit. Bei Betriebsaufnahme 1915 war ein Ausgang von täglich zirka 2 000 Wagen erreichbar, es wurden Ferngüterzüge, sogenannte „Dg", nach Göttingen, Seelze, Hamburg-Wilhelmsburg, Uelzen mit Wustermark, Oldenburg und Geestemünde sowie Nahgüterzüge (Ng) nach Kirchweyhe, Freihafen, Zollinland und Grohn-Vegesack gebildet und abgefahren. Außerdem wurden über zwei Nebenablaufberge mehrere Verteiler-Ng für die Zwischenstationen auf den Strecken zusammengestellt. In den Folgejahren waren wegen Verkehrszuwachses laufende Erweiterungen der Gleisanlagen nötig. Neben den Güterzügen und Lokfahrten belasteten auch noch täglich 22 „Dienstpersonen-Pendelzüge" die Streckengleise zwischen dem Hauptgüterbahnhof und Bremen R. Ein erster größerer Umbau des Rangierbahnhofs erfolgte dann von 1926 bis 1928. Betroffen davon war vor allem die Ablaufanlage. Hier entstand das Stellwerk VIII mit einem elektrischen Relais-Speicherwerk für das automatische Umstellen der ersten acht Ablaufweichen sowie vier mit Druckwasser betriebenen Balkengleisbremsen der Bauart Thyssen völlig neu. Der Ablaufberg erhielt ein neues Profil, Gleise und Weichen wurden verlegt. Die Stellwerke I und III (alt VII) erhielten neue Gebäude in günstigerer Lage, und nach Komplettierung der Gleisgruppen stieg die Leistungsfähigkeit des Bahnhofs auf täglich 3.600 Wagen an. Mit weiter verbesserter Technik, wie Rangierfunk, Dieselberglok und dergleichen konnte die Leistung in den 60er Jahren bis auf 5.200 Wagen im 24-Stunden-Ausgang gesteigert werden, durch größere Wagenlängen und andere Ablauffolgen sank sie jedoch bis heute wieder auf zirka 4.000 Wagen ab.

Der Zweite Weltkrieg stellte bei andauerndem Personalmangel mit Einsatz von Zwangsarbeitern aus den deutschen Truppen besetzten Gebieten und immer häufigeren Betriebsstörungen infolge der Luftangriffe der Alliierten auf die Bahnanlagen des Rangierbahnhofs und des Zugverkehrs im Bremer Raum hohe Anforderungen an die Eisenbahner. Im benachbarten Blockland wurde ein sogenannter „Geisterrangierbahnhof" erstellt, der nachts beleuchtet war und die Allierten zum Bombenabwurf auf ein falsches Ziel animieren sollte. Trotzdem wurden die Gleise des von 1930 bis 1960 in „Verschiebebahnhof" umbenannten Bahnhofs zwischen 1940 und 1945 bei insgesamt 23 Angriffen teilweise erheblich beschädigt.

Der damalige Bahnhofsvorsteher Louis Jürgens berichtete von einem Bombenangriff am 13 Juni 1943 folgendes: „Gegen 9 Uhr vormittags fuhr ich an diesem Pfingstsonntag aufgrund einer Luftgefahr-Meldung der EWZ Bremen Hbf mit dem Dienstpendel von Walle zum Verschiebebahnhof. Auf der Fahrt heulten die Sirenen, und wir hatten gerade das Stellwerk I passiert, als hinter und vor uns schwere Bomben niederhagelten. Unser Triebwagen schwankte durch den gewaltigen Luftdruck der einschlagenden Geschosse hin und her und wir etwa 30 Fahrgäste wurden zu Boden geschleudert. Nach

Rangierbediensteter beim Ankoppeln

Halt in Höhe der Wagenwerkstatt liefen wir durch den Bombenhagel zu einem nahen Erdbunker. Angriffswelle auf Angriffswelle folgte, und wir glaubten jeden Augenblick, in unserem kleinen Unterstand zermalmt zu werden. Aber wir erlitten keinen Schaden, jedoch bot sich uns nach Beendigung des Infernos draußen ein fürchterlicher Anblick. Die Ausfahr- und die Richtungsgruppe bildeten ein einziges Trümmerfeld, die Durchfahr- sowie die Hauptgleise von und nach Bremerhaven-Wesermünde waren zerstört, Sprengtrichter reihte sich an Sprengtrichter, Güterwagen türmten sich übereinander. Wie durch ein Wunder blieben die Stellwerke fast unbeschädigt. Mit der Instandsetzung der Gleisanlagen waren zirka 2.000 Helfer aus Bauzügen etc. Tag und Nacht beschäftigt, provisorisch wurde bereits an den Folgetagen wieder rangiert."

Nach Kriegsende 1945 bis zur Währungsreform 1948 verschlechterte sich die Lage der Eisenbahner eher noch. Etliche ehemalige Mitarbeiter des Verschiebebahnhofs waren aus dem Kriege nicht zurückgekehrt. Das verbliebene Stammpersonal wurde durch zwangsverpflichtete Arbeiter von der zerstörten Werft „AG Weser" sowie der „Weser-Flug" verstärkt. Der Verdienst lag bei etwa 200 Reichsmark monatlich, das reichte, auf Marken zugeteilte spärliche Lebensmittelrationen zu erstehen, Miete zu zahlen und gerade die elementarsten Lebensbedürfnisse zu begleichen, Hunger und Not waren groß, die Arbeitsmoral denkbar schlecht.

In diesen Jahren wurden viele Versorgungsgüter aus Bremerhaven, Nachschubhafen für die US-Truppen in Deutschland, per Bahn über den Bremer Verschiebebahnhof geleitet. Heinz Sarau, heutiger Pensionär, erinnert sich nur ungern an diese Zeit, als eine Stange „Ami-Zigaretten" im Schwarzhandel 1.000 Reichsmark, ein Pfund Butter 250 Mark kosteten. Er berichtete, daß damals die Diebstähle an den Beförderungsgütern rapide zunahmen, wobei vielfach der Versorgungsmangel und der Kampf ums Überleben die Menschen zur Tat zwang. Auf Kohlezüge wurde während der Fahrt aufgesprungen und das kostbare Brennmaterial heruntergeworfen, viele Unglückliche kamen dabei zu Schaden. Schließlich wurde der gesamte Rangierbahnhof mit einem 3,50 m hohen Stacheldrahtzaun umgeben, und die amerikanischen Wachen waren angewiesen, auf Verdächtige sofort zu schießen. Dabei wurden mehrere private Gelegenheitsdiebe verletzt. Die Konflikte verschärften sich in der Folgezeit so, daß es zur spontanen Arbeitsniederlegung aller Eisenbahner im Verschiebebahnhof kam. Daraufhin zogen die Amerikaner ihre Wachen ab und ersetzten sie durch die deutsche Bahnpolizei. Erst als es nach der Währungsreform wieder alles zu kaufen gab und sich das Leben normalisierte, konnte dieses traurige Kapitel Nachkriegsgeschichte des Bremer Rangierbahnhofs abgeschlossen werden.

Im Jahre 1948 erhielten alle Stellwerke statt der Nummerung Buchstabengruppen zugeteilt, die Standort und Funktion bezeichnen, zum Beispiel „Bve" (alt Stellwerk X) = „Bremen Verschiebebahnhof Einfahrgruppe" oder „Baf" (I) = „Bremen Ausfahrgruppe Fahrdienstleiter". Mit Übernahme der Aufgaben des Kirchweyher Rangierbahnhofs 1949 und dem anwachsenden Export über die bremischen Häfen kam viel Mehrarbeit auf die Eisenbahner des Rangierbahnhofs Bremen zu. Ab 1957 wurde die neue „Hütte am Meer" der Klöckner-Gruppe in Bremen mit Bahnfrachten über den mit „Vbf" abgekürzten Verschiebebahnhof versorgt. Dem Umbau des Ablaufberges mit Neuerstellung eines Betriebsüberwachungs-(Bü-)Gebäudes auf der Bergkuppe 1959 folgten zwischen 1963 und 1967 größere Ausbauarbeiten in allen drei Hauptgleisgruppen mit Veränderungen der Weichenzonen und Verlängerung der Gleise für die auf 700 Meter Länge anwachsenden Güterzüge der DB. Zwischen 1960 und 1970 lagen die Jahre mit den absoluten Höchstleistungen im Wagenausgang. Der werktägliches Durchschnitt betrug über 4.000 Wagen und am 29. Mai 1963 wurde aufgrund zugefrorener Kanäle und vereister Straßen in dem langandauernden Winter mit 5.526 Wagen und 136 Zügen ein einmaliger Rekord aufgestellt. In diesem Jahrzehnt wurden an alle Mitarbeiter

Höchstanforderungen gestellt. An vielen Tagen war die Arbeit mit den veralteten Anlagen kaum zu schaffen, häufig mußten Güterzüge auf Vorbahnhöfen zurückgehalten oder abgestellt werden und unter pausenlosem Arbeitsstreß litt die Rangierqualität erheblich.

Eine spürbare Verbesserung im Zugverkehr trat mit der Elektrifizierung der Zulaufstrecken ein. Am 4. Januar 1965 traf der erste mit einer E-Lok bespannte Güterzug im Bremer Rangierbahnhof ein. Eine Modernisierung des Bahnhofs und Ausrüstung mit zeitgemäßer Rangier- und Computertechnik wurde damals bereits angedacht, aus verschiedensten Gründen jedoch bis heute nicht verwirklicht. So ist man weiterhin in erster Linie auf die Fähigkeit und Einsatzbereitschaft jedes Einzelnen angewiesen, wobei es hin und wieder auch zu Überforderungen kommen kann.

Mit der Neustrukturierung des Schienengüterverkehrs, dem neuen Knotenpunktsystem im Nahbereich, Direktzugbildungen aus den Häfen, verstärktem Ganzzugverkehr mit Spezialwagen, Aufnahme des Betriebes in der Großrangieranlage Maschen und Transportverlagerung auf die Straße ging die zahlenmäßige Ausgangsleistung ab Anfang der siebziger Jahre laufend zurück. Allerdings sind auch Tragfähigkeit und Abmessung der Güterwagen erheblich gesteigert worden, so daß für mehr Fracht weniger Fahrzeuge benötigt werden. Die freigewordenen Kapazitäten des Rangierbahnhofs werden für spezielle Rangieraufgaben im hochwertigen Güternetz, mit der Behandlung von Intercargo- sowie Zügen des „kombinierten Verkehrs Schiene - Straße“ genutzt. Hierbei ist eine genauere Disposition und schnelle Abwicklung erst durch den vor einigen Jahren erfolgten Anschluß an das DB-interne Datennetz mit den Fahrzeuginformations- und Vormeldeprogrammen möglich geworden.

Viele tausend Eisenbahner haben in den vergangenen 75 Jahren unter Regie der Dienststellenleiter Herrmann Schirmer (1915-1917), Friedrich Fromme (1917-21), Julius Koch (1921-23), Hermann Schwieger (1923-35), Louis Jürgens (1935-45), Wilhelm Reichert (1945-60) Karl-Heinz Jettka (1960-77), Walter Schünemann (1977-81) und Heiko Köhn (seit 1981) ihre oft schwierige und gefahrvolle Arbeit im Rangierbahnhof Bremen verrichtet. Die Mitarbeiter des Außendienstes stehen auch heute wie immer am Tage und bei Nacht, bei Regen und Nebel, Schnee und Glatteis ihren Mann, denn die Züge müssen fahren, der Fahrplan duldet keinen Aufschub. Wenn auch personalintensiver als vergleichbare modernisierte oder neuerstellte Rangieranlagen, so beweist doch der Rangierbahnhof im Bremer Westen mit seinen 89 Kilometer Gleisen, den 330 Weichen und über 150 Signalen Tag für Tag seine hohe Leistungsfähigkeit im Dienste der Wirtschaft Bremens und des Umlandes. Den größten Anteil daran haben ohne Zweifel die 250 Eisenbahner, die hier als Rangierer, auf dem Stellwerk, in der Aufsicht oder Betriebsüberwachung sowie in anderen Funktionen beschäftigt sind. Sie wirken mit, wenn heute täglich 90 Züge in den Bahnhof zur Auflösung einfahren und die gleiche Anzahl mit rund 30 Zielen, wie zum Beispiel Nürnberg, Mannheim, Frankfurt oder Köln die von freundlichen Kleingärten umrahmte Bahnhofsanlage im Bremer Blockland wieder verlassen.

Bildnachweis: Alle Abb.: Archiv H. Frese

Abb. 1: Der Weserbahnhof

Klaus-Peter Göcke

Eisenbahnhafen
Entwicklung der Hafenbahn in der Stadt Bremen

Häfen und Gleisanlagen

Zum hundertjährigen Jubiläum des Bremer Hauptbahnhofs soll neben der Entwicklung der verschiedenen Eisenbahnstrecken nicht die stadtbremische Hafeneisenbahn unerwähnt bleiben. Die Betrachtungen beschränken sich dabei nur auf den in der Stadt Bremen gelegenen Teil der Hafeneisenbahn und nicht auf Bremerhaven.

Die Entstehung der Bremischen Hafeneisenbahn kann nicht isoliert gesehen werden. Sie ist ein Teil des Hafens und somit ist ihre Entwicklung immer von dem Ausbau des Hafens abhängig gewesen. Daß dabei die Hafenbahn besonders in Bremen eine so große Bedeutung erlangt hat, findet die Ursache in der Lage der Stadt Bremen im Landesinneren, zirka 65 Kilometer von der Küste entfernt. Der Grundsatz, daß ein Hafen nur so gut ist wie seine Hinterlandverbindungen, und damit die Anbindung an das Eisenbahnnetz, gilt hier ganz besonders.

Wie stellte sich die Lage in der zweiten Hälfte des letzten Jahrhunderts dar, als Bremen an das Netz der großen Bahnen angeschlossen wurde? Bremen hatte seine Bedeutung als südlichste deutsche Hafenstadt im Lauf der Jahrhunderte immer mehr eingebüßt.

Der Grund war die immer mehr fortschreitende Versandung der Weser. Es konnten nur noch Schiffe mit einem maximalen Tiefgang von 2,75 Metern die Stadt Bremen erreichen. Von allen Schiffen, die die Weser anliefen, waren das lediglich 5 %. Da auch das Binnenschiff, anders als beispielsweise in Hamburg und Rotterdam, kaum eine Bedeutung hatte, drohte Bremen seinen Ruf als alte deutsche Hafenstadt zu verlieren.

Durch die Entwicklung der Eisenbahnen sah man nun die Möglichkeit, Bremen wieder zu einem bedeutenden Handelsplatz zu machen. So beteiligte sich die Stadt beispielsweise zu 50 % am Bau und Betrieb der ersten Eisenbahnlinie von Wunstorf nach Bremen, im Jahre 1847. Eine allein von Bremen finanzierte Zweigbahn, die sogenannte „Weserbahn", wurde im Jahre 1860 an die Hauptbahn angeschlossen. Diese Verbindung vom Hauptbahnhof zur Weser (*siehe Abb. 1 und 2*) war die „Keimzelle" der Bremischen Hafenbahn.

Der „Weserbahnhof", wie das Ende der Weserbahn genannt wurde, war von Anfang an als Sackbahnhof konzipiert, der nur dem Güterumschlag und nicht dem Personenverkehr dienen sollte. Er bestand aus mehreren Gebäuden - einem mehrstöckigen Speicher, der zugleich als Zollschuppen diente, und einem einstöckigen Vorbau zur Weser. Ein weiterer Schuppen diente dem Sammeln der Güter, die mit der Bahn ankamen und in Schiffe umgeschlagen werden sollten.

Für den Betrieb der Weserbahn wurden genau wie früher für den Bau und Betrieb der (Hannover-) Wunstorf-Bremer Eisenbahn mit Hannover vertragliche Vereinbarungen getroffen.

Am 15. Oktober 1888 wurde Bremen an den Deutschen Zollverein angeschlossen. Bremen hatte sich dabei aber die Schaffung eines Zollfreigebietes auf seinem Territorium vorbehalten. Mit dem Ziel, einen Freihafen zu schaffen und die Weser zu vertiefen, begann nun 1885 unter der Leitung des bremischen Oberbaudirektors Ludwig Franzius eine rege Bautätigkeit.

Abb. 2:
Karte von 1881. Im Bild links unten der Weserbahnhof

Abb. 3:
Karte der Hafenanlagen von 1914

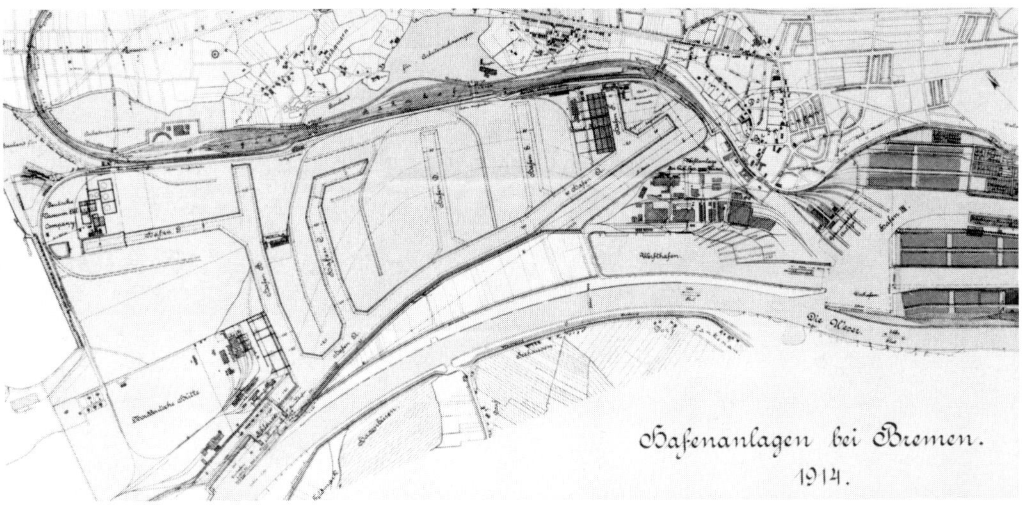

Die notwendige wichtige Regulierung der Weser mit dem Ziel der Vertiefung auf fünf Meter erfolgte parallel. Diese Wassertiefe wurde damals von den englischen Welthandelsschiffen benötigt.

Durch diese drei Maßnahmen - eine leistungsfähige, wirtschaftliche Gleisverbindung, die Vertiefung der Weser und den Bau des Freihafens - konnte Bremen sich nun wieder unter die großen Hafenstädte einreihen. Die Eisenbahn-Infrastruktur und der Ausbau der Hafenanlagen wurden jetzt kontinuierlich weiterentwickelt.

Bremen hatte von Anfang an großen Wert auf den Ausbau der Eisenbahnanlagen gelegt. Schon in den Jahren 1886 - 1888 wurde der Bahnhof „Bremen Freibezirk“ gegründet, der in der Zeit von 1898 bis 1906 einen großen Verschiebebahnhof erhielt (*siehe Abb. 3*). Er war ausgestattet mit einem Ablaufberg mit modernem mechanischem Stellwerk und entsprechenden Signalanlagen. Im Jahre 1911 erhielt dieser Bahnhof die Bezeichnung „Bremen Zollausschluß“, den er auch heute noch führt (*siehe Abb. 4*). Von Anfang an waren die Gleisanlagen über ein Anschlußgleis mit dem Weserbahngleis und mit dem Bremer Hauptbahnhof verbunden. Die umfangreichen Gleisanlagen wurden im Jahre 1896 von dem Berliner Professor Adolf Goering und dem Direktor Hoernecke geplant.

Im Jahre 1906 wurde der Freihafen II, der heutige Überseehafen, und der Werfthafen eröffnet, und 1914 der Hafen III als Erweiterung des bereits 1908 eingeweihten Holz- und Fabrikhafens (*Abb. 3*). Dem wachsenden Bedürfnis des Handels und der Industrie entsprechend wurde 1906 der Bau des Industrie- und Handelshafens mit den sieben Becken A bis G in Angriff genommen. Die Arbeiten erstreckten sich, unterbrochen durch den Ersten Weltkrieg, bis in das Jahr 1924. Einen Eindruck von der Situation im Jahre 1914 mag die Abbildung 3 vermitteln. Die später gebauten Häfen D und E sowie die geplanten Gleisanlagen sind gestrichelt dargestellt.

Alle Hafenbecken erhielten ihre Gleisanlagen und waren damit über den Bahnhof Zollausschluß an den Hauptbahnhof angebunden. Bis zum Jahre 1920 investierte Bremen allein in den Ausbau seiner Hafen- und Hafenbahnanlagen auf dem rechten Weserufer zirka 116 Millionen Goldmark.

In der Zeit von 1909 bis 1915 wurde der heutige Bahnhof Bremen Rbf, errichtet. Es lag nahe, auch die Häfen an diesen Rangierbahnhof anzuschließen. So schuf man in Oslebshausen eine große Verbindungskurve zu den Häfen.

Bis 1921 wurden umfangreiche Gleisanlagen im Vorfeld des Industrie- und Handelshafens zum Bahnhof „Bremen-Inlandshafen“ geschaffen. Dieser neue Güterbahnhof und die

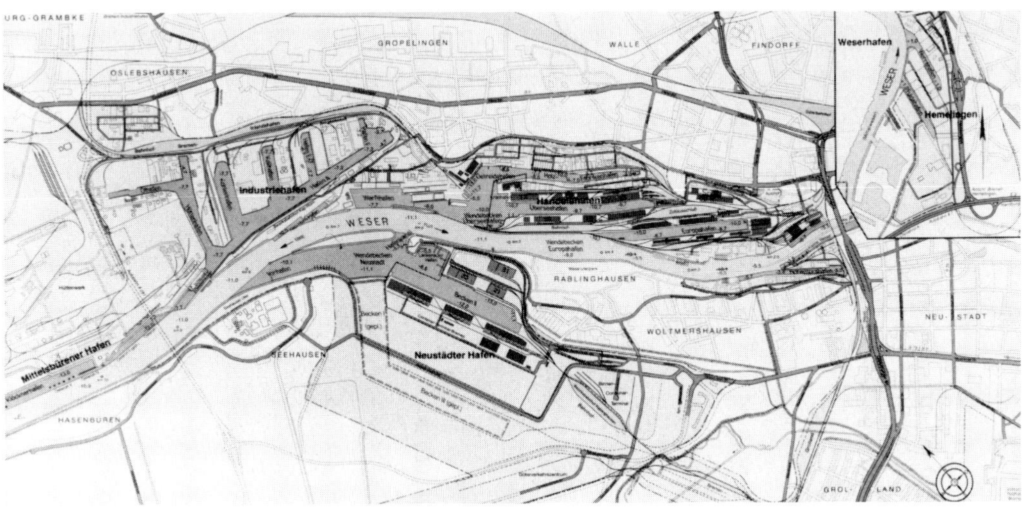

Abb. 4: Die Hafenanlagen 1985

Verbindungskurve zum Rangierbahnhof bewirkte eine wesentliche Entlastung der Weserbahn.

Auf der linken Weserseite war in der Zeit von 1842 bis 1872 ein Sicherheitshafen entstanden. In Verbindung mit dem Woltmershausener Kanal wurde daraus später der Hohentorshafen. Einen Anschluß an das Eisenbahnnetz gab es erst 1867 nach dem Bau der Oldenburgischen Staatsbahn. Auch in diesem Hafen entwickelte sich der Verkehr, so daß es hier im Jahre 1916 zu einem weiteren Hafenbahnhof, dem „Bahnhof Hohentorshafen" kam. Große Investitionen in die Hafenanlagen auf der linken Weserseite erfolgten aber erst ab 1960 mit dem Baubeginn des Neustädter Hafens.

Mit dem weiteren Ausbau der Häfen auf der rechten Weserseite gingen kontinuierlich die Erweiterung der Hafenbahnanlagen und die Zunahme der beförderten Güter einher (*Abb. 5 und 6*). Bei allen Planungen erfolgte und erfolgt stets eine enge Abstimmung mit der jeweils den Betrieb führenden Eisenbahnverwaltung. Die jüngste Entwicklung war Folge des tiefgreifenden Strukturwandels in der Umschlagtechnik, die als „Industrialisierung" des Seeverkehrs bezeichnet wird. Entscheidender Punkt dieser Entwicklung war die internationale Einführung des Großcontainers und die Entwicklung des kombinierten Verkehrs als Transportkette rund um die Welt.

Gerade bei dieser neuen modernen Technik fallen die Vorteile der Eisenbahn ins Gewicht. So hat die Bahn beim Containerferntransport in den bremischen Häfen einen Frachtanteil um 70 %. Diese sprunghafte Entwicklung machte den Bau des Bahnhofs Bremen-Grolland erforderlich, der 1966 den Betrieb aufnahm. Bereits am 5. November 1968 wurde im Neustädter Hafen der 100 000. Container verladen. Der Frachtanteil der Bahn entwickelte sich dabei von 20 % bis auf zirka 50 %. Der Bahnhof Grolland hat eine moderne Ablaufanlage, die durch moderne Ablauf- und Signaltechnik in der Lage ist, bis zu 800 Wagen pro Tag rangiertechnisch zu behandeln. Als Folge des wach-

Abb. 5: Die Entwicklung der Gleisanlagen der Hafenbahn in Bremen

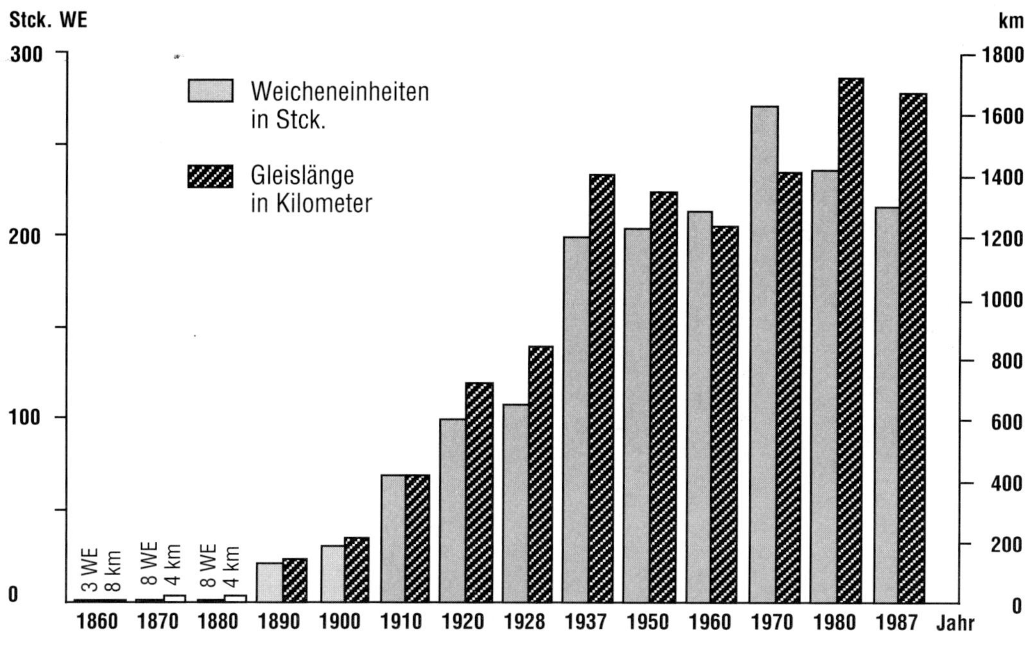

senden Verkehrsaufkommens ist für 1989 der Bau des vierten Richtungsgleisbündels im Bahnhof Grolland geplant.

Wie sich dieser oben dargestellte Strukturwandel auf das Eisenbahnfrachtaufkommen ausgewirkt hat, mag ein Vergleich der Entwicklung in den Hafenbahnhöfen Bremen-Zollausschluß und Bremen-Grolland in der Zeit von 1974 bis 1987 verdeutlichen (*Abb. 7*).

Konnte der Bahnhof Zollausschluß im Jahre 1974 noch etwa 3 Millionen Tonnen Frachtaufkommen melden, so hatte sich das bis 1987 auf rund 1 Million Tonnen reduziert, während auf den Bahnhof Grolland ein Anteil von zirka 2 Millionen entfiel. Bei dieser Betrachtung müssen konjunkturelle Schwankungen und erhebliche Frachtverlagerungen zu den modernen Hafenanlagen in Bremerhaven berücksichtigt werden.

Wie sich der Strukturwandel der Umschlagtechnik auf die Ausbildung der Hafenanlagen ausgewirkt hat, verdeutlicht ein Vergleich der Abbildungen 9 und 10. *Abbildung 9* zeigt einen Querschnitt durch den östlichen Kai des Europahafens, Zustand etwa 1938, während *Abbildung 10* eine moderne Schwergut- und Containerverladebrücke an der Kaianlage des Neustädter Hafens, Zustand 1985, zeigt. Die gewaltige Entwicklung kann bei einem Vergleich der auf beiden Bildern zu erkennenden Eisenbahnlichtraumprofile nachvollzogen werden.

Die dargestellte Entwicklung untermauert die Richtigkeit der mutigen Entscheidung Bremens, mit erheblichem finanziellen Einsatz auf der linken Weserseite einen neuen, modernen Hafen mit einer entsprechenden Verkehrsinfrastruktur zu bauen. Über die Hafenbahn Bremen werden zirka 56 % des insgesamt in den Häfen aufkommenden Frachtvolumens befördert. Welchen Stellenwert die Deutsche Bundesbahn der Hafenbahn einräumt, mögen das dort eingesetzte DB-Personal und die eingesetzten Lokomotiven verdeutlichen. Insgesamt werden in Bremen auf der Hafenbahn neben 11 Lokomotiven im direkten Einsatz „rund um die Uhr“ 514 Mitarbeiter der DB beschäftigt. Sie teilen

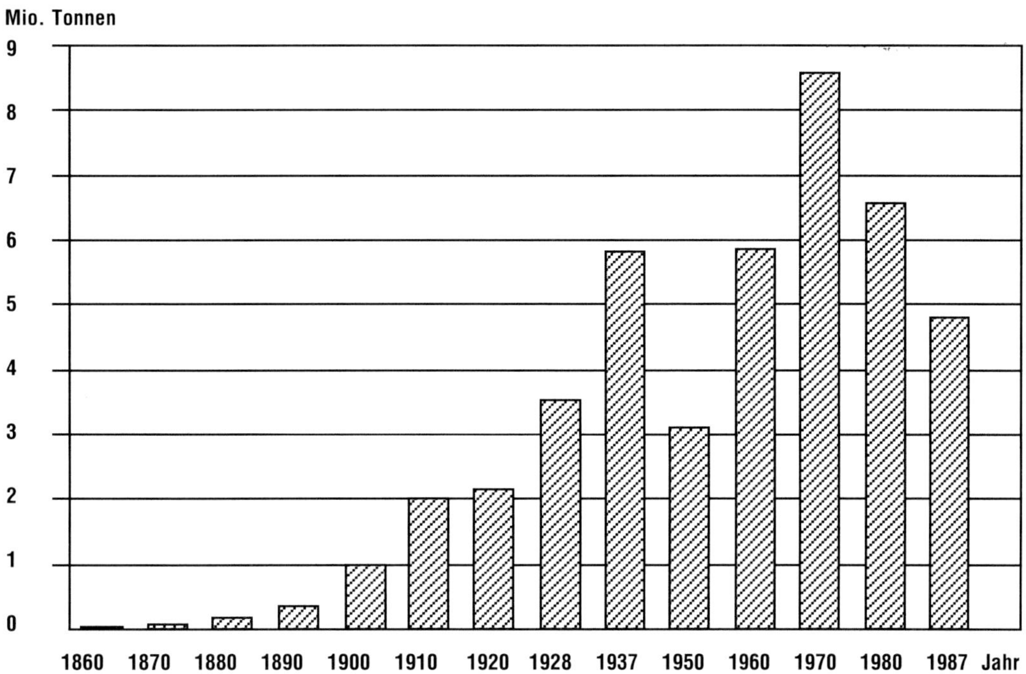

Abb. 6: Entwicklung der auf der Hafenbahn in Bremen beförderten Gütermengen (Versand und Empfang, ohne Bremerhaven)

Abb. 7: Auswirkungen des Strukturwandels in der Umschlagtechnik im Vergleich der Hafenbahnhöfe Bremen-Zollausschluß und Bremen-Grolland

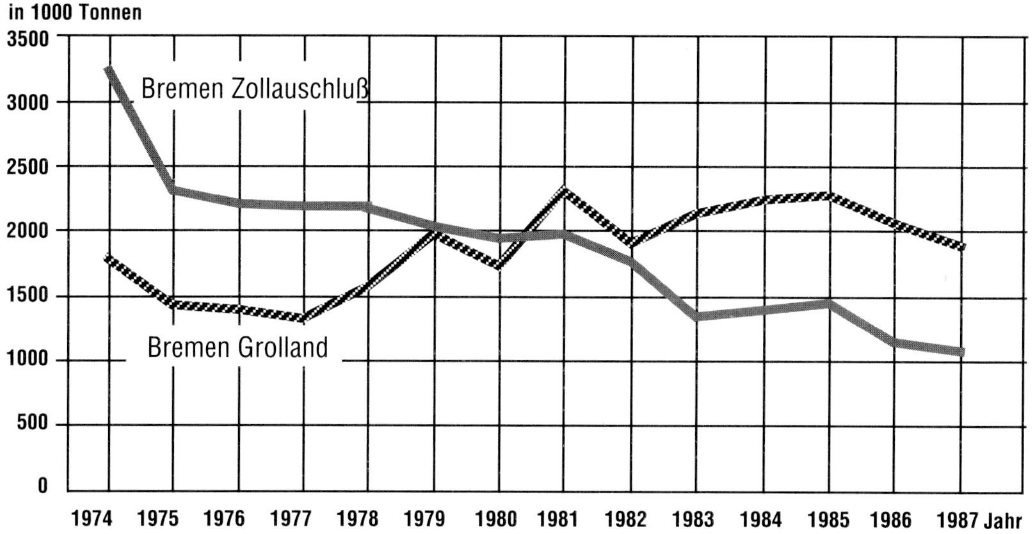

sich wie folgt auf die verschiedenen Fachgebiete auf (Stand: März 1989):

1. Betriebsführung:
Bahnhof Bremen Grolland: 117 Mitarbeiter
Bahnhof Bremen Zollausschluß: 194 Mitarbeiter
2. Verkehrsdienst:
Güterabfertigung Bremen Zollausschluß: 42 Mitarbeiter
Güterabfertigung Bremen Inlandshafen: 37 Mitarbeiter
3. Unterhaltung:
Bahnmeisterei Bremen Zollausschluß: 66 Mitarbeiter
4. Betriebsmaschinendienst:
Betriebswerk Bremen 1: 38 Mitarbeiter
Betriebswerk Bremen 2: 20 Mitarbeiter

Auf diese aus diesem Personaleinsatz resultierenden finanziellen Leistungen Bremens und der Deutschen Bundesbahn für die Führung des Betriebes und die Unterhaltung der Hafenbahn soll nach Darstellung der vertraglichen Situation später eingegangen werden.

Lokomotiven

Es ist eine Eisenbahner-Binsenweisheit, daß die Einnahmen im Güterverkehr aus dem Transport über lange Strecken resultieren, während alles, was mit dem Be- und Entladen und mit der Bildung und Auflösung von Zügen zusammenhängt, hohe Kosten verursacht. Aus diesem Grunde hatte die Staatsbahn, auch mit Blick auf ihre damalige Monopolstellung, kein Interesse daran, den Rangierdienst auf der Hafenbahn in Bremen zu übernehmen. Bremen war gezwungen, sich eigene Lokomotiven zu beschaffen und entsprechendes Bedienungspersonal einzustellen.

Der Maschinenpark wuchs von anfänglich zwei Lokomotiven bis auf 13 im Jahre 1914 an. Im Jahre 1930 zählte man schließlich 23 Lokomotiven. Es handelte sich dabei ausschließlich um Naßdampf-Tenderloks, da beim reinen Verschiebedienst die Vorteile des Heißdampfes nicht so sehr ins Gewicht fielen. Eingesetzt wurden ausnahmslos Lokomotiven der preußischen Baureihen.

Die Anpassung der Lokvorhaltung an den sich ständig ändernden Bedarf des Hafens machte Bremen immer Schwierigkeiten. Es mußten Lokomotiven für einen Spitzenbedarf vorgehalten werden, die dann bei geringerem Wagenaufkommen nicht benötigt wurden. Derartige Schwankungen konnten natürlich von einer Staatsbahn mit einem umfangreichen Fahrzeugpark viel besser ausgeglichen werden.

Bremen strebte deshalb schon immer die Übernahme der Betriebsführung durch die Staatsbahn an, die das aber aus den oben erwähnten Gründen ablehnte. Erst im Jahre 1930 konnte mit Unterzeichnung eines entsprechenden Vertrags, auf dessen Entstehung nachfolgend eingegangen wird, die Betriebsübernahme seitens der Staatsbahn von Bremen erreicht werden.

Der Hafenbahnvertrag von 1930

Bei Betrachtung der Entwicklung der Hafenbahn Bremen soll hier auf die Entstehung des noch heute gültigen Hafenbahnvertrages von 1930 eingegangen werden. Die Unterhaltung und Bewachung sowie die Führung des Betriebes auf den übrigen im bremischen Eigentum verbliebenen Bahnanlagen war bis dahin Sache Bremens und stellte damit besonders unter dem Gesichtspunkt der ständigen Erweiterung der Hafenanlagen eine ganz erhebliche Belastung dar. Bremen bemühte sich daher, die Betriebsführung durch Preußen ausführen zu lassen. Es wurde dabei der Standpunkt bezogen, daß die umfangreichen bremischen Bahnanlagen nicht den Charakter eines Gleisanschlusses, sondern eher den einer öffentlichen Eisenbahn haben. Für die preußische Staatsbahn bilde sie eigentlich einen Bahnhof wie jeder andere und entbinde Preußen damit der Verpflichtung, einen eigenen Hafenbahnhof zu bauen. Die Kosten des Rangierdienstes wären bereits durch die Frachtsätze der Staatsbahn, genau wie in anderen Rangierbahnhöfen, abgegolten. Bremen konnte sich mit dieser Auffassung aber nicht durchsetzen.

Eine entscheidende Wende trat dann nach dem 1. Weltkrieg ein. Bremen erreichte beim Reichsverkehrsminister in Form eines Erlasses das sogenannte „Überseeabkommen" von 1921. Der wesentlichen Inhalt war:

1. Die Reichsbahn befördert die seewärts ein- und ausgehenden Güter für Bremen kostenlos von der Tarifstation bis zu den in den einzelnen Hafenbahnbereichen festgelegten Übergabegleisen. Das sind Gleise, auf denen die Züge von der Reichsbahn an die Hafenbahn zur Weiterbeförderung übergeben beziehungsweise übernommen wurden.

Abb. 8: Neben der offiziellen Hafenbahn gab es auch privaten Betrieb von B-Werkbahnloks. Hier eine Hanomag 12/5429 im Industriehafen 1971.

2. Die Beförderungskosten, die Bremen für die Weiterbeförderung dieser Güter von den Übergabegleisen zu den Kaianlagen entstehen, werden Bremen von der Reichsbahn erstattet. Die Einzelheiten dieser Regelung sollten in Verhandlungen zwischen Bremen und der Eisenbahndirektion Hannover geklärt werden. Eine Genehmigung des Verhandlungsergebnisses behielt sich der Reichsverkehrsminister vor.

Durch diese neue Situation trat eine wesentlich höhere Belastung der Reichsbahn ein. Hannover kündigte daher 1923 die bislang abgeschlossenen Verträge. Es begannen nun umfangreiche neue Verhandlungen, ohne daß sich die Parteien einigen konnten. Bremen bemühte sich um eine Überführung der bremischen Hafenbahn in das Reichseigentum und um eine Betriebsübernahme durch die Reichsbahn. Dieses Ansinnen wurde aber mit allem Nachdruck von der inzwischen (Oktober 1924) zuständigen „Deutschen Reichsbahn-Gesellschaft" abgelehnt. Bremen verlangte deshalb die Klärung der Angelegenheit vor dem Reichsgericht in Leipzig. Hier wurde nach langen Verhandlungen der Standpunkt bezogen, daß sich die Sache am besten zu einem Vergleich eigne. Einen solchen Vergleich schlug dann auch der Staatsgerichtshof anläßlich seiner Tagung im November 1929 im Bremer Rathaus der Stadt Bremen vor.

Am 17. Juni 1930 legte der Bremer Senat der Bürgerschaft das gesamte Vertragswerk zur Zustimmung vor. Die Unterzeichnung erfolgte am 30. Juni 1930. Nach diesem Vertrag wird noch heute verfahren. Die wichtigsten Bestimmungen sind:
1. Die Hafenbahn verbleibt im Eigentum Bremens.
2. Die Betriebsführung wird von der Reichsbahn-Gesellschaft auf Rechnung und Gefahr Bremens übernommen.
3. Die Unterhaltung und Bewachung der Bahnanlagen erfolgt ebenfalls seitens der Reichsbahn-Gesellschaft auf Rechnung Bremens.
Bremen hat zwar seine Grundposition nicht durchsetzen können, durch den Kompromiß wurde aber ein vierzigjähriger Streit beigelegt.

Da durch das Überseeabkommen von 1921 Bremen von den Betriebskosten für das seewärts ein- und ausgehende Gut entlastet wird, belastet Bremen nur noch der Frachtanteil für das sogenannte „Ortsgut", auch „Locogut" genannt. Das sind Güter, die im Hafengebiet bleiben. Für die Beförderung dieser Güter trägt Bremen die Kosten. Es werden dafür besondere Hafenbahnfrachten von Bremen erhoben.

Wenn auch Bremen einerseits nicht erreichen konnte, daß die Hafenbahnanlagen auf die Reichsbahngesellschaft übergingen, so ist doch andererseits dadurch der große Vorteil gege-

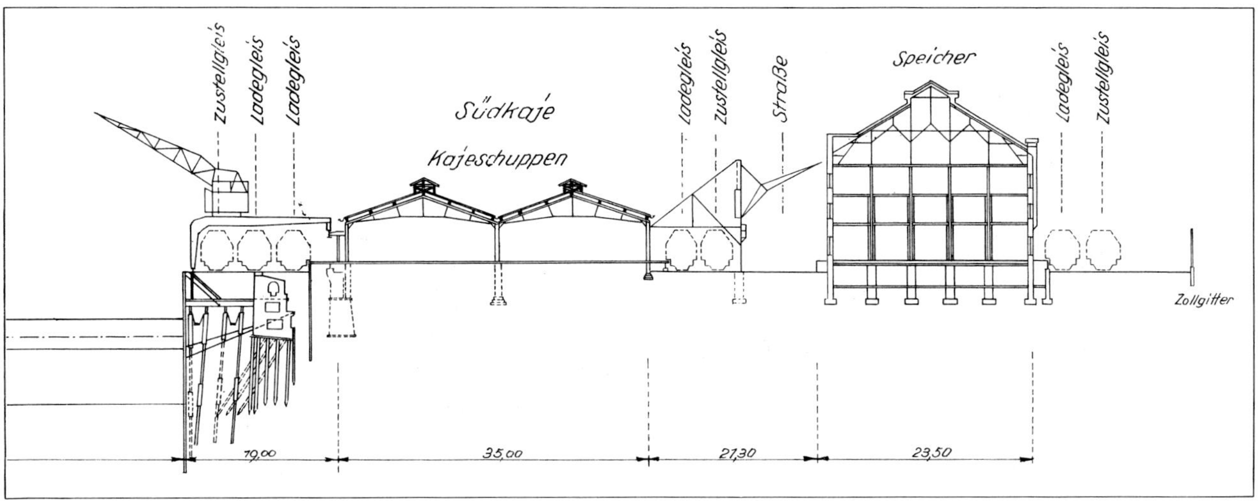

Abb. 9: Querschnitt durch den östlichen Kai des Europahafens, Zustand 1938

ben, daß Bremen nach wie vor als Eigentümer die Planungshoheit behalten hat. So ist es möglich, daß Bremen die Entwicklung und den Ausbau seiner Häfen mit der entsprechenden Eisenbahninfrastruktur in eigener Zuständigkeit selbst planen kann und sich lediglich zu einer Abstimmung dieser Planungen mit der betriebsführenden Bahn verpflichtet hat.

Welche finanziellen Auswirkungen für die Vertragspartner das Überseeabkommen von 1921 heute noch hat, mögen die folgenden Zahlen verdeutlichen: Bremen wendet für die Unterhaltung jährlich zirka 10,5 Mio. DM auf. An den Kosten für die Unterhaltung beteiligt sich die Deutsche Bundesbahn wegen der nicht kostendeckenden Gemeinkostenzuschläge mit 0,8 Mio. DM. Für die Betriebsführung entstehen jährlich Kosten von 26,6 Mio. DM. Hiervon übernimmt die DB einen Anteil von 24,4 Mio. DM. Insgesamt beteiligt sich also die DB jährlich mit einem Betrag von rund 25,2 Mio. DM an den für die Betriebsführung und Unterhaltung der Hafenbahn in Bremen anfallenden Kosten.

Der 1930 geschlossene Vertrag stellt auch heute die Grundlage für die Zusammenarbeit zwischen der Hafenbahn Bremen und der Deutschen Bundesbahn dar. Sicherlich kommt es durch die Umstrukturierung der Anlagen und der sehr komplexen Vertragswerke immer wieder zu unterschiedlichen Interpretationen und Auffassungen. Es sind aber bisher zwischen den beteiligten Stellen immer entsprechende Kompromisse erzielt worden. Es ist das erklärte Ziel der Vertragspartner, diese gute Zusammenarbeit zum Wohle der beiden Bahnen sowie des Hafens auch in Zukunft fortzusetzen.

Literaturhinweise:
R. Martens: Die bremische Hafenbahn und der Betriebsvertrag von 1930, Bremen 1980
Denkschrift über die Entwicklung der bremischen Häfen und Hafenbahnen und die Bremer Hafenbahnfrage, Hannover 1927
Dr. E. Klugkist: Zusammenarbeit zwischen Bremen und der Deutschen Bundesbahn, Bremen 1981
W. Meyer: Eisenbahnen im Landkreis Diepholz, Weyhe 1985
K. Löbe: Seehafen Bremen - 100 entscheidende Jahre, Bremen 1983

Bildnachweis:
Focke-Museum (1),
Karten: Archiv Hafenbauamt Bremen,
Grafiken: K.-P. Göcke/E. Möller
Foto: Karl Rekort (11)

Abb. 10: Querschnitt Ostseite Becken II, Neustädter Hafen, Zustand 1985

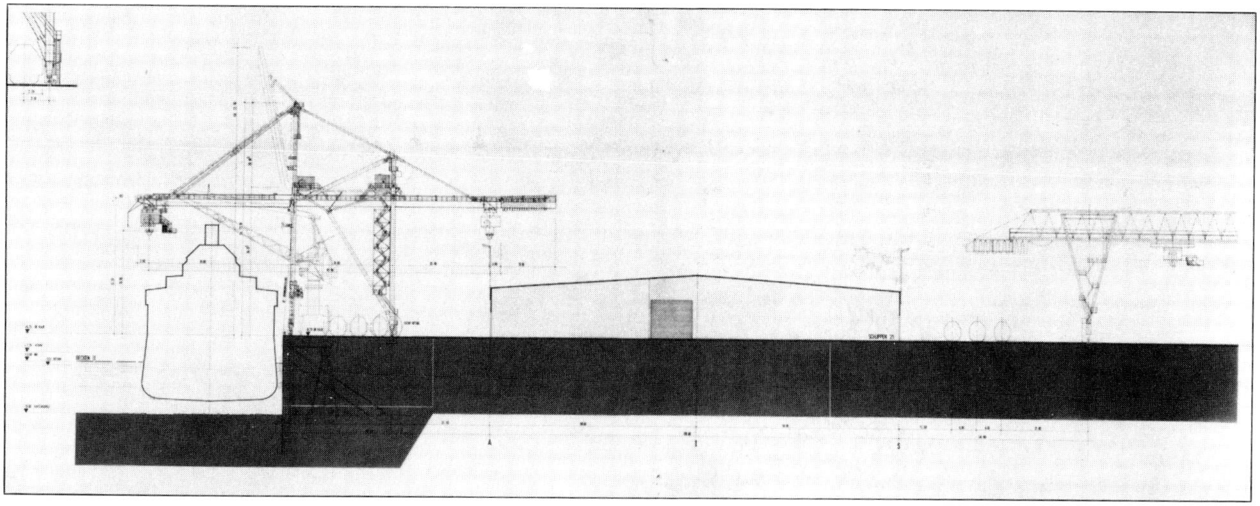

Die bremischen Hafenanlagen aus der Sicht von Speicher 1 im Europahafen - 1956

ROLAND UMSCHLAG
291 064-4

Hans Peter Hirth

Güterverkehr in Bremen
Die Deutsche Bundesbahn - Partner der bremischen Wirtschaft im Eisenbahnhafen Bremen

Nicht nur Reisende, auch Güter fahren Bahn in Bremen. Für den Personenverkehr der Bahn ist Bremen ein wichtiges Verkehrskreuz - darüber wird an anderer Stelle berichtet. Für den Güterverkehr ist Bremen jedoch ein noch bedeutenderer Eisenbahnknoten. Es ist Ausgangs- und Zielpunkt im hochwertigen InterCargo-Netz, das Bremen mit neun Wirtschaftszentren Deutschlands über Nacht mit höchster Pünktlichkeit verbindet. Bremen ist Schwerpunkt auf den Linien des kombinierten Ladungsverkehrs Schiene-Straße mit ihren 14 Kern- und 19 Ergänzungsbahnhöfen im Bundesgebiet. Bremen ist Kreuzungspunkt wichtiger Strecken von West nach Ost: von Rhein und Ruhr nach Hamburg und Skandinavien sowie von Nord nach Süd bis in die Schweiz, nach Österreich, Italien und den Balkanländern. Es ist Standort von zehn selbständigen Bahnhöfen und Güterabfertigungen inner- und außerhalb der Häfen einschließlich wichtiger Rangierbahnhöfe. Bremerhaven ist Sitz der Niederlassung Bremische Häfen der Transfracht, Deutsche Transportgesellschaft mbH - TFG -, der Tochtergesellschaft der Deutschen Bundesbahn für den Containerverkehr.

Die Deutsche Bundesbahn ist ein leistungsfähiger Partner der bremischen Wirtschaft im Güterverkehr, insbesondere der Seehafenverkehrswirtschaft, aber auch der produzierenden Wirtschaft. Dafür seien einige wenige, aber markante Beispiele geschildert.

Die Klöckner Stahl GmbH Hütte Bremen bezieht rund 3,5 Mio Tonnen Eisenerz jährlich aus der Hafenanlage „Weserport" in Bremerhaven ausschließlich auf der Schiene in Ganzzügen von bis zu 4.000 Tonnen Nettolast. Die Bahn versorgt außerdem Klöckner aus dem Binnenland mit den übrigen Rohstoffen zur Roheisen- und Stahlerzeugung, wie Koks und mineralischen Grundstoffen, in großen Mengen über weite Entfernungen - bis zu rund 2 Mio. Tonnen jährlich. Klöckner wiederum liefert einen Großteil seiner Fertigprodukte, zum Beispiel warmgewalztes Breitband für die Automobilindustrie, auf Spezialwagen, die Coils bis 45 t Stückgewicht tragen, mit der Bahn an die Automobilwerke, täglich oft mehrere Züge in den Süden Deutschlands.

Größter nichtöffentlicher Arbeitgeber im Lande Bremen ist die Mercedes-Benz AG. Auch sie arbeitet eng mit der Deutschen Bundesbahn zusammen. Bestes Beispiel dieser Gemeinschaft ist der Verbundverkehr zwischen den Werken Bremen und Sindelfingen im Großraum Stuttgart. Jedes Werk stellt - vereinfacht beschrieben - jeweils eine Hälfte des Rohbaus der Pkw selbst her und läßt die Teile für die andere Hälfte aus dem jeweils anderen Werk heranführen. Dieses Zuführen hat die Bahn übernommen: Sie fährt schon seit Jahren jede Nacht zwei beziehungsweise drei Ganzzüge je Richtung, beladen mit den Rohkarosserieteilen, direkt an die Produktionsbänder der Werke Bremen und Sindelfingen. So wird die Bahn selbst Teil der Fließbänder beider Werke. Mit genau berechenbaren Laufzeiten und engen Wagenumläufen bei höchster Zuverlässigkeit erlaubt das den beiden Werken knappste Lagerhaltung mit entsprechend niedrigen Kapitalbindungskosten. Die Mercedes-Benz AG bezieht auch andere Bauteile mit der Bahn, zum

Kombinierter Ladungsverkehr Schiene - Straße

Teil auf dem Weg über Bremen-Grolland vom dortigen Umschlagterminal der ROLAND-Umschlagsgesellschaft für den kombinierten Verkehr.

Der kombinierte Ladungsverkehr auf Schiene und Straße verbindet die systemtypischen Vorteile der Schiene, große Gütermengen über weite Entfernungen zuverlässig über Nacht ans Ziel zu bringen, mit dem arteigenen Vorzug des Lkws, der Feinverteilung der Güter in die Fläche an den einzelnen Endabnehmer. Diese Verkehre laufen mit Wechselbehältern, Sattelaufliegern oder in Containern, die auf der Straße den Terminal im Startbahnhof erreichen, dort auf Eisenbahnwagen umgesetzt werden, zum Zielterminal auf der Schiene per Nachtsprung rollen und dort wieder auf Lkw-Chassis umgeschlagen und dem Empfänger zugestellt werden.

Auch viele andere Bremer Produktions- und Handelsfirmen setzen auf den kombinierten Verkehr. Rohkaffee aus den bremischen Häfen rollt so nach Berlin, Spediteur-Sammelgut aus dem Bremer Wirtschaftsraum ins gesamte Bundesgebiet und ins Ausland - insgesamt jeden Tag 11 Züge ein- und ausgehend. Da das Bremer Umschlagterminal nach 17 Jahren an die Grenze seiner Aufnahmefähigkeit gelangt war, haben das Land Bremen, die ROLAND-Umschlagsgesellschaft und die Deutsche Bundesbahn den völlig neuen Umschlagbahnhof „Bremen Roland" errichtet, der am 6. Juni 1989 feierlich eröffnet wurde. Dieser modernste Umschlagbahnhof Deutschlands, in der Nähe des seeschiffstiefen Wassers des Neustädter Hafens gelegen, unmittelbar eingebunden in das wachsende Bremer Güterverkehrszentrum, das GVZ, ist ein wichtiger Baustein dieses Bündelungsknotens bremischer Spediteursaktivitäten.

Auch an anderen Punkten Bremens und Bremerhavens, insbesondere aber in den Häfen, ist die Bahn Partner von Produktionsfirmen: Produkte der Firma Kellogg (Deutschland) GmbH reisen mit der Bahn zu ihren Zielen in der Bundesrepublik und ins europäische Ausland. Das am 10. Mai 1989 eingeweihte, modernst gestaltete Hochregallager hat unmittelbaren Bahnanschluß bis ans Palettenbandende.

Diese Beispiele verdeutlichen bereits die enge Zusammenarbeit zwischen Bremens Wirtschaft und der Deutschen Bundesbahn. Das ganz besondere Gewicht der Bahn in und für Bremen bringt jedoch ihre enge Verknüpfung mit der bremischen Seehafenverkehrswirtschaft, mit den Seehäfen Bremen und Bremerhaven. Bremen ist ein Eisenbahnhafen von herausragendem Rang. Die Bahn ist auch heute der Hauptverkehrsträger im Hinterlandverkehr der bremischen Häfen. Deutlich über die Hälfte, in einigen Bereichen sogar über drei Viertel aller in Bremen umgeschlagenen Güter rollen mit der Bahn an oder ab, setzt man die reinen See-See-Umschlagmengen und die im Raum Bremen und Bremerhaven verbleibenden Güter ab. Dieser hohe prozentuale Anteil der Bahn hebt Bremen deutlich von den anderen Seehäfen an Nordsee und Rhein ab. An den Rheinmündungshäfen liegt der Bahnanteil weit unter 10 %.

212 000 Überseecontainer, 310 000 t Bananen, 35 000 t Zitrusfrüchte, 4,2 Mio. t Eisenerz, 150 000 Pkws aus Fernost, 315 000 Pkws nach

Übersee, 3 Mio. t Eisen und Stahl, 140 000 t Baumwolle, 800 000 t Zellulose, 125 000 t Rundholz, 65 000 t Fisch, 400 000 t Futtermittel, 10 000 t Getreide - das sind nur einige Beispiele für die jährlich über die Bahn in den bremischen Häfen ein- und ausgehenden Güter. Insgesamt fährt die Bahn für die Häfen Bremen und Bremerhaven rund 12 Mio. t jährlich. Das sind rund 5 % der Gesamtgütermenge der Deutschen Bundesbahn, mit der sie etwa 5,3 % ihrer gesamten Güterverkehrseinnahmen erzielt.

427 km Gleise erschließen die Kajen, Speicher und Schuppen in den bremischen Häfen und erlauben den direkten Umschlag Schiff-Bahn auf kürzesten Wegen besonders kostengünstig und zeitsparend. Diese enge Verknüpfung des Hauptverkehrsträgers Schiene mit den modernst ausgebauten Umschlageinrichtungen der Bremer Lagerhaus-Gesellschaft - BLG - und der anderen bremischen Umschlagsunternehmen macht Bremen zu einem besonders schnellen Hafen. Schiffsliegezeiten kosten viel Geld - je schneller und zuverlässiger ein Hafen arbeitet, um so mehr seewärtige Ladung kann er gewinnen und an sich binden. Für Bremen ist das besonders wichtig: Jeder dritte Arbeitsplatz in Bremen hängt von den Häfen ab. 150 Hafenkräne, 23 Containerbrücken, 75 Portalhubwagen für den Containerumschlag, fünf Roll on - Roll off-Rampen, zwei Kühlhäuser, auch für Tiefkühlgüter, 180 000 qm Speicherfläche für Kaffee, Kakao, Tabak und andere Spezialgüter, 40 000 Stellplätze für Im- und Exportautomobile, davon 17 000 Plätze im überdachten Hochregallager, Lagerraum für 30 000 t Obst, Gemüse und Südfrüchte in Fruchtumschlagsterminals und vieles mehr beschreiben die Bandbreite bremischer Umschlagseinrichtungen. Die Bahn hilft wirksam mit, daß sie ihre Stärken voll einsetzen und ausspielen können.

Ein Hafen ist nur so schnell, wie er umschlägt - aber ein Hafen ist auch nur so schnell, wie seine Hinterlandverbindungen laufen. Schnelle Züge stellt die Bahn bereit: in 15 Stunden nach Basel, in 34 Stunden nach Verona,

Verladung von Bananen

SSG

in 36 Stunden nach Wien, schnell, pünktlich, zuverlässig, im Lauf überwacht durch das DB-eigene, EDV-gestützte Fahrzeuginformations- und -Vormeldesystem FIV und das Containervormeldesystem CVM. Die Transportdaten begleiten den Warenstrom und eilen ihm voraus bis in die Häfen hinein.

Ihre Erfolge im Hafen stützt die Bahn neben dem vorzüglichen Leistungsbild auf ein flexibles Preisangebot. Die Bahn bietet im Hinterlandverkehr markt- und wettbewerbsgerechte Preise. 44 Ausnahmetarife und eine hohe Zahl individueller Sonderabmachungen, zugeschnitten auf die speziellen Wettbewerbslagen, vereinen das wettbewerblich Nötige mit dem eigenwirtschaftlich Machbaren.

Schnell, zuverlässig, wettbewerbsgerecht fährt die Bahn Ladung zu und von den bremischen Häfen - ein Wechselspiel der Interessen zwischen Bahn und Bremen, keine Einbahnstraße: Ohne Bremen fehlten der Bahn jährlich 12 Mio Tonnen Güter; ohne die Schlagkraft und die speziellen Fähigkeiten der Bahn fehlten Bremen wichtige ausschlaggebende Argumente bei der Akquisition seewärtiger Güter.

Die Bahn hat ihre Stärke in der geballten, gebündelten Ab- und Zufuhr großer Gütermengen über weite Strecken, insbesondere herkömmlicher massenhafter Güter wie Erz, Kohle, Eisen und Stahl. Aber die Bahn ist dabei nicht stehengeblieben: Sie hat sich weiterentwickelt im gleichen Tempo, mit dem auch die bremischen Häfen die Entwicklungen im Seeverkehr laufend umgesetzt haben.

Ein Beispiel: Als am 5. Mai 1966 das erste Containerschiff Bremen anlief, war die Bahn von der ersten Stunde an zur Stelle, um in Blockzügen über Nacht die schnelle Verbindung ins Hinterland zu schaffen. Heute fährt die Bahn von und nach Bremen und Bremerhaven 67 % der hier umgeschlagenen Überseecontainer, gerechnet ab 200 km Transportweite. Im Monat März 1989 wurden von und nach Bremerhaven mit der Bahn 16 387 Container befördert - dort eine vorher nicht erreichte Rekordleistung. Auch hier zeigt sich: Die Bahn nimmt am Wachstum der bremischen Häfen teil.

Die Bahn hat rechtzeitig und gleichzeitig mit dem weiteren Ausbau des Containerterminals in Bremerhaven auch ihre Infrastruktur völlig umgestaltet und neu gebaut: Der Rangierbahnhof Bremerhaven-Speckenbüttel ging am 9. September 1985 in Betrieb, rechtzeitig, um das ungebrochene Wachstum des Containerverkehrs aufnehmen zu können.

Die Bahn ist auch Partner bei der Fortentwicklung der Häfen. Aus herkömmlichen reinen Umschlagpunkten entwickelten sich Schuppen und Speicher nach der Industrialisierung der Abläufe im Hafengeschäft weiter bis hin zu gutartbezogenen Terminals, zu vorgeschobenen Außenlägern industrieller Verarbeiter und europaweit tätiger Händler: Sie wurden zu modernsten Distributionszentren mit höchster Dienstleistungsgüte.

Ein Beispiel: Hafen und Bahn versorgen die Werke der Volkswagen AG in Deutschland mit über See eingegangenen Bauteilen nach modernsten Erkenntnissen der Warenflußwissenschaft, der Logistik, aus dem in diesem Jahr eingeweihten 25 000 qm großen Außenhandelszentrum - AHZ - wie auch schon seit Jahren zuvor unmittelbar aus dem Neustädter Hafen. Bahn und Hafen liefern just-in-time, EDV-gesteuert und -kontrolliert: Das Fließband beginnt und läuft bereits im Hafen an, und die Bahn ist das verbindende, zuverlässige Glied in dieser Transportkette.

Beide, bremische Häfen und Deutsche Bundesbahn, verstehen sich als hochqualifizierte Dienstleister für die verladende, produzierende und handeltreibende Wirtschaft; sie lassen sich täglich an den immer noch steigenden und verfeinerten Ansprüchen ihrer Kunden messen. Beide sind zuversichtlich und entschlossen, gemeinsam auch in Zukunft auf richtigem Kurs zu liegen, auf dem richtigen Gleis zu fahren.

Bildnachweis:
Alle Fotos: Deutsche Bundesbahn Bremen

TEE
Roland
Bremen -
Hannover - Frankfurt (M) - Mannheim -
Basel SBB - Luzern - Gotthard - Chiasso -
Milano C

Rainer Habel

Trans-Europa-Express

Das TEE-Team vor der letzten Abfahrt nach Mailand (Foto. B. Umbrecht)

Am Freitag, dem 21. Mai 1982, rollte um 18.27 Uhr nach nur einer Minute Aufenthalt der TEE 18 „Gambrinus" aus Gleis 10 des Bremer Hauptbahnhofes zu seiner letzten Reise gen Hamburg. Hatte er noch morgens in Stuttgart um 11.43 Uhr freie Fahrt bekommen, so fuhr er nun aufs Abstellgleis. Es war der letzte TEE via Bremen! Genau 25 Jahre früher, im Juni 1957, war man erwartungsvoll gestartet: zunächst sechs, später zehn europäische Eisenbahnverwaltungen schufen auf der Schiene das gemeinsame Europa 1. Klasse. Luxuriös ging es bei diesem grenzüberschreitenden Verkehr zu: Aussichtswagen, Telefon, Bar, Dusche, Zeitungsverkauf, Friseur, Salon-Ruhewagen, z. T. schon früh Tempo 200, Platzreservierung mit der Möglichkeit, vor Reisebeginn das Menü auszuwählen, selbst das WC war klimatisiert.

Diese erstklassigen Züge brachten zugleich die internationale Renaissance der Bahn. Sie waren die attraktive Antwort auf den aufsteigend fliegenden Geschäftsreiseverkehr, und im Auto-Boom das mobile Angebot für die „Macher" ohne Chauffeur. Dank Zuschlag blieb man unter sich. Normalbürger verirrten sich nur selten in diesen Express der „Samsonite Generation". Zu den besten Zeiten gab zwischen Kopenhagen und Neapel, Wien und Barcelona über 100 dieser First-Class-Züge.

Bremen kam beim TEE-Verkehr schnell zum Zuge. Der „Parsifal" verband die Hansestadt direkt mit Paris. Der traditionsreiche „Prinz Eugen" fuhr nach Wien, der „Merkur" nach Kopenhagen und der „Gambrinus", der Zug der Polit-Prominenz, über Bonn nach München. Der Paradezug der Bremer war aber sicherlich der TEE „Roland". Schon früh in den fünfziger Jahren fuhr er als dunkelroter F-Triebwagen bis Basel (kurze Zeit auch nur bis Mannheim). Ab 1965 gab es den „Roland" mit E-Lok als leistungsfähigen F-Zug. Am 2. Juni 1965 rollte um 8.21 Uhr erstmals ein „Roland" als TEE aus der Bremer Bahnhofshalle. Endlich ging es über Basel hinaus. Die lange Wagenschlange in rot-beige fuhr, mit passender Schweizer TEE-Lok, über Luzern, durch den Gotthard-Tunnel, vorbei am Luganer See bis nach Mailand. „Bremen - Milano C", so stand es auf den Zuglaufschildern. 13 Stunden war man von Nord nach Süd „an Bord", als ideale Verbindung zur Schweizer Alpenregion und zur Metropole der Lombardei.

Am 26. Mai 1979 fuhr der „Roland" zum letzten Mal nach Mailand. Danach blieb er zwar ein Jahr lang noch TEE, verkehrte aber nur noch zwischen Bremen und Stuttgart. Zur Abschiedsfahrt am 30. Mai 1980 gab es einen „großen Bahnhof". Der renommierte Express bestand aber nur noch aus drei Waggons und die Zahl der Fahrgäste war schnell überblickt. So blieb viel Zeit für einen wehmütigen Abschiedsplausch mit dem Zugschaffner. Um 22.03 Uhr rollte der TEE „Roland" im Bremer Hauptbahnhof aus. „Der Zug endet hier" klang es aus den Lautsprechern. Bahnpolizei rettete die letzten TEE-Schilder vor den Souvenirjägern.

Erst ab Herbst 1980 fuhr wieder ein „Roland" - jetzt als InterCity und wieder bis Basel. Und nach Mailand? Das ging nun auch per IC. Wer um 8.08 Uhr in Bremen abfuhr, in Hannover am gleichen Bahnsteig in den IC „Tiziano" umstieg, war, jetzt auch in der 2. Klasse, um 21.05 Uhr in Mailand. Wie einst mit dem TEE „Roland"!

Bw Bremen-Hauptbahnhof, „Die Kraftpakete" 01 161, 50 131, 01 043 und 03 149

23 096 beim Wasserfassen. Eine 1'C1'-Lok, entwickelt von der Deutschen Bundesbahn, erstmals 1950 gebaut. 1 785 PS, 110 km/h Höchstgeschwindigkeit

Die legendäre P8, die spätere 38er, eine 2'C, gebaut ab 1906, 1 180 PS, 100 km/h Höchstgeschwindigkeit

Zwei Dampfklassiker oben links: 03 266 (2'C1', 1 980 PS, 130 km/h), links: 018 323-6 mit einem Treibraddurchmesser von 2 Metern. Im Gegensatz zur 03 war die 18er mit einem Sonderzug nur Gast im Bremer Hauptbahnhof.

94 1176, die einstige T 16 (1 070 PS, 60 km/h) beim Rangiereinsatz im Hauptbahnhof

V 60 646, die heutige Baureihe 260 (650 PS, 60 km/h) . Diese dieselhydraulisch angetriebene Lok löste ab 1960 die 94er im Rangierdienst ab.

Zwei Epochen begegnen sich: die 55 4458 (D, 1 260 PS, 55 km/h), die einstige G8, als Güterzuglokomotive erstmals 1912 gebaut und die Dieselkleinlok der Baureihe 323, die einstige Köf II (130 PS, 25 km/h)

Güterzug in Doppeltraktion: vorne die 44 647 (1'E, 1 910 PS, 80 km/h) vom Rangierbahnhof kommend in Richtung Süden.

Mit dieser Diesellokbaureihe wurde die Dampflok-Ära ab 1954 Zug um Zug abgelöst: 220 063-2 (B'B', 2 000 PS, 140 km/h)

Dezember 1964: Bremen wird auf der historischen Trasse von Hannover aus an das elektrifizierte Streckennetz angeschlossen. Zuglok war die E 10 1308, eine Lok der heutigen Baureihe 110 (Bo'Bo', 4 400 PS, 150 km/h)

Nahverkehr nach Vegesack vor der Elektrifizierung: eine Triebwageneinheit der Reihe ETA/ESA 150; später Baureihe 515/815 (270 PS, 100 km/h).

Einmal täglich war er Gast im Bremer Hauptbahnhof: der „Moorexpreß“ der privaten Bremervörde-Osterholzer Eisenbahn, der durchs Teufelsmoor fuhr.

01 1066, Schnellzugbauart der Reichsbahn ab 1925 , hier als ölbefeuerte Lok der Bundesbahn (Dienstgewicht mit Tender 185 t, 2'C1', 2 240 PS, 130 km/h), und E 41 366, die heutige 141 - Allzwecklok (Bo'Bo', 3 000 PS, 120 km/h)

Die 03 149 Schnellzuglok (hier mit den moderneren Windleitblechen) im Bw

Städteschnellverkehr der dreißiger Jahre: dieser dieselelektrische VT (2 x 410 PS, 160 km/h) verband über Bremen Hbf Hamburg mit Köln. Später fuhr er auch von Bremen nach Leipzig.

Städteschnellverkehr der siebziger Jahre: Dieselschnelltriebzug Baureihe VT 11,5, heute 601 (2 x 1 100 PS, 140 km/h) fuhr ab 1957 im TEE-Verkehr, dann als IC mit ausschließlich 1. Klasse, bis 1988 als Sonderzug für Reiseunternehmen, heute Museumsstück des Nürnberger Verkehrsmuseums

Die Dampflok, über ein Jahrhundert das Zugpferd der Eisenbahn und ihrer Geschichte, rollte 1977 endgültig aufs Abstellgleis. Aber als umweltfreundlichstes Massenverkehrsmittel und mit neuen Technologien fährt die Bahn zügig in eine neue Zukunft.

Die Autoren:

Joachim Adomeit, Generalvertretung Personenverkehr Bremen

Wolfgang Decker, Dipl.-Ing., Regionalvertretung Bremen

Günter Eggers, Bahnhof Bremen Hauptbahnhof

Herrmann Frese, Bahnhof Bremen Rangierbahnhof

Jens Gartelmann, Dipl.-Ing. (Architektur)

Klaus-Peter Göcke, Dipl.-Ing., Regionalabteilung Bremen

Rainer Habel, Verwaltungsangestellter, sozialhistorische Veröffentlichungen insbes. zu Bremer- und Verkehrsgeschichte

Hans-Wolfgang Harden, Lehrer

Hans-Peter Hirth, Generalvertretung Güterverkehr Bremen

Günther Krukemeier, Planungsamt Bremen

Johann Kück, ehem. Obmann der Gepäckträgergemeinschaft Bremen

Wilfried Meyer, Polizeibeamter, ehrenamtl. Archivpfleger der Gemeinde Weyhe

Rainer Pöttker, Dipl.-Ing, Bundesbahndirektion Hannover

Gerald Sammet, Autor und Publizist, Radio Bremen

Karin Schniedewind, Förderverein Deutsches Auswanderermuseum e.V.

Konrad Schultze-Gisevius, Referent für Eisenbahn beim Senator für Häfen, Schiffahrt und Verkehr Bremen

Rainer Wallentin, Finanzamt Bremen, Ökonom

Bildnachweise:

S. 120: DB Bremen
S. 121: Landesbildstelle Bremen (1) (2)
S. 122/123: Archiv W. Meyer
S. 124: Staatsarchiv Bremen
S. 125: Staatsarchiv Bremen (1) (2)
S. 126: Staatsarchiv Bremen (1) (2)
S. 127: Staatsarchiv Bremen (1) (2)
S. 162: Staatsarchiv Bremen/ K. Ed. Schmidt (1) (2)
S. 163: Staatsarchiv Bremen/K. Ed. Schmidt (1) (2)
S. 164: Staatsarchiv Bremen, Foto: K. Ed. Schmidt (1) (2) (3)
S. 165: Archiv Weser-Kurier/ J. Stoss (1) Staatsarchiv Bremen/K. Ed. Schmidt (2) (3)
S. 166: Foto: Lohrisch-Achilles (1), Archiv Weser-Kurier/J. Stoss (2), Staatsarchiv Bremen/K.Ed. Schmidt (3)
S. 167: Staatsarchiv Bremen/K. Ed. Schmidt (1) (3), Fotograf unbekannt (2)
S. 168 Staatsarchiv Bremen/K. Ed. Schmidt (1), Lohrisch-Achilles (2)
S. 169: Staatsarchiv Bremen (1), Staatsarchiv Bremen/K. Ed. Schmidt (2)
S. 210: P. Liesenfeld (1) (2), H. Frese (3)
S. 211: Kurpjuhn (1), Liesenfels (2), Archiv H. Schwarzwälder (3)
S. 212: R. Engelhardt (1), E. Schweitzer (2)
S. 213: J. Mielke (1), P. Liesenfeld (2)
S..214: J. Mielke (1), Archiv E. Schweitzer (2)
S. 215: E. Schweitzer (1), R. Habel (2)
S. 216: J. Mielke (1) (2)
S. 217: Staatsarchiv Bremen(1), DB Mainz (2)
S. 218: L. Kull

Automobilbau hat in Bremen Tradition. Und Zukunft.

"...fährt ohne Halt bis..."

Viele Güter, die täglich non stop durch Gleis 3 und 4 des hundertjährigen Hauptbahnhofs Bremen rollen, kommen von den BLG-Kajen der Bremischen Häfen. BLG-Timing und DB-Fahrpläne sind exakt abgestimmt: Was bis 18.00 Uhr verladen ist, erreicht per Nachtsprung die Bestimmungsbahnhöfe der gesamten Bundesrepublik am nächsten Morgen – schnell, sicher und umweltfreundlich.

Mit dem Jubilar Hauptbahnhof Bremen grüßt die BLG besonders alle DB-Mitarbeiter, die 24 Stunden am Tag die richtigen Weichen für den modernen Güterverkehr stellen.

Partner für Land-See-Logistik.

BLG

Bremen / Bremerhaven

Bremer Lagerhaus-Gesellschaft · Postf. 10 79 65 · 2800 Bremen 1 · Hafenhochhaus · Tel. (04 21) 398-1 · Telex 2 44 840-0 · Fax (04 21) 398-902

Sparda-Bank
SPECIMEN
Sparda-Bank
Sparbuch
Dauer-
Auftrag

Schutz und Sicherheit!

„Wir nehmen das Recht in Anspruch, uns zur Wahrung und Förderung der beruflichen, wirtschaftlichen, sozialen und kulturellen Interessen der GdED-Mitglieder einzusetzen“

Miteinander arbeiten!
Gemeinsam handeln!
Gegenseitig helfen!

Durch Einheit zum Erfolg!

Gewerkschaft der Eisenbahner Deutschlands

– ORTSVERWALTUNG BREMEN –

Unsere Gratulation zum 100 jährigen Jubiläum.

unverwechselbares Spitzen-Pilsener

SCHOMBURG
Die Gründungsarbeiten im Gleisbereich haben wir wirtschaftlicher gemacht.
Wir entwickelten:
1967 Rammverfahren für Fahrleitungsmaste.
1985 Bohrverfahren zur Gründung von Betonmasten im Fels.
SCHOMBURG Grundbau GmbH
Kaiserstr. 18 · 2900 Oldenburg · Tel. (04 41) 2 62 62

Kennen Sie eine Urlaubskasse,

die noch Zinsen bringt?

Wenn Sie ein Postsparbuch haben, sollten Sie es mit in die Ferien nehmen. Denn dann haben Sie eine Urlaubskasse besonderer Art. Sie bringt nämlich gute Zinsen. Und wird erst dann geöffnet, wenn Sie etwas brauchen. Überall im Inland und in 17 weiteren europäischen Ländern können Sie bei der Post Geld abheben. Nach Italien nehmen Sie bitte statt des Postsparbuchs Rückzahlungskarten mit, die Sie etwa 10 Tage vor Reiseantritt bei Ihrer Post bestellen sollten. Das Postsparbuch bietet also Zinsen, solange Sie wollen, und Bargeld, wo immer Sie es brauchen.

PostSparen.

Eine clevere Wahl.

Post

ATLAS WEYHAUSEN

wie immer...
einiges mehr
an Kraft
und Technik von
ATLAS

ATLAS WEYHAUSEN GMBH · MASCHINENFABRIK
Postfach 1844, Stedinger Str. 324, 2870 Delmenhorst, FRG
Telefon (04221) 4910, Telex 249238
Telefax (04221) 491213

8815

Bohr-. Spritzbeton-, Verpreß- und Ankerarbeiten zur Sicherung von Stirnmauern an der EÜ über die Aller bei Verden, in DB-km 85,024 der Strecke Wunstorf–Bremerhaven-Seehafen, ausgeführt 1987/1988 unter Aufrechterhaltung des Eisenbahnbetriebes, bei einer Streckenbelegung von ca. 106 Zügen je Richtung pro Tag.

Unsere Ansprüche sind höher als unsere Kräne.
ENGELAND
INDUSTRIE- UND INGENIEURBAU
Hastedter Heerstr. 290 · 2800 Bremen · Tel. 04 21/45 80 90
UDO ZEMBSKI · BREMEN

PERKIN-ELMER-METCO stellt vor: DIAMOND JET

Mikrofoto einer Wolframkarbidschicht (x 100)

Das Diamond Jet Verfahren

Bei diesem neuen Hochgeschwindigkeits-Flammspritzverfahren werden hohe kinetische und thermische Energien genutzt, um extrem dichte Schichten mit hohem Qualitätsstandard herzustellen. Diese Schichten haben eine sehr gute Haftung zum Grundwerkstoff und zeichnen sich durch Oberflächen mit geringer Rauhigkeit (Spritzzustand) aus. Ferner lassen sich wesentlich dickere Schichten spritzen als es mit den thermischen Spritzverfahren bisher möglich war.

Die extrem hohe Geschwindigkeit der Propylen/Sauerstoffflamme (Flammtemperatur etwa 2760°C, mehrfache Schallgeschwindigkeit) führt auch zu sehr hohen Partikelgeschwindigkeiten.

„DIAMALLOY"-Beschichtungswerkstoffe

METCO stellt eine neue Generation von Spritzzusätzen vor, die speziell für das Diamond Jet-Verfahren entwickelt wurde und sich aus vier Hauptgruppen zusammensetzt:

- ◆ 1. Gruppe
  für Reparaturzwecke und im Einsatzbereich korrosionsbeständiger Werkstoffe.
- ◆ 2. Gruppe
  Verschleißschutz-Schichten im Einsatzbereich niedriger Temperaturen (unter 540°C)
- ◆ 3. Gruppe
  Hochtemperaturbeständige Verschleißschutz-Schichten (über 540°C), verschleiß-, heißgas- und korrosionsbeständig
- ◆ 4. Gruppe
  Sonderschichten

Gasflußmesser Typ DJF

Pulverfördereinheit Typ DJP

Diamond Jet Pistole Typ DJ

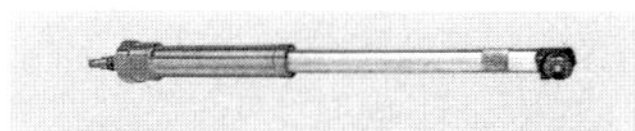

Minipistolenverlängerung Typ DJST

Pistolenverlängerung Typ DJT

PERKIN-ELMER-METCO

Am Eisernen Steg 18, D-6234 Hattersheim 1, F.R. Germany, Telefon (06190) 809-0
Telex: 4072014 pem d, Telefax (06190) 3009, Telegr.: PEM

SERVICE IM BAHNHOF

Einkaufsvergnügen Hauptbahnhof

Frau Böttcher möchte ihre Mutter in Hannover besuchen. Um 21.00 Uhr fährt ihr Zug.
Gegen 17.00 Uhr kauft sie schon ihre Fahrkarte, um vor der Abreise noch in aller Ruhe zum Friseur Lienhoop zu gehen. Mit neuer Frisur und guter Laune setzt sie sich in die Nevada Spielhalle. Vom Glück überrascht, erzielt sie einen hohen Gewinn. Fröhlich geht sie dann zum Blumenladen Schor und kauft ihrer Mutter einen Strauß Rosen, danach feine Zigarillos im Tabakladen Jonas und füllt einen Lottoschein aus. Um sich zu erfrischen, trinkt sie später ein kühles Bier im Bierfaß. Sie war sehr erstaunt, daß der Markt im Bahnhof noch geöffnet war und viele Menschen gemütlich Feinkostartikel einkauften. Eigentlich wollte sie nur einen Kaffee trinken, als sie das Intercity-Restaurant im 1. Stock betrat; doch vom köstlichen Angebot verlockt, bestellte sie dann ein hervorragendes Steak vom heißen Stein.
Eine halbe Stunde vor ihrer Abfahrt fand sie zufällig das Lieblingsparfüm ihrer Mutter in der Drogerie Lienhoop. Für die Bahnfahrt kaufte sie dann ein interessantes Taschenbuch in der Buchhandlung Reinhardt. Bei „Le CroBag" aß sie noch einen frischen Croissant. In der Internationalen Presse fand sie eine interessante italienische Modezeitschrift. Bei einem solchen vielfältigen Angebot im Bahnhof mußte sie sich sogar noch beeilen, um ihren Zug zu erreichen.

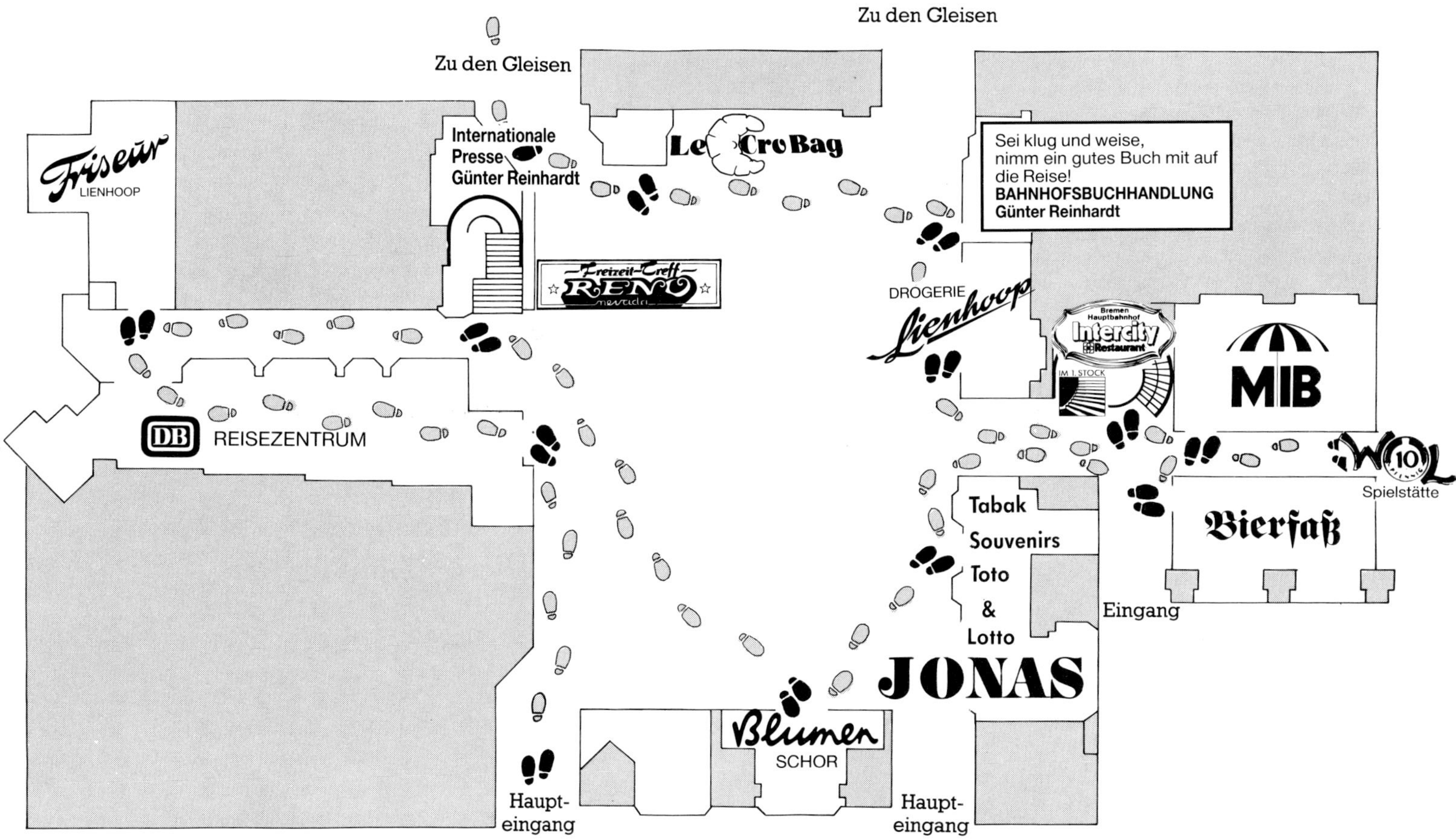

SERVICE IM BAHNHOF

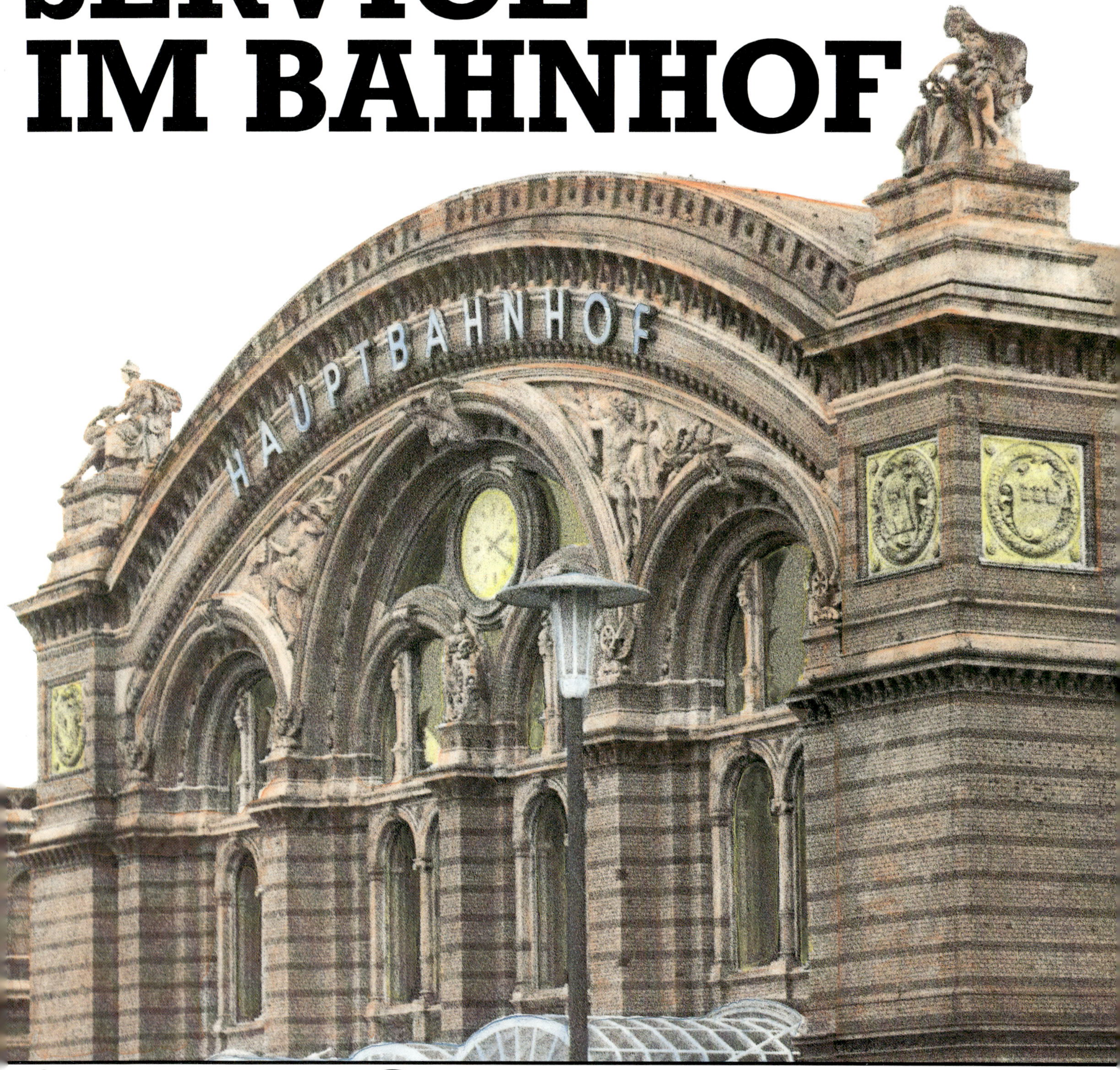

JONAS Tabak Geschenke

WOL AUTOMATEN

DROGERIE Lienhoop

MIB BAHNHOFS-BUCHHANDLUNG Günter Reinhardt INTERNATIONALE PRESSE

Le CroBag

Blumen SCHOR

Bremen Hauptbahnhof Intercity Restaurant

Friseur LIENHOOP

Bierfaß